Prozesscontroll
Kunststoffrecycling-Branche

Carolin Berbalk

Prozesscontrolling in der Kunststoffrecycling-Branche

Möglichkeiten und Chancen für KMU durch Standardisierung und Tool-Support

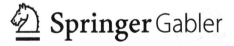

Carolin Berbalk
Business School
Middlesex University
Hanau, Deutschland

Dissertation Hanau, Deutschland 2024

ISBN 978-3-658-45984-0   ISBN 978-3-658-45985-7 (eBook)
https://doi.org/10.1007/978-3-658-45985-7

Die Deutsche Nationalbibliothek verzeichnet diese Publikation in der Deutschen Nationalbibliografie; detaillierte bibliografische Daten sind im Internet über https://portal.dnb.de abrufbar.

© Der/die Herausgeber bzw. der/die Autor(en), exklusiv lizenziert an Springer Fachmedien Wiesbaden GmbH, ein Teil von Springer Nature 2024

Das Werk einschließlich aller seiner Teile ist urheberrechtlich geschützt. Jede Verwertung, die nicht ausdrücklich vom Urheberrechtsgesetz zugelassen ist, bedarf der vorherigen Zustimmung des Verlags. Das gilt insbesondere für Vervielfältigungen, Bearbeitungen, Übersetzungen, Mikroverfilmungen und die Einspeicherung und Verarbeitung in elektronischen Systemen.
Die Wiedergabe von allgemein beschreibenden Bezeichnungen, Marken, Unternehmensnamen etc. in diesem Werk bedeutet nicht, dass diese frei durch jede Person benutzt werden dürfen. Die Berechtigung zur Benutzung unterliegt, auch ohne gesonderten Hinweis hierzu, den Regeln des Markenrechts. Die Rechte des/der jeweiligen Zeicheninhaber*in sind zu beachten.
Der Verlag, die Autor*innen und die Herausgeber*innen gehen davon aus, dass die Angaben und Informationen in diesem Werk zum Zeitpunkt der Veröffentlichung vollständig und korrekt sind. Weder der Verlag noch die Autor*innen oder die Herausgeber*innen übernehmen, ausdrücklich oder implizit, Gewähr für den Inhalt des Werkes, etwaige Fehler oder Äußerungen. Der Verlag bleibt im Hinblick auf geografische Zuordnungen und Gebietsbezeichnungen in veröffentlichten Karten und Institutionsadressen neutral.

Planung/Lektorat: Karina Kowatsch
Springer Gabler ist ein Imprint der eingetragenen Gesellschaft Springer Fachmedien Wiesbaden GmbH und ist ein Teil von Springer Nature.
Die Anschrift der Gesellschaft ist: Abraham-Lincoln-Str. 46, 65189 Wiesbaden, Germany

Wenn Sie dieses Produkt entsorgen, geben Sie das Papier bitte zum Recycling.

Danksagung

An dieser Stelle möchte ich mich bei allen bedanken, die mich in den letzten Jahren bei der Entstehung meiner Dissertation unterstützt, motiviert und inspiriert haben.

Zuerst gilt mein Dank meiner Familie, die mich stets unterstützt und ermutigt hat. Dank der Rückendeckung und Geduld meiner Familie, vor allem von meinem Partner, ist es mir gelungen in solch kurzer Zeit meine Promotion abzuschließen.

Meinem Papa möchte ich für die Inspiration zu meinem Dissertationsthema und seinen Einsatz im Forschungsprozess danken; ihm widme ich diese Arbeit.

Weiter danke ich meinem Advisor Herr Dr.-Ing. Elmar Streifinger für seine intensive Begleitung auf meinem Weg, die vielen hilfreichen Hinweise und sein Interesse an meinem Thema, was mich immer wieder dazu angetrieben hat, weiterzumachen. Sein kritischer Blick war für mich eine große Bereicherung in den letzten Jahren.

Ich danke Frau Dr. Kerstin Maupaté-Steiger für ihre Ratschläge und produktiven Hinweise über den gesamten Schreibprozess hinweg.

Ferner danke ich allen Interviewpartnern, die mit ihrer Informationsbereitschaft und ihren interessanten Beiträgen und Antworten auf meine Fragen diese Dissertation erst ermöglicht haben.

Während meiner Promotionszeit hatte ich das Privileg mit zahlreichen Kommilitonen innerhalb unserer über die Jahre gewachsenen Community in Kontakt zu treten. Ich bin dankbar für die vielen Termine innerhalb der Gemeinschaft, bei denen ich wertvolle Inspiration für meine Dissertation sammeln konnte und viele interessante Menschen kennenlernen durfte.

Aufgrund der Vielzahl von Personen, möchte ich stellvertretend nur einige weniger hervorheben: Mein besonderer Dank gilt Frau Cathleen Hesselbarth und Herrn Sven Lausberg, mit denen ich über den gesamten Promotionsprozess in engem Austausch stand und die mir dabei geholfen haben, nicht aufzugeben. Ebenso gebührt Herr Dr. Udo Leicht mein aufrichtiger Dank, dessen Dissertation mich in der ersten Phase des DBA-Studiums motiviert hat, mein Ziel nicht aus den Augen zu verlieren.

Ein herzliches Dankeschön geht auch an Herr Günter Zerlik, mit dem ich regelmäßig in Kontakt stand und der durch seine hervorragende Organisation unsere persönlichen DBA-Treffen zu etwas Besonderem gemacht hat.

Generalklausel

Aus Gründen der leichteren Lesbarkeit wird im folgenden Text auf eine geschlechtsspezifische Differenzierung, wie z. B. Teilnehmer:innen verzichtet. Im vorliegenden Text wird durchgängig die übliche Form benutzt. Im Sinne des Gleichbehandlungsgesetzes sind diese Bezeichnungen als nicht geschlechtsspezifisch zu betrachten, sondern schließen alle Formen gleichermaßen ein.

Inhaltsverzeichnis

Teil I   Einleitungsteil

1   Ausgangslage 3

2   Problemstellung 7

3   Erkenntnisinteresse und Relevanz der Arbeit 9
   3.1   Themenfelder 9
   3.2   Forschungsrelevanz 9
   3.3   Praxisrelevanz 10

4   Zielstellung der Dissertation 13
   4.1   Haupt- und Teilzielstellungen 13
      4.1.1   Hauptzielstellung 13
      4.1.2   Theoriegeleitete Zielstellungen 14
      4.1.3   Empiriegeleitete Zielstellungen 14
      4.1.4   Gestaltungsgeleitete Zielstellungen 15
   4.2   Erwartete neue Ergebnisse/Erkenntnisse 15
      4.2.1   Erwartete neue Ergebnisse und Erkenntnisse der
                 Dissertation insgesamt 15
      4.2.2   Erwartete neue Ergebnisse und Erkenntnisse des
                 theoretischen Teils 15
      4.2.3   Erwartete neue Ergebnisse und Erkenntnisse des
                 empirischen Teils 16

| | | 4.2.4 | Erwartete neue Ergebnisse und Erkenntnisse des Gestaltungsteils | 16 |

4.2.4 Erwartete neue Ergebnisse und Erkenntnisse des
Gestaltungsteils 16
4.3 Inhaltliche Abgrenzung 17

5 Aufbau der Dissertation 21

Teil II Theoretischer Teil

6 Stand der Forschung 25
6.1 Recherchevorgehen 25
6.2 Forschungslücke 29
6.2.1 Beschreibung des Forschungsstands 29
6.2.2 Ableitung der Forschungslücke 49
6.3 Theoriegeleitete Fragestellungen 51

7 Theoretische Ausführungen 53
7.1 Prozesstypen und -vorgaben und deren
Operationalisierung 53
7.2 Anwendung von Kennzahlensystemen
in Produktionsabläufen 60
7.3 Stand der Technik bei der Datenerhebung und
-aufbereitung 67
7.4 Einordnung des Kunststoffrecyclings im Rahmen der
Kreislaufwirtschaft 71
7.4.1 Ableitung des Konzeptes der Kreislaufwirtschaft 71
7.4.2 Arten der Verwertung von Kunststoffabfällen 73
7.4.3 Prozesstypen und -vorgaben im
Kunststoffrecycling und deren
Operationalisierung 79

8 Konklusion Theoretischer Teil 83
8.1 Konklusion und Beantwortung der theoriegeleiteten
Fragestellung 83
8.2 Empiriegeleitete Fragestellungen 86

Teil III Empirischer Teil

9 Forschungsdesign 91
9.1 Untersuchungen 92
9.2 Methodisches Vorgehen und Methodenauswahl 96

	9.2.1	Erhebungsmethode: Problemzentriertes Experteninterview	96
	9.2.2	Transkriptionssystem	105
	9.2.3	Analyse- / Auswertungsmethode: Inhaltlich-strukturierende qualitative Inhaltsanalyse	108
9.3		Operationalisierung	114
	9.3.1	Sampling-Methode der Stichprobe	114
	9.3.2	Ableitung des Interviewleitfadens	118
	9.3.3	Auswertung und Analyse der Interview-Transkripte	121
9.4		Vorgehen und Ablauf	125
	9.4.1	Rekrutierung der Stichprobe: Experten aus der Kunststoffrecycling-Branche	125
	9.4.2	Datenerhebung: Problemzentrierte Experteninterviews	126
	9.4.3	Datenaufbereitung: Transkription der problemzentrierten Experteninterviews	129
10	**Ergebnisse**		**131**
10.1		Auswertung der Ergebnisse der problemzentrierten Experteninterviews	131
10.2		Darlegung der Ergebnisse der problemzentrierten Experteninterviews	137
	10.2.1	Angaben zu den Unternehmen (HK1)	139
	10.2.2	Inputmaterialien (HK2)	141
	10.2.3	Outputmaterialien (HK3)	143
	10.2.4	Prozessschritte (HK4)	145
	10.2.5	Prozessdatenerfassung (HK5)	152
	10.2.6	Kennzahlen (HK6)	159
	10.2.7	Reporting (HK7)	165
	10.2.8	Aktuelle Entwicklungen in der Kunststoffrecycling-Branche (HK8)	172
11	**Diskussion, Interpretation und Konklusion**		**177**
11.1		Diskussion und Interpretation der Ergebnisse	177
	11.1.1	Struktur der Kunststoffrecycling-Branche	177
	11.1.2	Prozessschritte	179
	11.1.3	Prozessdatenerfassung	181
	11.1.4	Kennzahlen	182

| 11.1.5 | Reporting | 185 |

11.1.6 Aktuelle Entwicklungen in der
Kunststoffrecycling-Branche 186
11.2 Gütekriterien und methodische Abgrenzung 187
11.3 Konklusion und Beantwortung der empiriegeleiteten
Fragestellung 194
11.3.1 Prozessstandardisierung 195
11.3.2 Prozessdatenerfassung und Reporting 196
11.4 Gestaltungsgeleitete Fragestellungen 198

Teil IV Gestaltungsteil

12 Handlungsempfehlungen für die Forschung 203

13 Handlungsempfehlungen für die Praxis 207
13.1 Handlungsempfehlung 1 für die Praxis: Gemeinsames
Ziel 208
13.2 Handlungsempfehlung 2 für die Praxis: Umdenken im
Umgang mit Kennzahlen 209
13.3 Handlungsempfehlung 3 für die Praxis: Implementierung
des Prozesscontrolling 210
13.3.1 Handlungsempfehlung 3–1 für die Praxis:
Datenerhebung 211
13.3.2 Handlungsempfehlung 3–2 für die Praxis:
Kennzahlen 212
13.3.3 Handlungsempfehlung 3–3 für die Praxis:
Darstellungsformen und Visualisierung 214

14 Zusammenfassung und Konklusion 217
14.1 Erkenntnisse des Gestaltungsteils 217
14.2 Beantwortung der gestaltungsgeleiteten Fragestellungen 219

Teil V Schlussteil

15 Zusammenfassung und Fazit 223

16 Ergebnisse und Erkenntnisse 227
16.1 Wichtige Ergebnisse und Erkenntnisse für die Forschung 227
16.2 Wichtige Ergebnisse und Erkenntnisse für die Praxis 228

Inhaltsverzeichnis   XIII

17 Ausblick 231
   17.1 Forschungsausblick 231
   17.2 Praxisausblick 232

Verzeichnisse 235

Abkürzungsverzeichnis

BASE	Bielefeld Academic Search Engine
BI	Business Intelligence
CAPEX	Capital Expenditure (Investitionsausgaben)
CEENE	Cumulative Energy Extraction from the Natural Environment
CO_2eq	CO_2-Äquivalent
DGAW	Deutsche Gesellschaft für Abfallwirtschaft e. V.
DIN	Deutsches Institut für Normung e. V.
ETL-Prozess	Prozess der Datenstrukturierung (Extract – Transform – Load)
EU	Europäische Union
HDPE	Polyethylen mit hoher Dichte
HK	Hauptkategorie
IoT	Internet of Things (Internet der Dinge)
KI	Künstliche Intelligenz
KMU	Kleine und mittlere Unternehmen
KrWG	Gesetz zur Förderung der Kreislaufwirtschaft und Sicherung der um-weltverträglichen Bewirtschaftung von Abfällen (**Kr**eislauf**w**irtschafts-**g**esetz)
LDPE	Polyethylen mit niedriger Dichte
Mio	Millionen
MPO	Misch-Polyolefine
NFC	Near-Field-Communication
NIR	Nahinfrarotspektroskopie
OEE	Overall Equipment Effectiveness (Gesamtanlageneffektivität)
OPEX	Operational Expenditure (Betriebsausgaben)

PE	Polyethylen
PET	Polyethylenterephthalat
PnL	Profit and Loss (Gewinn- und Verlustrechnung)
PO	Polyolefine
PP	Polypropylen
PS	Polystyrol
PVC	Polyvinylchlorid
QDA-Software	Qualitative Data Analysis Software (Qualitative Daten Analyse Software)
QR	Quick Response
RFID	Radio Frequency Identification
ROI	Return on Investment (Gesamtkapitalrentabilität)
SJR	SCImago Journal Rank Indikator
SK	Subkategorie
SPSS	Sammeln, Prüfen, Sortieren, Subsumieren
t	Tonnen
USA	Vereinigte Staaten von Amerika (United States of America)
VHB	Verband der Hochschullehrer für Betriebswirtschaft e. V.

Abbildungsverzeichnis

Abbildung 4.1	Inhaltliche Abgrenzung im Kontext der Kreislaufwirtschaft	18
Abbildung 5.1	Schematischer Aufbau der Dissertation	22
Abbildung 6.1	Schematische Darstellung des Auswahlprozesses relevanter Studien	27
Abbildung 6.2	Themenbereiche der Kernstudien	30
Abbildung 6.3	Schematische Darstellung der Forschungslücke für das vorliegende Forschungsvorhaben	50
Abbildung 7.1	Schematische Darstellung des DuPont-Kennzahlensystems	62
Abbildung 7.2	Schematische Darstellung des Grundkonzeptes der Balanced Scorecard	63
Abbildung 7.3	Schematische Darstellung der Performance Pyramide	64
Abbildung 7.4	Schematische Darstellung des Performance Prisma	65
Abbildung 7.5	Komponenten eines BI-Systems	70
Abbildung 7.6	Modellhaftes Prozessbild zum mechanischen Recycling	80
Abbildung 8.1	Empfehlung zur Operationalisierung der Prozesse im Kunststoffrecycling anhand der Erkenntnisse des theoretischen Teils	86
Abbildung 9.1	Schematische Darstellung des Forschungsprozesses	92

XVII

Abbildung 9.2	Qualitatives, quantitatives und Mixed-Methods Paradigma	93
Abbildung 9.3	Klassifizierung qualitativer Auswertungsmethoden	110
Abbildung 9.4	Ablaufschema einer inhaltlich-strukturierenden qualitativen Inhaltsanalyse	122
Abbildung 9.5	Beispiel eines Dokumenten-Memos	130
Abbildung 10.1	Hauptkategorien der empirischen Untersuchung	132
Abbildung 10.2	Code-Memo einer Subkategorie	133
Abbildung 10.3	Darstellung Ergebnistafel zwischen Forscher und Prüfer 1 zur Berechnung des Kappa	134
Abbildung 10.4	Darstellung Ergebnistafel zwischen Forscher und Prüfer 2 zur Berechnung des Kappa	135
Abbildung 10.5	Darstellung Ergebnistafel zwischen Prüfer 1 und Prüfer 2 zur Berechnung des Kappa	136
Abbildung 10.6	Übergreifende Struktur der Haupt- und Subkategorien	139
Abbildung 10.7	Kapazitäten der Unternehmen der befragten Experten in tausend Tonnen pro Jahr	140
Abbildung 10.8	Inputmaterialien in der Stichprobe	142
Abbildung 10.9	Verteilung der Inputmaterialien aus vorsortierten Kunststofffraktionen in der Stichprobe	142
Abbildung 10.10	Verteilung der Outputmaterialien in der Stichprobe	143
Abbildung 10.11	Angesprochene Prozessschritte des Kunststoffrecyclings im Rahmen der problemzentrierten Interviews	146
Abbildung 10.12	Eingesetzte Technologien bei der Sortierung	148
Abbildung 10.13	Einsatz von Heiß- und Kaltwaschprozessen	149
Abbildung 10.14	Kenntnis über die Kostenintensität der Prozesse	151
Abbildung 10.15	Erfasste Prozessdaten	155
Abbildung 10.16	Technologien zur Prozessdatenerfassung	155
Abbildung 10.17	Ermittelte Kennzahlen im Rahmen des Kunststoffrecyclingprozesses	160
Abbildung 10.18	Nutzung der Reporting-Methoden in den Unternehmen	168
Abbildung 10.19	Turnus des Reporting im Unternehmenssample	171
Abbildung 11.1	Erweitertes modellhaftes Prozessschaubild zum mechanischen Recycling	181

Abbildungsverzeichnis

Abbildung 11.2	Zusammenfassung der Ergebnisse in Bezug auf die Erhebung von Kennzahlen in der Kunststoffrecycling-Branche	184
Abbildung 11.3	Angewandte Gütekriterien der empirischen Forschung und deren Umsetzung im Forschungsvorhaben	189
Abbildung 12.1	Übersicht der Handlungsempfehlungen für die Forschung	204
Abbildung 13.1	Übersicht Handlungsempfehlungen für die Praxis	207
Abbildung 13.2	Mögliche Visualisierung des Dashboards zur Übersicht	215
Abbildung 13.3	Mögliche Visualisierung der Detailseite zur OEE	215
Abbildung 14.1	Übersicht der Handlungsempfehlungen für Forschung und Praxis	219

Tabellenverzeichnis

Tabelle 6.1	Ranking der verwendeten Fachzeitschriften und wissenschaftlichen Arbeiten sortiert nach absteigendem Impact Factor	28
Tabelle 6.2	Kernstudien zum Status quo in der Kreislaufwirtschaft ...	31
Tabelle 6.3	Kernstudien zum Status quo in der Kunststoffrecycling-Branche – Makroebene	39
Tabelle 6.4	Kernstudien zum Status quo in der Kunststoffrecycling-Branche – Mikroebene	42
Tabelle 7.1	Beispiele von Prozesskennzahlen	57
Tabelle 7.2	Beispiele bekannter Kennzahlensysteme	61
Tabelle 7.3	Eigenschaften der Kommunikationstechnologien im IoT	69
Tabelle 7.4	Vor- und Nachteile der Recyclingverfahren	76
Tabelle 9.1	Formen der Befragung nach Dimensionen	97
Tabelle 9.2	Prüfung von Leitfadeninterviews für das vorliegende Forschungsvorhaben	101
Tabelle 9.3	Module des Transkriptionssystems für das Forschungsvorhaben	106
Tabelle 9.4	Expertenkriterien und deren Ausprägung	115
Tabelle 9.5	Struktur des Leitfadens	120
Tabelle 9.6	Interviewpartner der Studie	127
Tabelle 10.1	Hauptkategorien und deren Beschreibung	138
Tabelle 11.1	Zusammenfassung der erfassten Prozessdaten und erhobenen Kennzahlen in den befragten Unternehmen (Sortierung in alphabetischer Reihenfolge)	198

Teil I
Einleitungsteil

Ausgangslage 1

„Plastics define the way we live today. They improve the quality of life for millions of people across the globe by making our lives easier, safer and more enjoyable, while they are key to accelerate the European transition to a low-carbon circular economy where resources and energy are utilised in the most effective way." (PlasticsEurope, 2020, S. 4–5).

Mit diesen Worten beginnt die Analyse von PlasticsEurope[1] zur europäischen Kunststoffproduktion, ihrer Nachfrage sowie zu den Abfalldaten von 2019 bis 2020. Diese Aussage unterstreicht nicht nur die Omnipräsenz von Kunststoffen in unserem Alltag, sondern verweist zugleich auf die Chancen des Konzeptes einer Kreislaufwirtschaft (Bauer et al., 2017, S. 447; PlasticsEurope, 2020, S. 4–5). Die Diskussion über einen nachhaltigen Umgang mit Ressourcen[2] kam

---

[1] PlasticsEurope ist ein europäischer Fachverband für die kunststoffverarbeitende Industrie in Europa (PlasticsEurope, 2021).

[2] Nachhaltigkeit hat gemäß der Definition der Vereinten Nationen drei Dimensionen: Ökologie, Ökonomie und Soziales. Die **Ökologie** bezieht sich dabei auf einen ressourcenschonen Umgang mit der Natur. Die **Ökonomie** beschreibt Prinzipien des Wirtschaftens, bei denen eine ausgeglichene Balance zwischen Wachstumsfragen, globaler Verantwortung und ethischen Prinzipien besteht. Die Dimension **Soziales** bezieht sich unter anderen auf Integration, Verteilungsgerechtigkeit und Partizipation (Rösch et al., 2020, S. 6; Tietze, 2018, S. 907; World Commission on Environment and Development, 1987, Chapter 2 - IV. Conclusion). Sofern nicht anders dargelegt, bezieht sich der Begriff *nachhaltig* im Rahmen dieser Arbeit auf die drei genannten Nachhaltigkeitsdimensionen.

Ergänzende Information Die elektronische Version dieses Kapitels enthält Zusatzmaterial, auf das über folgenden Link zugegriffen werden kann https://doi.org/10.1007/978-3-658-45985-7_1.

© Der/die Autor(en), exklusiv lizenziert an Springer Fachmedien Wiesbaden GmbH, ein Teil von Springer Nature 2024
C. Berbalk, *Prozesscontrolling in der Kunststoffrecycling-Branche*,
https://doi.org/10.1007/978-3-658-45985-7_1

in Deutschland spätestens seit 2020 angesichts der Vermüllung der Weltmeere durch Kunststoffverpackungen und Mikroplastik auf, da sich mittlerweile Plastikinseln in den Ozeanen gebildet haben. Heftig kritisiert wurden deshalb auch die deutschen Verpackungsexporte ins Ausland (Prognos AG et al., 2020, S. 115). Gemäß der regelmäßig für verschiedene Branchenverbände durchgeführten Studie zum Stoffstrombild der Kunststoffe in Deutschland hat sich die Menge an Kunststoffabfällen von 1994 bis 2019 mehr als verdoppelt, wobei diese Entwicklung hauptsächlich durch den Post-Consumer-Bereich getrieben wurde (Conversion Market & Strategy GmbH, 2018, S. 19). Wie Ragaert et al. (2020, S. 1) feststellen, bietet gerade der Bereich der Kunststoffe eine vielversprechende Möglichkeit, Europas CO_2-Fußabdruck zu mindern, da lediglich 30 % aller Kunststoffe in der Europäischen Union zum Recycling gesammelt und nur 10 % davon effektiv recycelt werden.

Das Kunststoffrecycling stellt somit eine zentrale Komponente der Kreislaufwirtschaft dar, da die weitergehende Zirkularität einer Vielzahl von Kunststoffen im Rahmen der werkstofflichen Verwertung gewährleistet wird (Prognos AG et al., 2020, S. 24). Die Zielsetzungen der Kreislaufwirtschaft bestehen unter anderem darin,

- das Recycling verschiedener Kunststoffarten zu fördern,
- die Ausbeutung begrenzter natürlicher Ressourcen zu reduzieren,
- kritische Rohstoffe durch Rezyklate zu substituieren,
- Umweltbelastungen (zum Beispiel durch Treibhausgasemissionen oder Deponierung von Kunststoffabfällen) zu minimieren und
- „grüne" Arbeitsplätze zu schaffen, um damit Impulse für ein ökologisches Wirtschaftswachstum zu setzen (Fellner et al., 2017, S. 494; Jang et al., 2020, S. 2).

Ein politisches Signal setzte die Europäische Union mit ihrem Ende 2019 vorgelegten *Green Deal*, womit sich die 27 Mitgliedsstaaten zu Maßnahmen gegen den Klimawandel und für eine ökologischere EU-Wirtschaft verpflichtet haben. Für die Kreislaufwirtschaft wurde ein eigener Maßnahmenkatalog entwickelt (Europäische Kommission, 2019b, S. 8). Kunststoffe und deren Recycling spielen auch beim Erreichen von Klimaneutralität eine zentrale Rolle, wobei primär – analog zum 2015 verabschiedeten Paket zur Kreislaufwirtschaft – eine Erhöhung

1 Ausgangslage 5

der Rezyklatquoten[3] angestrebt wird (Ragaert et al., 2020, S. 1). Kunststoffabfälle werden in diesem Zusammenhang als Ressource betrachtet, die sukzessive Primärkunststoffe ersetzen soll (Huysveld et al., 2019, S. 1).

Im Rahmen des Green Deals ist seit 2021 eine *Plastiksteuer* in der Europäischen Union in Kraft getreten, sodass jedes EU-Mitglied für jedes Kilogramm nicht verwerteten Kunststoff[4] 80 Cent nach Brüssel abführen muss (Lase et al., 2022, S. 250). Mithilfe dieser Steuer sollen **Verwertungsquoten von Kunststoffabfällen** in den Mitgliedsstaaten gesteigert werden, was zur **Vereinheitlichung der Kreislaufwirtschaft** innerhalb der Europäischen Union beitragen soll (Prognos AG et al., 2020, S. 51). Zudem schärfen Aktionen, wie die *europäische Woche der Abfallvermeidung*, das Verbraucherbewusstsein innerhalb Europas für einen bewussteren Konsum von Konsumgütern, um einen Weg aus der Wegwerfgesellschaft zu finden (PlasticsEurope Deutschland e. V., 2021).

Neben den europäischen Initiativen zur Sensibilisierung für mehr Recycling und weniger Konsum gab es bundesweite Kampagnen seitens der dualen Systeme in Deutschland, um auf die Wichtigkeit einer korrekten Abfalltrennung im häuslichen Bereich hinzuweisen (Gemeinsame Stelle dualer Systeme Deutschlands GmbH, 2022). Eine möglichst sortenreine Erfassung von Kunststoffabfällen bildet die Voraussetzung für eine höhere Quote der stofflichen Verwertung und folglich auch eine Reduzierung des Einsatzes von Primärrohstoffen (Prognos AG et al., 2020, S. 127).

Deutschland nimmt eine Vorreiterrolle in Europa in der Kreislaufwirtschaft seit Anfang der 1990er-Jahre ein (Lacy et al., 2015, S. 7). Dies liegt zum einen am hohen technologischen Niveau des Kunststoffrecyclings und zum anderen an den hohen Verwertungsquoten von **47 % stofflicher Verwertung** (Recycling) **und 53 % energetischer Verwertung** in Deutschland (Stand: 2019; Conversion Market & Strategy GmbH, 2020, S. 6; Prognos AG et al., 2020, S. 49–50). Im Vergleich zur überdurchschnittlichen Verwertungsquote in Deutschland werden in anderen EU-Mitgliedsstaaten allerdings weiterhin große Anteile der Kunststoffabfälle deponiert. Vor allem die östlicheren Länder wie Ungarn oder Bulgarien fallen in diesem Zusammenhang mit Verwertungsquoten von etwas über 20 % und Deponierungsquoten von etwa 60 % negativ auf (Anhang 2 im elektronischen Zusatzmaterial; PlasticsEurope, 2022b, S. 49).

---

[3] Die Rezyklatquote ergibt sich aus dem Verhältnis der verwendeten Rezyklate (Output des Kunststoffrecyclings, welches Primärkunststoffe ersetzen kann) zum Gesamtkunststoffverbrauch eines neuen Produktes (Conversion Market & Strategy GmbH, 2018, S. 22).

[4] Einen detaillierten Überblick des Kunststoffbedarfs im Jahr 2020 und der Verwertungswege von Kunststoffabfällen in den einzelnen EU-Mitgliedsstaaten bieten die Dokumente in Anhang 1 und Anhang 2 im elektronischen Zusatzmaterial.

Die Weichen für das vorbildliche Agieren Deutschlands im Kunststoffrecycling wurden 2019 mit der Einführung des Verpackungsgesetzes gestellt (Wenzel, 2020a, S. 42). Es hebt vordergründig auf eine Erhöhung der Rezyklatquoten bei neuen Verpackungen ab (Prognos AG et al., 2020, S. 46). Zur Erreichung dieser Quoten müssen jedoch weitere Schritte sowohl von regulatorischer Seite als auch vonseiten der Verwerter eingeleitet werden, denn die **Marktpreise für Primärkunststoffe** sind **wesentlich niedriger** als für **Rezyklate vergleichbarer Qualität**[5] (Kunststoff Information Verlagsgesellschaft mbH, 2023). Deshalb greifen die Hersteller immer noch eher auf die kostengünstigere anstatt auf die umweltfreundlichere Alternative als Ressource für kunststoffbasierte Produkte zurück (Prognos AG et al., 2020, S. 127).

Dennoch sehen sich die Marktakteure der Kreislaufwirtschaft in Deutschland zum Handeln aufgefordert, weil der politische Druck aufgrund von gesteigerten Recyclingquoten wächst und das Umweltbewusstsein der Verbraucher steigt, die mit Kunststoffen ein negatives Image verbinden (Prognos AG et al., 2020, S. 127). Die Branche investiert kontinuierlich in neue Technologien und Personal, um die **Standards im Kunststoffrecycling** zu verbessern (Prognos AG et al., 2020, S. 5).

---

[5] Die Qualität eines Rezyklates definiert sich über die Reinheit der eigentlichen Kunststoffart (Mellen & Becker, 2022, S. 440).

Problemstellung 2

Der **technologische Fortschritt im Kunststoffrecycling** erfordert die **vollständige Erfassung und Operationalisierung der bisherigen Prozesse**, um Unternehmen in die Lage zu versetzen, relevante Kennzahlen zu erheben, wodurch sich Möglichkeiten zur **gezielten Unternehmenssteuerung** entwickeln lassen (Bayer & Kühn, 2013, S. 137; Buchholz, 2013, S. 26; Hirsch et al., 2001, S. 78–79).

Diese Operationalisierung und Kennzahlenerfassung bieten die Basis für die **kontinuierliche und fortwährende Verbesserung** der derzeitigen Geschäftsprozesse (Deming, 2018, S. 15). Zugleich stellt die durchgehende Leistungsmessung einen Erfolgsfaktor für jedes Unternehmen in einer globalisierten Welt zwecks Wettbewerbsfähigkeit dar (Jagan Mohan Reddy et al., 2019, S. 40).

Die Kunststoffrecycling-Branche bleibt derzeit hinsichtlich ihrer **Standardisierung und systematischen Operationalisierung** der betrieblichen Prozesse noch weit hinter ihrem Potenzial zurück, weshalb in den meisten Unternehmen der Branche kaum oder gar keine Kennzahlenerhebungen beziehungsweise Kalkulationen auf Produkt-, Produktgruppen- oder Unternehmensebene stattfinden (Brouwer et al., 2019, S. 113–114; Orth et al., 2022, S. 106–107). Dies verhindert, dass **Ineffizienzen oder Probleme in der Verarbeitung der Kunststoffabfälle**, wie sie beispielsweise durch schwankende Qualitäten im Input hervorgerufen werden können, **nicht zeitgerecht aufgedeckt** werden (Golkaram et al., 2022, S. 1; Hirsch et al., 2001, S. 78–79; Prognos AG et al., 2020, S. 157; Shamsuyeva & Endres, 2021, S. 3).

Die Kunststoffrecycling-Branche in Deutschland hat mit knapp **90 % kleinen und mittleren Unternehmen** (KMU) einen mittelständischen Charakter (Dispan & Mendler, 2020, S. 18). KMU werden hier entsprechend der Empfehlung der Europäischen Kommission vom 6. Mai 2003 als Unternehmen mit weniger als 250 Mitarbeitenden und einem Jahresumsatz von bis zu 50 Millionen Euro oder

© Der/die Autor(en), exklusiv lizenziert an Springer Fachmedien Wiesbaden
GmbH, ein Teil von Springer Nature 2024
C. Berbalk, *Prozesscontrolling in der Kunststoffrecycling-Branche*,
https://doi.org/10.1007/978-3-658-45985-7_2

8   2   Problemstellung

eine Bilanzsumme von bis zu 43 Millionen Euro definiert (Empfehlung 2003/
361/EG, 06.05.2003, Artikel 2 (1)). Wie Keuper et al. (2009, S. 70) hervorheben, reicht das vorhandene Controlling-Instrumentarium in Unternehmen dieser Größe zum einen nicht aus, um die Geschäftsführung entsprechend zu unterstützen, zum anderen spielt das fehlende Controlling bei Insolvenzen von KMU eine elementare Rolle (Becker & Ulrich, 2017, S. 131; Hiebl, 2017, S. 164). Diesen Mangel könnten standardisierte Kennzahlen beheben, indem sie prozesshaft durch standardisierte Datenerfassungsmethoden in Unternehmen der Kunststoffrecycling-Branche erhoben werden, um

- der **Unternehmensführung wichtige Hinweise zur gezielten Steuerung von Prozessen zu geben** (Bayer & Kühn, 2013, S. 137; Buchholz, 2013, S. 26; Hirsch et al., 2001, S. 78–79),
- die **Effizienz** des Kunststoffrecyclings durch die gezielte Steuerung der Prozesse zu erhöhen (Kirchherr et al., 2018, S. 268–269; Mor et al., 2019, S. 901; Schäfermeyer et al., 2012, S. 251) und
- für das Unternehmen **negative Trends zeitgerecht aufzudecken**, sodass die Unternehmensführung dazu befähigt wird, frühzeitig Gegenmaßnahmen einzuleiten (Keuper et al., 2009, S. 61).

Erkenntnisinteresse und Relevanz der Arbeit 3

Im Anschluss an die Darstellung der Ausgangslage und der Problemstellung werden nachfolgend zunächst die Themenfelder aufgezeigt, welche im Rahmen der Dissertation behandelt werden. Daran anknüpfend wird sowohl die Forschungs- als auch die Praxisrelevanz der Dissertation aufgezeigt.

3.1 Themenfelder

In der vorliegenden Dissertation wird sich aufgrund der zentralen Fragestellung mit folgenden Themenfeldern auseinandergesetzt:

- **Kunststoffrecycling,**
- **Controlling,**
- **Prozesse,**
- **Standardisierung** und
- **Digitalisierung.**

3.2 Forschungsrelevanz

Da der bisherige Forschungsfokus im Kunststoffrecycling aktuell auf der **Makroebene** (gesamte Branche, Kunststofftypen) und weniger auf der **Mikroebene** (Produkt, Unternehmen, Prozesse) liegt, wird durch die Dissertation ein **Einstieg in die Prozessebene** ermöglicht (Teil II – 6.2 Forschungslücke). Dieser ist notwendig, weil eine Standardisierung und ein Vergleich der Prozesse zunächst die Kenntnis dieser voraussetzt (Buchholz, 2013, S. 26; Weiber & Mühlhaus, 2014, S. 106).

© Der/die Autor(en), exklusiv lizenziert an Springer Fachmedien Wiesbaden GmbH, ein Teil von Springer Nature 2024
C. Berbalk, *Prozesscontrolling in der Kunststoffrecycling-Branche*,
https://doi.org/10.1007/978-3-658-45985-7_3

10   3 Erkenntnisinteresse und Relevanz der Arbeit

Eine weitere Grundlage für die Forschung wird auch durch das Ziel dieser Arbeit geschaffen: die Ermittlung eines **Standards für Prozesskennzahlen und deren Erfassung.** Die Umsetzung beziehungsweise Adaption dieses Standards lässt sich zwar im Rahmen der Dissertation aus Kapazitäts- und Zeitgründen nicht umfassend durchführen, allerdings schafft die Arbeit einen Ausgangspunkt für weitere Forschung.

Aktuelle Studien zum Kunststoffrecycling mit Fokus auf der Mikroebene (Produkte, Unternehmen, Prozesse) gehen vorrangig auf die Lebenszyklusanalyse von einzelnen Produkten oder die verschiedenen Recyclingmethoden, nicht aber auf deren Operationalisierung und Kontrolle der Prozesse ein (Brouwer et al., 2019, S. 113–114; Golkaram et al., 2022, S. 11; Martín-Lara et al., 2022, S. 2; Teil II – 6.2 Forschungslücke). Der Schwerpunkt dieser Dissertation liegt hier auf den **Prozessen** im **mechanischen Recycling** (Sortieren, Zerkleinern, Waschen, Extrudieren oder Compoundieren) und deren Operationalisierungen, um hier die Etablierung eines **einheitlichen Standards** zu ermöglichen. Dadurch könnte in den Unternehmen der Kunststoffrecycling-Branche eine standardisierte Kennzahlenerhebung auf Prozessebene realisiert werden.[1]

Im Rahmen der Dissertation wird eine Handlungsempfehlung zu standardisierten Prozessen in Unternehmen der Kunststoffrecycling-Branche entwickelt, womit sich nicht nur die Operationalisierung, sondern auch die Erhebung von Prozesskennzahlen standardisieren lässt. Daran kann die weitere Forschung anknüpfen. Da die Handlungsempfehlung auf den Aussagen in problemzentrierten Experteninterviews basiert, könnten Folgestudien hier zur Validierung, Verallgemeinerung und Etablierung der Handlungsempfehlung beitragen.

3.3   Praxisrelevanz

Für die Praxis stellen die Ergebnisse der vorliegenden Arbeit einen **Meilenstein** in Bezug auf das **Prozesscontrolling in der Kunststoffrecycling-Branche** dar. Da aktuell noch keine detaillierten Ausführungen zu den Prozessen im Kunststoffrecycling vorhanden sind und kaum prozessbezogene Kennzahlen erhoben werden, führen die Ergebnisse der vorliegenden Arbeit zu einer **Verbesserung des Prozesscontrolling** in den Unternehmen der Kunststoffrecycling-Branche. Mit der Kenntnis dieser Prozesse der entsprechenden Kennzahlen wird es möglich,

---

[1] Weitere Vorteile für die Branche sind in Teil I – 3.3 Praxisrelevanz aufgeführt.

3.3 Praxisrelevanz
11

- eine **gezielte Steuerung** der Prozessschritte herbeizuführen (Brouwer et al., 2019, S. 113–114; Parmenter, 2001, S. 100–101, 2020, S. 87),
- **Effizienzsteigerungen** zu begünstigen, wodurch die Wettbewerbsfähigkeit, insbesondere auch gegenüber der Neu-Produktbranche, erhöht wird (Kirchherr et al., 2018, S. 268–269; Mor et al., 2019, S. 901; Schäfermeyer et al., 2012, S. 251) und
- **Qualitätsschwankungen im Output** messbar, nachvollziehbar und vergleichbar zu machen (Gu et al., 2017, S. 1193; Prognos AG et al., 2020, S. 46).

Die vorliegende Arbeit leistet damit einen wichtigen Beitrag zur Lösung eines akuten Problems der Kunststoffrecycling-Branche, das **direkten Einfluss auf den Erfolg** der Unternehmen in dieser Branche hat. Durch die mangelnde systematische Operationalisierung der Prozesse im Kunststoffrecycling und die damit verbundene **erschwerte Steuerung** derselben können **Ineffizienzen nur schwer beseitigt** und **negative Trends nicht rechtzeitig aufgedeckt** werden (Brouwer et al., 2019, S. 113–114; Keuper et al., 2009, S. 61; Kirchherr et al., 2018, S. 268–269; Mor et al., 2019, S. 901; Schäfermeyer et al., 2012, S. 251). Dabei führt fehlendes Controlling häufig zu Insolvenzen von KMU, was den hohen Stellenwert des Controlling von Prozessen für eine mittelständische Unternehmensstruktur erklärt, wie sie in der Kunststoffrecycling-Branche vorherrscht (Dispan & Mendler, 2020, S. 18; Hiebl, 2017, S. 164; Keuper et al., 2009, S. 61). Neben den ökonomischen Einflüssen spielt die **Ökologie** eine ebenso wichtige Rolle in der Kreislaufwirtschaft und entsprechend im Kunststoffrecycling (Lazarevic et al., 2010, S. 258). In den vergangenen Jahren lässt sich ein Bedeutungszuwachs von **effektiven** Recyclingprozessen zur **Unterstützung zirkulärer Wirtschaftsstrukturen** feststellen, welche zur Schonung begrenzter Ressourcen beitragen (Jang et al., 2020, S. 2; Kirchherr et al., 2018, S. 264). Dieser Trend wird sich in den nächsten Jahren fortsetzen, woran auch verschiedene politische Initiativen ihren Anteil haben, wie der Green Deal der EU oder das Kreislaufwirtschaftsgesetz in Deutschland (Dehoust et al., 2021, S. 49–50; Europäische Kommission, 2019b, S. 2; Prognos AG et al., 2020, S. 45–46). Zur Unterstützung der Kreislaufwirtschaft sollten die Prozesse im Kunststoffrecycling möglichst umfangreich operationalisiert und standardisiert sein, um eine gleichbleibende

Output-Qualität und folglich einen zuverlässigeren Einsatz in einer Vielzahl von Anwendungen zu gewährleisten (Prognos AG et al., 2020, S. 157).

Die im Rahmen der vorliegenden Arbeit entwickelten Handlungsempfehlungen stellen deshalb einen Mehrwert für die Kunststoffrecycling-Branche dar, weil sie das Management in der gezielten Steuerung der Prozesse unterstützen.[2]

---

[2] Für weitere Details siehe Teil IV Gestaltungsteil.

Zielstellung der Dissertation 4

Im nachfolgenden Abschnitt werden die Zielstellungen der Dissertation sowie die erwarteten Ergebnisse und Erkenntnisse dargelegt. Anschließend erfolgt die inhaltliche Abgrenzung zu anderen Forschungsarbeiten beziehungsweise Themengebieten.

4.1 Haupt- und Teilzielstellungen

Durch die Bearbeitung der theorie-, empirie- und gestaltungsgeleiteten Zielstellungen wird die Hauptzielstellung erreicht. Die einzelnen Zielstellungen werden im Anschluss dargelegt.

4.1.1 Hauptzielstellung

Die Hauptzielstellung der Dissertation besteht darin, basierend auf einer **umfangreichen Analyse des aktuellen Stands der Forschung** zum Kunststoffrecycling mit geeigneten **empirischen Methoden** ausreichend **Daten zu erheben und zu analysieren**, sodass **Handlungsempfehlungen zur Standardisierung der Prozessdatenerfassung und Kennzahlenerhebung für die spezifische Branche entwickelt** werden können. Mit diesen Handlungsempfehlungen werden für die Kunststoffrecycling-Branche Leitlinien formuliert, mit denen sich die **Möglichkeiten und Chancen von Standardisierung und Tool-Support** ausschöpfen und operationalisieren lassen. Anhand der Handlungsempfehlungen werden Trends innerhalb der Kunststoffrecycling-Branche zusammengefasst, was eine Steuerung der Prozesse seitens des Managements ermöglicht.

© Der/die Autor(en), exklusiv lizenziert an Springer Fachmedien Wiesbaden GmbH, ein Teil von Springer Nature 2024
C. Berbalk, *Prozesscontrolling in der Kunststoffrecycling-Branche*,
https://doi.org/10.1007/978-3-658-45985-7_4

14   4   Zielstellung der Dissertation

In den nachfolgenden Abschnitten wird dargelegt, wie diese Hauptzielstellung durch die jeweiligen Teilzielstellungen erreicht wird.

4.1.2   Theoriegeleitete Zielstellungen

Die theoriegeleitete Zielstellung der vorliegenden Forschungsarbeit besteht darin, anhand von wissenschaftlicher Literatur die für das Forschungsvorhaben relevanten, **zentralen Begrifflichkeiten zu ermitteln** und deren Bedeutung zu definieren. Im Rahmen der theoretischen Ausführungen wird zunächst geklärt, welche **standardisierten Prozesstypen und -vorgaben** existieren und wie diese operationalisiert werden können.

Weiter sind die Möglichkeiten einer **standardisierten Datenerfassung in standardisierten Prozessen** sowie deren **Operationalisierung** zu ermitteln. Überdies gilt es zusammenzufassen, wie **Prozesskennzahlen in Produktionsabläufen fortwährend überwacht** werden können.

Anschließend soll durch Auswertung der Forschungsliteratur geprüft werden, welche **Prozesstypen und -vorgaben in der Kunststoffrecycling-Branche** vorhanden sind. Dadurch lassen sich diejenigen Prozesse erfassen, die für eine Standardisierung **infrage kommen**. Gleichzeitig zeigt sich dadurch, wie diese **Prozesse aktuell operationalisiert** werden.

Abschließend soll eine erste **Empfehlung** für die **effektive Operationalisierung** von Prozessen in Produktionsabläufen des Kunststoffrecyclings aus der Forschungsliteratur entwickelt werden, welche nach Abschluss der empirischen Forschung anhand der Interviews weiter zu verfeinern ist.

4.1.3   Empiriegeleitete Zielstellungen

Die empiriegeleiteten Zielstellungen der Dissertation bestehen darin, eine **Einschätzung von Experten zum aktuellen Stand** der Standardisierung von Prozessen, Datenerhebung und Operationalisierung mittels Kennzahlen sowie deren Überwachung **von verschiedenen Akteuren der Branche** zu erhalten. Neben der aktuellen Situation gilt es mit der Datenerhebung auch einen Einblick in die **erwarteten zukünftigen Entwicklungen** der Kunststoffrecycling-Branche zu gewinnen.

4.2 Erwartete neue Ergebnisse/Erkenntnisse 15

4.1.4 Gestaltungsgeleitete Zielstellungen

Im Gestaltungsteil werden **Handlungsempfehlungen** auf **Basis der Forschungs-ergebnisse** entwickelt, die zur Standardisierung und standardisierten Operationalisierung der Prozesse im Kunststoffrecycling genutzt werden können. In diesem Zusammenhang sind relevante **Kennzahlen** zu **ermitteln** und zu bewerten, mit denen das Management Entscheidungen zur Steuerung und Verbesserung der Prozesse im Kunststoffrecycling treffen kann.

4.2 Erwartete neue Ergebnisse/Erkenntnisse

Nachfolgend werden die erwarteten neuen Ergebnisse und Erkenntnisse der Dissertation erläutert, wobei zunächst auf die Gesamtergebnisse der Dissertation eingegangen wird, um anschließend die erwarteten Ergebnisse und Erkenntnisse für jeden einzelnen Teil der Dissertation zu benennen.

4.2.1 Erwartete neue Ergebnisse und Erkenntnisse der Dissertation insgesamt

Das Ziel der Dissertation liegt darin, **Handlungsempfehlungen** für die Akteure der Kunststoffrecycling-Branche zu formulieren, mit denen sich die **Möglichkeiten und Chancen von Standardisierung und Tool-Support** ausschöpfen lassen. Dies dient dazu, ein **besseres Verständnis der Prozesse** innerhalb des Recyclingprozesses anhand von Kennzahlen zur Operationalisierung zu erlangen.

Für die Forschung liefert diese Dissertation einen ersten, qualitativen Zugang zur Operationalisierung und Standardisierung der Prozesse im Kunststoffrecycling, woran sich nachfolgende quantitative Arbeiten anschließen können.

4.2.2 Erwartete neue Ergebnisse und Erkenntnisse des theoretischen Teils

Anhand der aktuellen wissenschaftlichen Literatur werden die derzeitigen Möglichkeiten zur standardisierten **Datenerfassung in standardisierten Prozessen**

16   4 Zielstellung der Dissertation

sowie deren Operationalisierung zusammengetragen. Weiter werden Kennzahlensysteme in Hinblick auf die fortwährende Überwachung von Prozesskennzahlen geprüft, um eine Empfehlung zur Anwendung gewisser Kennzahlensysteme
und Prozesskennzahlen für die Kunststoffrecycling-Branche abzugeben.

   Mit der Analyse der derzeitigen Abläufe in der Kunststoffrecycling-Branche
werden die theoretischen Ergebnisse letztlich in ein potenzielles Kennzahlensystem mit entsprechenden Prozesskennzahlen für die Kunststoffrecycling-Branche
überführt.

4.2.3 Erwartete neue Ergebnisse und Erkenntnisse des empirischen Teils

Im empirischen Teil der Dissertation werden die Experten zu den **Trends
beziehungsweise zum aktuellen Stand** der Standardisierung, Datenerhebung
und Operationalisierung mittels Kennzahlen sowie deren Überwachung in der
Kunststoffrecycling-Branche befragt. Zudem werden die **Einschätzungen** der
Interviewpartner zu **zukünftigen erwarteten Entwicklungen** innerhalb der
Kunststoffrecycling-Branche untersucht.

4.2.4 Erwartete neue Ergebnisse und Erkenntnisse des Gestaltungsteils

Im Gestaltungsteil der vorliegenden Dissertation werden anhand der Gegenüberstellung der Ergebnisse aus dem theoretischen und empirischen Teil **Handlungsempfehlungen** für die Kunststoffrecycling-Branche und die Forschung entwickelt, die sich zur **Standardisierung und standardisierten Operationalisierung
der Prozesse** im Kunststoffrecycling nutzen lassen. Die Handlungsempfehlungen
für die Kunststoffrecycling-Branche beinhalten ein Controlling-Konzept inklusive
entsprechender **Prozesskennzahlen,** wodurch das Management seine operative
Planung danach ausrichten kann, um fundierte Entscheidungen auf Basis von
validen Daten für die strategische Unternehmensplanung zu treffen. Für die Forschung werden unter anderen Empfehlungen für **weiterführende Studien im
quantitativen Paradigma** getroffen.

4.3 Inhaltliche Abgrenzung

Zur inhaltlichen Abgrenzung der Dissertation gegenüber anderen Arbeiten werden zunächst die behandelten Themen eingegrenzt, sodass sich die Arbeit innerhalb der Managementforschung verorten lässt.

Die Dissertation ist inhaltlich dem Themenbereich Kunststoffrecycling zuzuordnen. Hierbei wird der Fokus auf das **mechanische Recycling und die Prozesse** dieser Art des Recyclings gelegt, da hier der größte **positive Einfluss** bei Umsetzung der Handlungsempfehlungen erwartet wird.[1] Folglich liegen die Prozesse des chemischen Recyclings, des physikalischen Recyclings, der energetischen Verwertung und der Deponierung außerhalb des Fokus dieser Forschungsarbeit (Lazarevic et al., 2010, S. 258; Luijsterburg & Goossens, 2014, S. 88).

Potenzielle Standardisierungen könnten dementsprechend eine größere Zielgruppe an Unternehmen der Branche ansprechen, wenn der Entwicklungsstand eine ausreichende **Reife für Standardisierungen** erreicht hat. Im Gegensatz dazu befindet sich das physikalische Recycling noch in der **Entwicklungsphase** und bietet keine ernst zu nehmende Alternative zu etablierten Recyclingmethoden des mechanischen Recyclings (Crippa et al., 2019, S. 142; Hann, S. 14–16; Klotz et al., 2024, S. 2; Simon & Martin, 2019, S. 8–9; Vogel et al., 2020, S. 8).

Das **chemische Recycling** hingegen bedarf zwar groß angelegter Anlagen, in denen ein Prozesscontrolling durchaus sinnvoll einzusetzen wäre, allerdings sind die Prozesse dort bereits **weitestgehend standardisiert** und durch die Betreiber aus der chemischen Industrie überwacht. Zudem unterliegt der Output kaum Qualitätsschwankungen, da die Kunststoffabfälle in ihre chemischen Bestandteile zerlegt werden (BASF SE, 2023; Hann, S. ii; Klotz et al., 2024, S. 5; Lase et al., 2023, S. 3; Payne & Jones, 2021, S. 4043; Vogel et al., 2020, S. 8).

Abbildung 4.1 dient zur Verdeutlichung der inhaltlichen Abgrenzung im Rahmen der Kreislaufwirtschaft. Die hervorgehobenen Felder markieren die Themenschwerpunkte der Dissertation.

---

[1] Für eine ausführlichere Darlegung der Vor- und Nachteile sowie Technologiereife und Verbreitung der einzelnen Recyclingverfahren siehe Teil II – 7.4.2 Arten der Verwertung von Kunststoffabfällen.

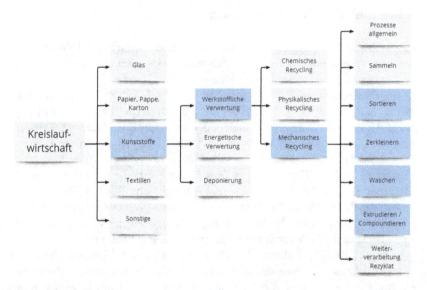

Abbildung 4.1 Inhaltliche Abgrenzung im Kontext der Kreislaufwirtschaft. (Quelle: Eigene Darstellung)

Weiter werden die Teilprozesse des mechanischen Recyclings auf ihr **Standardisierungspotenzial** untersucht, weshalb auch **Methoden zur Datenerhebung** in diesen Prozessen ermittelt werden. Die erhobenen Daten sollen zur Findung von **Prozesskennzahlen** genutzt werden, um unter anderem Ineffizienzen und Qualitätsmängel aufzudecken sowie dem Management Trends innerhalb der Prozesse des Unternehmens aufzuzeigen, was eine gezielte Steuerung der Prozesse ermöglicht.

Geografisch findet eine Einschränkung bei der Datenerhebung der Dissertation auf die Europäische Union mit Fokus auf **Deutschland und das deutschsprachige europäische Ausland** statt, da hier der Stand der Technik und die Richtlinien zum Kunststoffrecycling durch den geltenden EU-Standard für werkstoffliches Recycling vergleichbarer sind als im Rest der Welt (Dehoust et al., 2021, S. 54).

Aufgrund des Fokus auf der Prozessebene des mechanischen Recyclings in der vorliegenden Arbeit, hebt sich diese Dissertation deutlich von bisherigen Studien ab, da diese die **Prozessebene nicht oder nur oberflächlich behandeln** und stattdessen auf allgemeinere Bereiche des Kunststoffrecyclings fokussieren. Zudem

4.3 Inhaltliche Abgrenzung

liegt der Fokus dieser Studien weder auf der Operationalisierung von Prozessen durch Kennzahlen noch auf deren Erhebung durch standardisierte Datenerhebungsmethoden, sondern auf technischen Kennzahlen zur Bewertung der Qualität von Rezyklaten und den Umwelteinflüssen der einzelnen Recyclingmethoden sowie der übergeordneten Ebene der gesamten Kunststoffrecycling-Branche oder der Kreislaufwirtschaft an sich. Dazu wurde zunächst der Stand der Forschung ausgewertet. Die Ergebnisse dieser Auswertung finden sich in Teil II – 6.2 Forschungslücke.

Aufbau der Dissertation 5

Die Dissertation gliedert sich in fünf inhaltlich aufeinander aufbauende Teile, deren Inhalte nachfolgend kurz beschrieben werden.

Im **Einleitungsteil** wird zunächst die Ausgangslage der Kreislaufwirtschaft und des Kunststoffrecyclings beschrieben. Darauf aufbauend erfolgt die Ableitung der Problemstellung, wobei das Problem der **fehlenden Standardisierung und Operationalisierung** für das vorliegende Forschungsvorhaben herausgearbeitet wird. Im Anschluss wird das Erkenntnisinteresse und die Relevanz der Arbeit bezogen auf die wissenschaftliche Forschung und die unternehmerische Praxis erläutert. Den Abschluss des Einleitungsteils bilden die Zielstellungen und erwarteten neuen Ergebnisse sowie die inhaltliche Abgrenzung des Themenbereiches gegenüber anderen Forschungsfeldern.

Für den **theoretischen Teil** der Dissertation wird zunächst das Recherchevorgehen zur Ermittlung der Forschungslücke dargelegt, um diese anschließend anhand einer Diskussion verschiedener Kernstudien zur Kreislaufwirtschaft und zum Kunststoffrecycling zu beschreiben. Daraufhin werden die Fragestellungen sowie die bisherigen Ausführungen aus der Theorie für das vorliegende Forschungsvorhaben erläutert, die folgende Themengebiete berühren:

- Prozesstypen und -vorgaben und deren Operationalisierung,
- Anwendung von Controlling-Konzepten in Produktionsprozessen,
- Stand der Technik bei der Datenerhebung und -aufbereitung und
- Einordnung des Kunststoffrecyclings im Rahmen der Kreislaufwirtschaft.

Abschließend werden die Ergebnisse des theoretischen Teils zusammengefasst, woran sich die empiriegeleiteten Fragestellungen anschließen.

Im **empirischen Teil** wird zunächst das Forschungsdesign begründet und das Vorgehen während der empirischen Untersuchung dokumentiert. Anschließend

© Der/die Autor(en), exklusiv lizenziert an Springer Fachmedien Wiesbaden GmbH, ein Teil von Springer Nature 2024
C. Berbalk, *Prozesscontrolling in der Kunststoffrecycling-Branche*,
https://doi.org/10.1007/978-3-658-45985-7_5

erfolgt die Darstellung der Ergebnisse der problemzentrierten Experteninterviews entlang der im Rahmen der inhaltlich-strukturierenden qualitativen Inhaltsanalyse entwickelten Hauptkategorien. Den Abschluss des empirischen Teils bilden die Diskussion und Interpretation der Ergebnisse, die Bewertung der wissenschaftlichen Güte der empirischen Untersuchung und die Ableitung der gestaltungsgeleiteten Fragestellungen.

Im Rahmen des **Gestaltungsteils** werden zunächst die Ergebnisse des theoretischen und des empirischen Teils zusammengefasst und interpretiert. Dadurch lassen sich die Handlungsempfehlungen für die wissenschaftliche Forschung und für die unternehmerische Praxis entwickeln. Mit der Zusammenfassung und Konklusion der gestaltungsgeleiteten Fragestellungen schließt der Gestaltungsteil.

Im **Schlussteil** werden nicht nur die Ergebnisse der Dissertation zusammengefasst, sondern es wird auch ein Fazit für die Operationalisierung der Prozesse im mechanischen Recycling gezogen. Die Erkenntnisse für die wissenschaftliche Forschung und die unternehmerische Praxis werden dargestellt und es folgt ein abschließender Ausblick, was die Ergebnisse der Dissertation für beide Bereiche bedeuten. **Abbildung 5.1** gibt einen schematischen Überblick über den Aufbau der Dissertation.

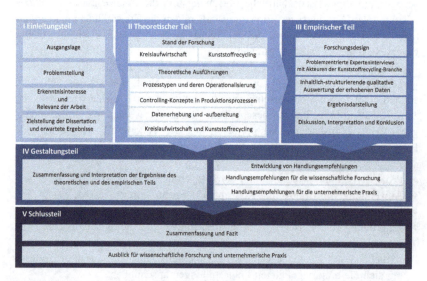

Abbildung 5.1 Schematischer Aufbau der Dissertation. (Quelle: Eigene Darstellung)

Teil II
Theoretischer Teil

Stand der Forschung 6

In diesem Kapitel wird der Stand der Forschung zum Prozesscontrolling in der Kunststoffrecycling-Branche beschrieben, wobei zunächst das Recherchevorgehen erläutert wird. Dies beinhaltet neben der Erläuterung der verwendeten Datenbanken und Keywords auch das Vorgehen bei der Analyse und die Verarbeitung der Rechercheergebnisse. Anschließend wird der Stand der Forschung innerhalb der Themenfelder Kunststoffrecycling, Controlling, Prozesse, Standardisierung und Digitalisierung dargelegt.

6.1 Recherchevorgehen

Die **gründliche Recherche von Fachliteratur** bildet die Basis jeder wissenschaftlichen Studie, da Forschungslücken erst durch die systematische Bewertung und Diskussion vorhandener Forschungsergebnisse identifiziert werden können (Döring & Bortz, 2016, S. 161; Newman & Gough, 2020, S. 3; Pittaway et al., 2014, S. 86; Weiß & Wagner, 2019, S. 1513). Dieses Vorgehen steigert zudem die **Konsistenz in der verwendeten Terminologie**, sorgt für **Transparenz** und ermöglicht die **Entwicklung robuster theoretischer Konstrukte** (Pittaway et al., 2014, S. 88–89; Weiß & Wagner, 2019, S. 1512). Für das vorliegende Forschungsvorhaben wurde deshalb ein **systematisches Literatur-Review** in Anlehnung an das vorgeschlagene Verfahren der University of York. Centre for Reviews and Dissemination (2009, S. 26) durchgeführt, das von Tranfield et al. (2003,

---

Ergänzende Information Die elektronische Version dieses Kapitels enthält Zusatzmaterial, auf das über folgenden Link zugegriffen werden kann https://doi.org/10.1007/978-3-658-45985-7_6.

© Der/die Autor(en), exklusiv lizenziert an Springer Fachmedien Wiesbaden GmbH, ein Teil von Springer Nature 2024
C. Berbalk, *Prozesscontrolling in der Kunststoffrecycling-Branche*,
https://doi.org/10.1007/978-3-658-45985-7_6

S. 214–219) beschrieben und auf die Anwendbarkeit in anderen Disziplinen als der medizinischen Forschung geprüft wurde.

Die Recherche begann mit einer **Stichwortsuche** in den akademischen Datenbanken EBSCO[1] und BASE[2], der E-Library der Middlesex University und über Google Scholar[3]. Dabei erfolgte die Suche zum Forschungsthema sowohl mit deutschen als auch englischen Begriffen, um auch internationale Literatur zu erfassen (Döring & Bortz, 2016, S. 161). Zudem wurden unterschiedliche Schreibweisen der Stichwörter in die Suche eingeschlossen. Die Stichwortsuche fand unter Verwendung der Suchoperatoren AND und OR mit folgenden Keywords in den angegebenen Datenbanken statt:

- Recycling (beziehungsweise Verwertung)
- Kunststoffrecycling
- Kreislaufwirtschaft
- Abfallwirtschaft
- Prozesse
- Prozessmanagement
- Prozesscontrolling
- Prozessdatenerfassung
- Prozessoperationalisierung
- Operationalisierung

Der Anforderung an die **Aktualität der Untersuchungen** wurde über eine initiale Eingrenzung des Erscheinungsdatums auf den Zeitraum nach 2015 entsprochen. Nach der Stichwortsuche wurden die Treffer mittels verschiedener **Selektionskriterien** systematisch auf ihre Relevanz für das Forschungsvorhaben überprüft (Goagoses & Koglin, 2020, S. 149–150; Hammersley, 2020, S. 30; Pittaway et al., 2014, S. 95–98; Tranfield et al., 2003, S. 214–219). Der Ablauf dieses Auswahlprozesses, mit dem die relevanten Kernstudien für das Forschungsvorhaben ermittelt wurden, ist schematisch in Abbildung 6.1 dargestellt.

Als ersten Filterungsschritt wurden die Titel und Abstracts der recherchierten 5.500 Quellen auf ihren Bezug zur Forschungsfrage untersucht. Dadurch blieben

---

[1] EBSCO ist eine akademische Forschungsdatenbank für gedruckte und elektronische Zeitschriften, Periodika und eBooks mit Sitz in den USA (EBSCO Information Services Inc., 2023).

[2] BASE (Bielefeld Academic Search Engine) gehört zu den weltweit größten Fachdatenbanken für wissenschaftliche Web-Dokumente (Universität Bielefeld, 2022).

[3] Google Scholar dient einer ersten Orientierung im Forschungsfeld im Zuge von breit angelegten wissenschaftlichen Recherchen (Google LLC, 2022).

6.1 Recherchevorgehen

369 Quellen, bei denen die Stichwörter im Kontext der Forschungsfrage enthalten waren.

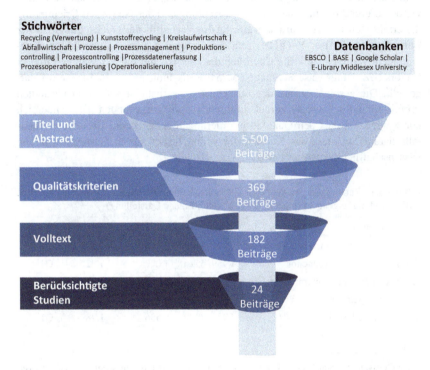

Abbildung 6.1 Schematische Darstellung des Auswahlprozesses relevanter Studien. (Quelle: Eigene Darstellung in Anlehnung an University of York. Centre for Reviews and Dissemination, 2009, S. 26)

Um die wissenschaftliche **Qualität der Untersuchungen** zu sichern, wurden vorrangig Arbeiten aus wissenschaftlichen Journals oder Publikationen von akademischen Institutionen berücksichtigt. Bewertet wurde die Wissenschaftlichkeit der Journalbeiträge, sofern vorhanden, anhand des Clarivate **Journal Impact Factor**[4] oder alternativ über den SCImago **Journal Rank Indicator** (SJR)[5]. In beiden Fällen wurden jeweils nur Journals mit hohem Ranking[6] verwendet. Verzichtet wurde aufgrund der internationalen Ausrichtung und der fachlichen Orientierung der ermittelten Journals auf das **Ranking des Verbands der Hochschullehrer für Betriebswirtschaft** e. V. (VHB)[7], da der Großteil der Journals in diesem Ranking nicht vertreten sind. Ein Überblick der Journals mit ihrem jeweiligen Impact Factors beziehungsweise SCImago Journal Rank Indicator ist in Tabelle 6.1 dargestellt. Die geringe Anzahl der verwendeten Journals ist auf die angewandten Prüfkriterien für Journals zurückzuführen, da im vorliegenden Themenbereich nur wenige Journals den Qualitätsanforderungen entsprachen. Dies deutet ebenfalls darauf hin, dass das Kunststoffrecycling bisher nur in geringem Umfang wissenschaftlich bearbeitet wird.

Tabelle 6.1 Ranking der verwendeten Fachzeitschriften und wissenschaftlichen Arbeiten sortiert nach absteigendem Impact Factor. (Quelle: Eigene Darstellung)

Journal / Quelle	ISSN	Impact Factor	SJR 2021	Quartil
Resources, Conservation and Recycling	0921–3449	13,716	2,59	Q1
Journal of Cleaner Production	0959–6526	11,072	1,92	Q1
Science of the Total Environment	0048–9697	10,754	1,81	Q1
Waste Management	1879–2456	8,816	1,74	Q1
Ecological Economics	0921–8009	6,536	1,78	Q1

---

[4] Der Clarivate Journal Impact Factor gibt an, wie hoch der Einfluss des Journals auf die wissenschaftliche Fachwelt ist. Je höher der Faktor, desto höher ist die Reputation der Fachzeitschrift innerhalb der Disziplin einzustufen. Dabei gilt zu berücksichtigen, dass neben der absoluten Anzahl der Zitierungen auch die Auflage des Journals oder das jeweilige Fachgebiet einen Einfluss auf den Journal Impact Factor haben (Clarivate, 2022).

[5] Mit dem SCImago Journal Rank Indicator wird der wissenschaftliche Einfluss von Journals auf die globale wissenschaftliche Diskussion gemessen. Das Quartil gibt zusätzlich zum SJR an, wie ein Journal im Vergleich zu anderen Journals des gleichen Fachgebietes (Q1 - Q4) gerankt ist (SCImago Lab, 2022).

[6] Da sowohl der Clarivate Journal Impact Factor als auch der SCImago Journal Rank Indicator eine relative Wertung im Vergleich zu anderen Journals des Fachbereichs ermöglichen, wurde bei der Einschätzung der Höhe des Rankings stets darauf geachtet, dass das Journal im oberen Viertel des Fachbereichs gerankt war.

[7] Der VHB führt seit 2015 regelmäßige Befragungen seiner Mitglieder durch, um den Einfluss eines Journals auf die BWL als wissenschaftliche Disziplin zu erheben (Verband der Hochschullehrer für Betriebswirtschaft e.V., 2022).

6.2 Forschungslücke 29

Neben der Qualität wurde auch die Art der Quelle überprüft, sodass nur **Studien** und keine Literatur-Reviews in den Forschungsstand aufgenommen wurden. Allerdings wurden die Literatur-Reviews als Referenz genutzt, um gegebenenfalls weitere Quellen zu identifizieren, die bisher unberücksichtigt geblieben sind. Auf diese Weise reduzierte sich die Anzahl auf 182 Quellen, deren Eignung für das Forschungsvorhaben anschließend anhand des Volltextes evaluiert wurde. Letztlich wurden für das Forschungsvorhaben 24 Quellen als Kernstudien ausgewählt.

6.2 Forschungslücke

Die im Literatur-Review ermittelten Quellen werden im nächsten Abschnitt nach ihrem jeweiligen Beitrag zur Forschung ausgewertet, um das Erkenntnisinteresse der vorliegenden Arbeit und damit die Forschungslücke zu spezifizieren. Eine abschließende Erhebung der wissenschaftlichen Literatur innerhalb des Forschungsgebietes ist jedoch aufgrund der Vielzahl der verschiedenen Beiträge nicht möglich (Golkaram et al., 2022, S. 11; Martín-Lara et al., 2022, S. 2).

6.2.1 Beschreibung des Forschungsstands

Zur Diskussion werden die Studien zunächst grob den Themengebieten **Kreislaufwirtschaft** und **Kunststoffrecycling**, welches eine Teildisziplin der Kreislaufwirtschaft darstellt, zugeordnet. Zusätzlich werden sie nach ihren Schwerpunkten klassifiziert, das heißt, ob sich die Forschung eher mit der **Makroebene** oder **Mikroebene** beschäftigt (Abbildung 6.2). Demnach entfallen 10 Studien auf das Themenfeld der Kreislaufwirtschaft und 14 Beiträge auf das Kunststoffrecycling.

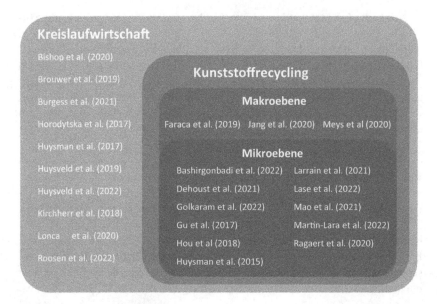

Abbildung 6.2 Themenbereiche der Kernstudien. (Quelle: Eigene Darstellung)

Um sich einen ersten Eindruck zu verschaffen, inwieweit Prozesse innerhalb der Kreislaufwirtschaft, deren Operationalisierung und die Datenerfassung – sowohl in Deutschland als auch international – bereits erforscht sind, wurden die entsprechend klassifizierten zehn Studien ausgewertet. Die Einordnung erfolgte anhand der fokussierten Themenbereiche der jeweiligen Studien. Die Erkenntnisse der restlichen 14 Studien zu Prozessen innerhalb der Kunststoffrecycling-Branche, deren Operationalisierung und Datenerfassung werden anschließend diskutiert.

6.2.1.1 Status quo in der Kreislaufwirtschaft

Das hohe gesellschaftliche und politische Interesse an der Kreislaufwirtschaft als ein Bestandteil eines ökonomischeren Konsums spiegelt sich ebenso in der Forschung wider, wo eine Vielzahl an aktuellen Studien zu diesem Themengebiet zu finden ist (Ferdous et al., 2021, S. 7; Golkaram et al., 2022, S. 11; Kirchherr et al., 2018, S. 264; Martín-Lara et al., 2022, S. 2). Tabelle 6.2 bietet einen Überblick über aktuelle Studien zur Kreislaufwirtschaft mit ihrem spezifischen Forschungsgegenstand, ihrer Methodik sowie ihren Erkenntnissen.

6.2 Forschungslücke 31

Tabelle 6.2 Kernstudien zum Status quo in der Kreislaufwirtschaft. (Quelle: Eigene Darstellung)

Autoren	Jahr	Forschungsgegenstand / Methodik	Ergebnisse
Bishop et al.	2020	Quantitative Analyse der weltweiten PE-Abfallströme anhand von Sekundärdaten	Stoffstrombild der PE-Kunststoffabfälle weltweit
Brouwer et al.	2019	Quantitative Materialflussanalyse des Netzwerks für Post-Consumer-Kunststoffverpackungsabfälle in den Niederlanden	Ermittlung der Menge und Reinheit von recycelten Kunststoffen
Burgess et al.	2021	Qualitative Erhebung zu Möglichkeiten für eine erhöhte Recyclingquote in England mittels 25 Interviews mit Führungskräften	Maßnahmen zur Erhöhung der Recyclingquoten (Standardisierung, Infrastruktur, Geschäftsmodelle für die gesamte Versorgungskette, hochwertige Rezyklate)
Horodytska et al.	2020	Quantitative Analyse der Umwelteinflüsse von Rezyklaten anhand einer Lebenszyklusanalyse.	Überarbeitete Version der Lebenszyklusanalyse unter Berücksichtigung des Substitutionsverhältnisses von Regranulaten
Huysman et al.	2017	Fallstudie zur Prüfung eines Indikators zwecks Messung der Leistung der Kreislaufwirtschaft anhand der Behandlung postindustrieller Kunststoffabfälle	Der Circular Performance Indikator als nützlicher Ansatz, um Abfallströme in Richtung der optimalen Verwertungsoption zu lenken
Huysveld et al.	2019	Fallstudie zur quantitativen Kosten-Nutzen-Analyse von Recycling im Vergleich zu alternativen Verwertungsmethoden (bspw. Verbrennung)	Die erweiterte Recyclability-Benefit-Rate ist ein guter Indikator, um eine Kosten-Nutzen-Analyse für Recyclingmethoden mit unterschiedlichen Materialien durchzuführen.

(Fortsetzung)

32   6 Stand der Forschung

Tabelle 6.2 (Fortsetzung)

Autoren	Jahr	Forschungsgegenstand / Methodik	Ergebnisse
Huysveld et al.	2022	Einzelfallstudie zur quantitativen Analyse der Gesamtsubstituierbarkeit von Kunststoffen durch Rezyklate in Kombination mit einer Lebenszyklusanalyse in Belgien	Methode zur Quantifizierung der Gesamtsubstituierbarkeit von Kunststoffen durch Rezyklate
Kirchherr et al.	2018	Mixed-Methods-Studie zu den Hindernissen der Kreislaufwirtschaft mit quantitativer Erhebung bei 208 Teilnehmern und 47 Experteninterviews	Darstellung der Hindernisse von Kreislaufwirtschaft, welche insbesondere in der Unternehmenskultur, dem Bewusstsein und Interesse der Verbraucher und in Marktbarrieren begründet sind
Lonca et al.	2020	Fallstudie der Kreislauffähigkeit von PET auf dem US-amerikanischen Markt zur Prüfung verschiedener Kennzahlen zur Kreislaufwirtschaft	Recycling ist in der Lebenszyklusbetrachtung die bevorzugte Variante der Behandlung von Kunststoffabfällen.
Roosen et al.	2022	Fallstudie zur Bewertung der Materialflüsse in Belgien	Einschätzung der möglichen Vorteile einer Ausweitung der Kunststofffraktionen, die gesammelt und verwertet werden

Brouwer et al. (2019) führen in ihrer Studie eine **Materialflussanalyse** des Recyclingnetzwerks für Post-Consumer-Kunststoffverpackungsabfälle in den Niederlanden durch. Damit vergleichen sie, ob sich die Recyclingquote im Vergleich zu einer Vorgängerstudie aus dem Jahr 2014 verändert hat (Brouwer et al., 2019, S. 113). Im Rahmen ihrer Studie verwenden sie **Kennzahlen** zur Bewertung von Teilen der Verwertungskette wie die Netto-Sammelausbeute, die Sortierverläufe pro Verpackungsart und die Zusammensetzung der sortierten und gewaschenen Flakes (Brouwer et al., 2019, S. 114). Dabei stellen sie fest, dass lediglich PET-Flakes[8] eine ausreichende Reinheit haben, um zu qualitativen Regranulaten weiterverarbeitet werden zu können. Andere Kunststofffraktionen wie PE[9]

---

[8] PET ist die Abkürzung für Polyethylenterephthalat.
[9] PE ist die Abkürzung für Polyethylen.

6.2 Forschungslücke

oder PP[10] enthalten nach dem Zerkleinern und Waschen noch bis zu zehn Prozent Fremdstoffe, wodurch sie sich nur für die Anwendung als Blend[11] eignen, was einem Open-Loop-Recycling gleichkommt (Brouwer et al., 2019, S. 118).

Ferner belegt die Studie, dass sich die Qualität des Recyclings trotz einer Ausweitung der gesammelten Abfallarten nicht verschlechtert, sondern sogar verbessert hat, was laut Einschätzung der Autoren an den gesteigerten Bemühungen der Recyclinganlagen zur Behebung von Schwachstellen wegen der regelmäßigen Kontrollen durch die Behörden liegt (Brouwer et al., 2019, S. 119). Zur anhaltenden Steigerung der Recyclingquoten empfehlen Brouwer et al. (2019, S. 119–120), dass Hersteller von Verpackungen mehr Anstrengungen in Bezug auf das Konzept Design for Recycling[12] unternehmen.

Da lokale Unterschiede zwischen den Recyclingsystemen einzelner Länder bestehen, bleibt offen, ob die empirischen Ergebnisse der Studie problemlos auf weitere Länder übertragbar sind und inwieweit die Anwendung der genutzten Kennzahlen für andere Kontexte möglich ist (Roosen et al., 2022, S. 2). Für das vorliegende Forschungsvorhaben sind die Ergebnisse der Studie insofern von Interesse, als dass hieraus **Schlüsse auf mögliche Fokusbereiche** innerhalb des Kunststoffrecyclings gezogen werden können, da die Autoren explizit auf die fehlenden Kennzahlen für einzelne Unternehmen hinweisen. Die in der Studie angewandten **Kennzahlen** lassen sich aufgrund der **mangelnden Prozessorientierung** nicht auf das vorliegende Forschungsvorhaben anwenden.

Die Methodik der **Materialflussanalyse** setzten Roosen et al. (2022) in ihrer Fallstudie zur Bewertung der Materialflüsse in Belgien ein. Dabei stützt sich die Datenbasis der Studie auf zwei vorangegangene Studien zu den Sortiersystemen in Belgien (Roosen et al., 2022, S. 2). Bei der **Nettoverwertung** der beiden in Belgien vorhandenen Sortiersysteme weist das erweiterte Sortiersystem eine wesentlich höhere Nettoverwertung auf als das System mit eingeschränktem Sammelumfang (Roosen et al., 2022, S. 6–7). Demnach führt nach den Schlussfolgerungen von Roosen et al. (2022, S. 11) die Ausweitung der gesammelten Kunststoffabfälle zu einer Erhöhung der Recycling-Rate.

---

[10] PP ist die Abkürzung für Polypropylen.

[11] Der Begriff *Blend* (auch *Polymer-Blend*) bezeichnet einen Mischkunststoff, der aus unterschiedlichen Kunststoffen besteht, um gewisse Stoffeigenschaften zu erreichen. Im mechanischen Recycling ist eine Trennung dieser Stoffe kaum realisierbar (Dorigato, 2021, S. 55).

[12] *Design for Recycling* ist ein Gestaltungsprinzip zwecks Wiederverwertbarkeit der Verpackung, indem in einem frühen Entwicklungsstadium bereits Überlegungen zum Ende des Lebenszyklus einer Verpackung angestellt werden (Deutsche Gesellschaft für internationale Zusammenarbeit (GIZ) GmbH, 2021, S. 3).

Die Ergebnisse der Studie legen nahe, dass eine umfangreichere Sammlung von Kunststoffabfällen förderlich für die Kreislaufwirtschaft der Kunststoffe sein könnte. Allerdings ist zu prüfen, ob die Studienergebnisse aufgrund der lokalen Begebenheiten in Belgien ohne Weiteres auf andere Länder zu übertragen sind.[13] Für das vorliegende Forschungsvorhaben erweisen sich die in der Studie angewandten Kennzahlen aufgrund ihrer **fehlenden Prozessorientierung** als ungeeignet.

Die **Mixed-Methods-Studie** von Kirchherr et al. (2018) beschäftigt sich mit aktuellen Hindernissen für die Transformation der Linearökonomie der Europäischen Union zu einer Kreislaufwirtschaft, wozu 47 Experten der Kreislaufwirtschaft interviewt sowie 208 Stakeholder aus Politik und Wirtschaft standardisiert befragt wurden (Kirchherr et al., 2018, S. 265).

Die Studie mit Interviewpartnern und Teilnehmern aus der gesamten EU verdeutlicht, dass das aktuell hohe globale Interesse am Konzept der Kreislaufwirtschaft aufgrund von kulturellen, regulatorischen, technologischen und Marktbarrieren nicht automatisch zu seiner Implementierung führt (Kirchherr et al., 2018, S. 265). Allerdings verzögert sich die Transformation zur Kreislaufwirtschaft nach den Befunden der Studie hauptsächlich aufgrund der limitierten Prozessstandardisierung, der notwendigen hohen Investitionskosten und der niedrigen Preise von Neukunststoffen, die sich negativ auf die Förderung zirkulärer Geschäftsmodelle auswirken (Kirchherr et al., 2018, S. 270). Damit bestätigt die Studie das eingangs festgestellte Problem der mangelnden Standardisierung in der Kunststoffrecycling-Branche.

Die Studie stellt zwar die erste großflächig angelegte Studie zum Thema Kreislaufwirtschaft dar, dennoch kann sie nicht als repräsentativ angesehen werden, da vor allem das Sample von politischen Entscheidungsträgern zu klein ist, um eine repräsentative Stichprobe auf EU-Ebene darzustellen. Aufgrund des standardisierten Forschungsdesigns sind **die Perspektiven zu wenig detailliert**, um daraus Implikationen für Geschäftsmodelle und Prozessstrukturen auf Ebene der Recyclingunternehmen ableiten zu können (Kirchherr et al., 2018, S. 271). Für das vorliegende Forschungsvorhaben ist primär die Erkenntnis relevant, dass es aktuell **keine technologischen Barrieren** für die Einführung der Kreislaufwirtschaft gibt, sodass eine **technologieunterstützte Erhebung prozessbezogener Daten** prinzipiell möglich wäre.

---

[13] Die lokalen Abfallsammlungssysteme in der EU unterscheiden sich beispielsweise in den gesammelten Abfallarten oder der Art, wie die Abfälle gesammelt werden, was in Deutschland beispielsweise über den Gelben Sack, die blaue Tonne, Altglascontainer und Pfandautomaten abgebildet wird (Roosen et al., 2022, S. 2).

6.2 Forschungslücke   35

Die Ergebnisse der Studie von Kirchherr et al. (2018) wurden von Burgess et al. (2021) für deren empirische Studie zum One-Bin-Konzept[14] in England aufgegriffen. In 25 halbstrukturierten Experteninterviews wurde ermittelt, welche Herausforderungen die Experten im One-Bin-Konzept in England sehen und wie der aktuelle Recyclingprozess geändert werden müsste, damit ihre Unternehmen mehr Wertschöpfung daraus generieren könnten. Danach wurde in einem Workshop mit 13 der befragten Experten nach Aktionsbereichen zur Förderung des One-Bin-Konzeptes gesucht (Burgess et al., 2021, S. 4).

Zur Umsetzung des One-Bin-Konzeptes in England sind laut Expertenmeinung die folgenden vier Themenbereiche relevant:

- Standardisierung,
- Wertschöpfung,
- Infrastrukturinvestments und
- kollaborative Geschäftsmodelle (Burgess et al., 2021, S. 5).

Dies stützt sowohl die Erkenntnisse von Kirchherr et al. (2018) als auch von Bora et al. (2020, S. 16353), wonach in der Kunststoffrecycling-Branche wenig kollaboratives Arbeiten verbreitet ist und die Recycling-Verfahren meist durch die sie anwendenden Unternehmen geschützt werden.

Zwar gestattet die Studie von Burgess et al. (2021) aufgrund der kleinen Stichprobe und der örtlichen Beschränkung auf Großbritannien keine Rückschlüsse auf die gesamte Kunststoffrecycling-Branche, dennoch liefert sie wichtige **Hinweise auf die Notwendigkeit eines Umdenkens**, wenn die Transformation zur Kreislaufwirtschaft erfolgreich verlaufen soll.

Zur Bewertung der Zirkularität von PET in den USA verbinden Lonca et al. (2020) in ihrer Studie eine **Materialflussanalyse** mit einer **Lebenszyklusanalyse**. Dabei wurde der **Material Circularity Indikator** zur Ermittlung eingesetzt (Lonca et al., 2020, S. 3). Nach den Auswertungen der Studie wird der überwiegende Anteil der PET-Kunststoffabfälle entweder verbrannt oder deponiert (5,78 Millionen Tonnen im Jahr 2016) und nur ein sehr geringer Anteil (0,33 Millionen Tonnen im Jahr 2016) an das Recycling übergeben (Lonca et al., 2020, S. 5). Ein großes Einsparpotenzial der CO_2-Emissionen sehen Lonca et al. (2020, S. 8)

---

[14] Das *One-Bin*-Konzept zielt auf einen einzelnen Abfalleimer für die Haushalte in Großbritannien ab, in dem alle Arten von Kunststoffabfällen gesammelt werden sollen (Burgess et al., 2021, S. 3).

in der Umstellung des Umgangs mit benutzten PET-Flaschen auf ein Sammelsystem, wie es in Deutschland bereits seit dem Jahr 2003 genutzt wird (Roosen et al., 2022, S. 2).

Aufgrund der Beschränkung sowohl auf lediglich eine Kunststoffart als auch geografisch auf die USA sind die Studienergebnisse kaum verallgemeinerbar. Lonca et al. (2020) weisen selbst darauf hin, dass die Analyse in Nachfolgestudien die gesamte Palette der recycelbaren Kunststoffe umfassen muss, um entsprechende Implikationen für die Kreislaufwirtschaft ableiten zu können. Die angewandten Kennzahlen lassen sich aufgrund ihrer mangelnden Prozessorientierung nicht für das vorliegende Forschungsvorhaben nutzen.

Auf einen Kunststofftyp ist zwar auch die Studie von Bishop et al. (2020) fokussiert, allerdings beschränkt sich dort die Analyse nicht auf ein Land, sondern umfasst die PE-Masseströme der EU-28 inklusive Norwegen und der Schweiz. Die ausgewerteten Daten der Studie beruhen auf Sekundärdaten des UN Comtrade,[15] welche jährlich öffentlich zur Verfügung gestellt werden (Bishop et al., 2020, S. 3). Durch die Materialflussanalyse wurde ermittelt, dass über 54 % der PE-Abfälle, die in den betrachteten Ländern anfallen, nach außerhalb der EU exportiert werden (Bishop et al., 2020, S. 7). Aufgrund dieses Ergebnisses empfehlen Bishop et al. (2020, S. 10) beim Export von Abfall, dass Lebenszyklusbetrachtungen um die tatsächliche Verwertungsoption modifiziert werden. Deshalb müsse die Recyclingrate nach Meinung der Autoren nur aufgrund des **im Ursprungsland** stattfindenden Recyclings ermittelt werden (Bishop et al., 2020, S. 11).

Aufgrund der Nutzung von Sekundärdaten werden in der Studie Annahmen getroffen, die weiter zu verifizieren sind (Bishop et al., 2020, S. 10). Für die Forschung implizieren die Ergebnisse dennoch eine Anpassung der Berechnung von Indikatoren der Lebenszyklusbetrachtung von Kunststoffen. Die angewandten Kennzahlen zur Ermittlung der Masseströme sind aufgrund der fehlenden Prozessorientierung für das vorliegende Forschungsvorhaben nicht anwendbar.

Huysman et al. (2017) bewerten in ihrer Fallstudie ebenfalls die Leistung der Kreislaufwirtschaft, wobei sie ihre Forschung auf die Materialflüsse von einem Unternehmen beschränkten, allerdings mehrere Materialflüsse untersuchten (Huysman et al., 2017, S. 47–50). Dabei wurde ein neuer Indikator zur Messung der Leistung der Kreislaufwirtschaft (**Circular Performance Indicator**)

---

[15] Die Comtrade-Datenbank der Vereinten Nationen enthält detaillierte weltweite Handelsstatistiken, die von Regierungen, Hochschulen, Forschungsinstituten und Unternehmen genutzt werden können. Die Statistiken decken etwa 200 Länder ab und repräsentieren mehr als 99 % des weltweiten Handelsvolumens (United Nations, 2022).

6.2 Forschungslücke 37

entwickelt, mit dem sich auch die optimale Verwertungsoption eines Stoffstroms bestimmen lässt. Zusätzlich empfehlen sie den Indikator zur Bewertung von Kreislaufwirtschaftsstrategien zu nutzen (Huysman et al., 2017, S. 51). Da die Materialflüsse nur von einem Unternehmen in der Fallstudie analysiert werden, gilt es, die Studienergebnisse weiter zu verifizieren. Aufgrund der fehlenden Prozessorientierung lässt sich der Circular Performance Indicator für das vorliegende Forschungsvorhaben nicht heranziehen, wobei dessen Anwendung großes Potenzial für die Erforschung der Kreislaufwirtschaft birgt. Dadurch können entsprechende Handlungsempfehlungen für künftige Kreislaufwirtschaftsstrategien formuliert werden.

Anhand einer Lebenszyklusanalyse beurteilten Huysveld et al. (2019) in ihrer Fallstudie die von ihnen weiterentwickelten Indikatoren, mit denen sich die Leistung von Kreislaufwirtschaft messen lässt (Huysveld et al., 2019, S. 3). Danach stellt Recycling zwar grundsätzlich die umweltfreundlichere Alternative zur Verbrennung dar, allerdings müssen die Abfallarten jeweils separat betrachtet werden, da der Nettonutzen des Recyclings im Vergleich zur Verbrennung aus ökologischer Sicht in manchen Fällen niedriger sein kann.

Eine Weiterentwicklung erfuhr der Indikator durch Huysveld et al. (2019, S. 12) mit der **erweiterten Recyclability-Benefit-Rate**, die der Ermittlung von Kosten und Nutzen einer Verwertungsalternative im ökologischen Sinne dient, weshalb künftige Studien eher einen Fokus auf die ökonomische Betrachtung der Verwertungsoptionen sowie die unterschiedliche Lebensdauer von Virgin- und Recycling-Produkten legen sollten.

Analog zum Indikator von Huysman et al. (2017) bietet die erweiterte Recyclability-Benefit-Rate von Huysveld et al. (2019) einen guten Anhaltspunkt, um die Verwertungswege anhand ihres Nutzens für den jeweiligen Stoffstrom gezielt im Rahmen der Kreislaufwirtschaft anzusteuern. Für das vorliegende Forschungsvorhaben ist der Indikator auf Ebene der Stoffströme allgemein aber ebenfalls zu grob gefasst, weshalb eine Übertragung auf das vorliegende Forschungsvorhaben nicht sinnvoll ist.

In der Lebenszyklusanalyse von Huysveld et al. (2022) wird die Gesamtsubstituierbarkeit von Neukunststoffen durch Rezyklate im Rahmen einer Einzelfallstudie ermittelt. Zu unterscheiden ist dabei zwischen der technischen Ersetzbarkeit, die auf die technischen Möglichkeiten im Kunststoffrecycling verweist, und der Marktersetzbarkeit, also den Anforderungen durch den Markt (Huysveld et al., 2022, S. 75).

Nach den Ergebnissen der Studie könnte thermochemisches Recycling künftig eine Alternative zum mechanischen Recycling darstellen, um ein Closed-Loop-Recycling von Lebensmittelverpackungen zu erreichen (Huysveld et al., 2022,

S. 78). Die aktuelle Marktsubstituierbarkeit von Rezyklaten ist geringer als die technische Substituierbarkeit, was sie auf die niedrigere Rezyklatqualität zurückführen, die meist nicht den Marktanforderungen für hochwertige Rezyklate entspricht (Horodytska et al., 2020, S. 6). Für das vorliegende Forschungsvorhaben sind die angewandten Kennzahlen zwar aufgrund der fehlenden Prozessorientierung nicht implementierbar, allerdings verdeutlicht die Studie das aktuelle Dilemma der Kunststoffrecycling-Branche, das zum einen in zu niedrigen Preisen für die Rezyklate und zum anderen in der zu geringen Rezyklatqualität für die hochwertigen Anwendungen der Kunden besteht.

Horodytska et al. (2020) führten ebenfalls eine Lebenszyklusanalyse mit Fokus auf den Prozessen des Upcyclings, Downcyclings und der Verbrennung durch, wobei die hierdurch ermittelten Umwelteinflüsse[16] anschließend auf ihre Vereinbarkeit mit dem Konzept der Kreislaufwirtschaft untersucht wurden (Horodytska et al., 2020, S. 6). Dabei stellten Horodytska et al. (2020, S. 11) fest, dass lediglich das Upcycling mit dem Konzept der Kreislaufwirtschaft in Einklang steht, weil sich die Qualität der entstehenden Kunststoffprodukte bei den anderen betrachteten Verwertungsoptionen verringert.

Künftige Berechnungen innerhalb der Lebenszyklusanalyse sollten diese unterschiedlichen Recyclingqualitäten berücksichtigen, um hochwertigere Recyclingprozesse besser zu bewerten als Recyclingprozesse mit minderwertigerem Output. Zugleich müsste der Untersuchungsfokus von künftigen Studien auf höherwertigeren Recyclingverfahren liegen (Horodytska et al., 2020, S. 11). Das vorliegende Forschungsvorhaben fokussiert sich auf die beschriebenen qualitativ hochwertigen Prozesse im Kunststoffrecycling, um diese innerhalb der Branche zu verbreiten. Damit wird der Empfehlung von Horodytska et al. (2020) entsprochen und in einer empirischen Studie umgesetzt.

Im Themengebiet der **Kreislaufwirtschaft** sind die Studien auf der **Makroebene** (gesamte Branche, Kunststofftypen) generell für das Forschungsgebiet wegweisend, allerdings sind deren Indikatoren zu weit gefasst, um eine Übertragung auf das vorliegende Forschungsproblem durchführen zu können. Auf die Prozesse im Kunststoffrecycling gehen lediglich zwei Studien ein (Burgess et al., 2021; Huysman et al., 2017) und die Datenerfassung behandelt nur eine Studie (Kirchherr et al., 2018).

---

[16] Die untersuchten Umwelteinflüsse beziehen sich auf die Kategorien *Klimawandel, Ressourcen, Qualität des Ökosystems* und *menschliche Gesundheit* (Horodytska et al., 2020, S. 6).

6.2 Forschungslücke 39

6.2.1.2 Status quo in der Kunststoffrecycling-Branche

Auf dem Forschungsgebiet des Kunststoffrecyclings lassen sich Studien anhand der Ebene untergliedern, auf die sie sich beziehen: entweder in Studien zur **Makroebene** (gesamte Branche, Kunststofftypen) oder zur **Mikroebene** (Produkt, Unternehmen, Prozesse). Zunächst werden die Studien auf der Makroebene diskutiert, indem neben der Forschungsmethodik auch Ergebnisse in Tabelle 6.3 zusammengefasst sind.

Tabelle 6.3 Kernstudien zum Status quo in der Kunststoffrecycling-Branche – Makroebene. (Quelle: Eigene Darstellung)

Autoren	Jahr	Forschungsgegenstand / Methodik	Ergebnisse
Faraca et al.	2019	Szenarioanalyse von mechanischen und rohstofflichen Recyclingverfahren zur Bewertung des Einflusses auf die Recyclingquoten in Dänemark	Sortiereffizienz, technische Erträge und Marktsubstitutionsfaktoren wurden als Einflussfaktoren zur Steigerung der Recyclingquoten ermittelt.
Jang et al.	2020	Quantitative Materialflussanalyse von Kunststoffverpackungen in Südkorea zur Bewertung des materiellen Fußabdrucks	Die Verwertungsquoten von Kunststoffabfällen in Südkorea sind sehr gering. Mehr als 6 Millionen Tonnen CO_2eq[17] könnten bei einer höheren Recyclingrate von Kunststoffabfällen eingespart werden.
Meys et al.	2020	Quantitative Analyse der Bewertung von Methoden zum chemischen Recycling im Vergleich zu alternativen Recyclingmethoden	PET, HDPE, LDPE, PP und PS sollten nicht chemisch recycelt werden, da diese mehr Umweltauswirkungen gegenüber dem mechanischen Recycling oder der Energierückgewinnung in Zementwerken verursachen.

Mit den **Materialflüssen** von Kunststoffverpackungen in Südkorea befassen sich Jang et al. (2020) zur Bewertung des materiellen Fußabdrucks. Die Daten hierfür stammen zum einen vom koreanischen Ministerium für Umwelt, von Besuchen an Recyclinganlagen und von Expertengesprächen (Jang et al., 2020,

---

[17] Das Maß des CO_2-Äquivalent (abgekürzt: CO_2eq) dient zum Vergleich der Emissionen von Treibhausgasen auf Basis ihres Erwärmungspotenzials (European Environment Agency, 2001).

S. 2). Die **Verwertungsquoten** von Kunststoffabfällen sind laut dieser Studie in Südkorea **gering**, denn es besteht noch Einsparungspotenzial von bis zu sechs Millionen Tonnen CO_2-Äquivalenten bei einer höheren Recyclingquote von Kunststoffabfällen (Jang et al., 2020, S. 6). An dieser Zahl zeigt sich bereits die weltweite Relevanz von ausgereiften Recyclingprozessen, wozu mit der vorliegenden Studie ein Forschungsbeitrag geleistet wird.

Zur Bewertung von mechanischen und rohstofflichen Recyclingverfahren in Dänemark führten Faraca et al. (2019) in ihrer Studie eine **Lebenszyklusanalyse** in Verbindung mit einer **Umweltkostenanalyse** durch. Dabei wurden die Szenarien des einfachen und fortgeschrittenen mechanischen Recyclings[18] sowie der Verbrennung miteinander verglichen, um eine Bewertung des Einflusses eines jeden Verfahrens auf die Recyclingquoten in Dänemark zu ermöglichen (Faraca et al., 2019, S. 301).

Von den drei untersuchten Szenarien erzielt das **fortgeschrittene mechanische Recycling** die besten Verwertungsquoten mit einem vergleichsweise geringeren Einfluss auf die Umwelt. Zur Bewertung der Szenarien wurden die Parameter **Sortiereffizienz, technische Erträge** und **Marktsubstitutionsfaktoren** herangezogen (Faraca et al., 2019, S. 303). Für die Praxis empfehlen Faraca et al. (2019, S. 307) daher zur Steigerung der Recyclingquoten das **fortgeschrittene mechanische Recycling**, da es **hochwertigere Rezyklate** liefert, sodass der vermehrte Einsatz auch aus finanzieller Perspektive sinnvoller ist.

Die Ergebnisse zur Anwendung höherwertiger Recyclingverfahren von Faraca et al. (2019) werden durch weitere Studien gestützt, welche ebenfalls in diesem Kapitel diskutiert werden (beispielsweise Bashirgonbadi et al., 2022; Lase et al., 2022). Ebenso bestätigen sie die dem vorliegenden Forschungsvorhaben zugrundeliegende Annahme, dass die Standardisierung und Überwachung von Prozessen im Kunststoffrecycling einen ökonomischen und ökologischen Mehrwert schaffen. Die angewandten Kennzahlen sind allerdings aufgrund der fehlenden Prozessorientierung nicht auf das Forschungsvorhaben übertragbar.

---

[18] Im fortgeschrittenen Recycling finden zusätzliche Aufbereitungsschritte wie eine manuelle Sortierung oder das Waschen der Kunststoffflakes statt (Faraca et al., 2019, S. 301–302).

6.2 Forschungslücke 41

Methodisch wenden auch Meys et al. (2020) die **Lebenszyklusanalyse** zur Erforschung von chemischem Recycling an, um einen Vergleich zu alternativen Recyclingmethoden zu ziehen. Nach dieser Studie stellt das chemische Recycling aufgrund des hohen Energiebedarfs für die meisten Kunststoffarten[19] keine geeignete Recyclingmethode dar, weil sogar die energetische Verwertung einen umwelttechnisch besseren Wert hat als das chemische Recycling (Meys et al., 2020, S. 8). Obwohl die Studie mit der Analyse von **75 Szenarien** ca. **50 % des globalen Kunststoffabfalls** abdeckt und damit ein Potenzial für das chemische Recycling aufgedeckt hat, werden noch umfassendere Lebenszyklusanalysen zur Bewertung des chemischen Recycling benötigt (Meys et al., 2020, S. 9). Trotz der Fokussierung auf die Methode des chemischen Recyclings zeigt sich die Relevanz des mechanischen Recyclings anhand der Studie, denn mit dieser Recyclingmethode können die Umwelteinflüsse des Kunststoffrecyclings im Vergleich zum chemischen Recycling möglichst geringgehalten werden. Die angewandten Kennzahlen operationalisieren mit ihrem Fokus auf die Umwelt nicht die einzelnen Prozesse, weshalb keine Übertragung auf das vorliegende Forschungsvorhaben möglich ist.

Zusammenfassend lässt sich für die Studien auf der Makroebene des Kunststoffrecyclings feststellen, dass sie die **Relevanz des mechanischen Recyclings** in Hinblick auf die Schließung des Kreislaufes der Kunststoffe sowie der Reduzierung möglicher Umweltauswirkungen bestätigen. Die angewandten Kennzahlen sind aufgrund ihrer fehlenden Prozessorientierung allerdings nicht auf das vorliegende Forschungsvorhaben übertragbar.

Für die Studien des Kunststoffrecyclings, welche den Fokus auf der Mikroebene (Produkt, Unternehmen, Prozesse) haben, ist in Tabelle 6.4 eine Übersicht der Methodik und erster Ergebnisse dargestellt.

---

[19] Aufgeführt werden von Meys et al. (2020, S. 6) PET, HDPE, LDPE, PP und PS.

Tabelle 6.4 Kernstudien zum Status quo in der Kunststoffrecycling-Branche – Mikroebene. (Quelle: Eigene Darstellung)

Autoren	Jahr	Forschungsgegenstand / Methodik	Ergebnisse
Bashirgonbadi et al.	2022	Kosten-Nutzen-Analyse des Recyclingprozesses von Folien inkl. Untersuchung des Quality-Recyclingprozesses	Bei der Anwendung von qualitativ hochwertigen Recyclingprozessen können die Kosten die erzielten Erträge überschreiten.
Dehoust et al.	2021	Quantitative Erhebung mittels standardisierter Fragebögen bei 12 Kunststoffverwertern	Prozessablaufdiagramme der Praxis der Sortierung und Verwertung in Deutschland
Gu et al.	2017	Fallstudie der Lebenszyklus-Umweltauswirkungen des mechanischen Kunststoffrecyclings eines Recyclingbetriebs in China	Bewertung der Umweltauswirkungen von einzelnen Prozessschritten des Kunststoffrecyclings
Golkaram et al.	2022	Fallstudie mit drei Szenarien zur Prüfung des Quality-Recycling-Modells	Modell zur Reduzierung der Qualitätsverschlechterung von Regranulat im Vergleich zur Neuware
Hou et al.	2018	Quantitative Analyse der Umweltauswirkungen von Abfallbehandlungsmethoden für Kunststofffolien	Recycling ist in der Lebenszyklusbetrachtung zu bevorzugen.
Huysman et al.	2015	Quantitative Analyse der Recyclability-Benefit-Rate beim Recycling in geschlossenen und offenen Kreisläufen in Flandern im Vergleich zur Verbrennung und Deponierung	Das geschlossene und offene Recycling besitzt eine höhere Ressourceneffizienz als die Deponierung oder Verbrennung.
Larrain et al.	2021	Machbarkeitsstudie zum werkstofflichen Recycling von Mischpolyolefinen	Das werkstoffliche Recycling von Mischpolyolefinen ist bei den aktuellen Rohölpreisen unrentabel.

(Fortsetzung)

6.2 Forschungslücke 43

Tabelle 6.4 (Fortsetzung)

Autoren	Jahr	Forschungsgegenstand / Methodik	Ergebnisse
Lase et al.	2022	Materialflussanalyse zur Bewertung des Quality-Recyclingprozesses von CEFLEX	Mit dem Quality-Recyclingprozess sind qualitativ hochwertigere Ergebnisse als beim herkömmlichen mechanischen Recycling zu erreichen.
Mao et al.	2021	Quantitative Analyse der Leistung von CNN (Convolutional Neural Network) zur automatisierten Klassifizierung von Abfällen	DenseNet121 bietet die höchste Genauigkeit zur Sortierung von Abfällen mit KI
Martín-Lara et al.	2022	Fallstudie zum mechanischen Recycling von PE-Folien in Spanien anhand einer Lebenszyklusanalyse mit Fokus auf die Umwelt	Der Waschprozess hat den größten Einfluss auf die Umwelt.
Ragaert et al.	2020	Quantitative Analyse der Trennungsmethoden im mechanischen Recycling	Bewertung von der Sinkfraktion und damit zusammenhängend der Konzepte Design from Recycling und Design to Recycling

Huysman et al. (2015, S. 55–56) bewerten in ihrer Studie offene und geschlossene Recyclingkreisläufe im Vergleich zur Verbrennung oder Deponierung mittels Recycling-Benefit-Rate, indem sie eine **Lebenszyklusanalyse** mit der Cumulative Energy Extraction from the Natural Environment (CEENE)-Methodologie[20] durchführen. Als Vergleichsgröße der einzelnen Methoden wurde die Recycling-Benefit-Rate gewählt, die ebenfalls von der EU als Indikator herangezogen wird (Huysman et al., 2015, S. 53–54). Die Ermittlung der Recycling-Benefit-Rate passen sie im Rahmen der Studie an, da die ursprüngliche Form nur für das Closed-Loop-Recycling aussagekräftige Ergebnisse liefert (Huysman et al., 2015, S. 59).

---

[20] Bei der CEENE-Methode werden für die Lebenszyklusanalyse die Fläche und Zeit herangezogen, die für die Produktion der verbrauchten Biomasse benötigt werden (Alvarenga et al., 2013, S. 940).

Nach den Berechnungen der Studie erweisen sich sowohl das Open- als auch das Closed-Loop-Recycling ressourceneffizienter als die Verbrennung oder Deponierung, wobei eine kaskadierte Nutzung sogar die Recycling-Benefit-Rate des Open-Loop-Recyclings noch verbessern kann (Huysman et al., 2015, S. 59). Zukünftige Berechnungen müssten jedoch weiter verfeinert werden, da selbst die von Huysman et al. (2015, S. 59) erweiterte Form der Recycling-Benefit-Rate weiterhin nicht die finale Verwendung des Produkts einschließt, zudem fand dort keine Bewertung der Kosten und des Nutzens der einzelnen Verfahren statt. Die Ergebnisse dürften wohl auf weitere Forschungen übertragbar sein, da die behandelten Prozesse eher allgemein gehalten sind, allerdings haben die Kennzahlen **keinen Fokus auf die Prozesse im Kunststoffrecycling**, weshalb keine Übertragung auf das vorliegende Forschungsvorhaben möglich ist.

In der **Machbarkeitsstudie** von Larrain et al. (2021) wird untersucht, ob sich das werkstoffliche Recycling von Mischpolyolefinen in Flandern zum jetzigen Zeitpunkt lohnt. Allerdings gibt es für das werkstoffliche Recycling aktuell **nur wenige Untersuchungen auf der Prozessebene**, da die Daten meist **vertraulich** und nicht ohne Weiteres zugänglich sind (Larrain et al., 2021, S. 2). Anhand einer **Net-Present-Value-Berechnung** wurde ermittelt, für welche der betrachteten Kunststoffarten[21] sich das mechanische Recycling aus aktueller Sicht lohnt (Larrain et al., 2021, S. 9). Aus aktueller Sicht ist das **Recycling von Mischpolyolefinen unprofitabel**, da der Net-Present-Value negativ ist (Larrain et al., 2021, S. 9). Dies liegt laut Larrain et al. (2021, S. 11) an der Koppelung der Rezyklatpreise an die Rohölpreise, wodurch bei niedrigen Rohölpreisen die Kunststoffneuware ebenfalls günstiger wird und sich ein aufwendigerer Recyclingprozess, wie er für MPO notwendig ist, unprofitabel ist.

Da der Forschungsgegenstand der Studie allerdings die Recyclingströme in Flandern darstellt, bleibt zu prüfen, inwieweit die Ergebnisse auf andere Regionen übertragbar sind. Mit der Net-Present-Value Ermittlung kam eine Kennzahl zum Einsatz, die nicht auf die technischen Eigenschaften der Rezyklate abzielt, allerdings dient sie ebenfalls nicht zur Steuerung von Prozessen, weshalb der **Net-Present-Value keine geeignete Kennzahl** für das vorliegende Forschungsvorhaben darstellt. Dennoch legen die Ergebnisse nahe, dass sich die Analyse des Forschungsvorhabens **auf gewisse Kunststoffarten konzentrieren** sollte.

Bashirgonbadi et al. (2022) greifen den Ansatz von Huysman et al. (2015) und Larrain et al. (2021) auf und führen eine **Kosten-Nutzen-Analyse** des

---

[21] Im Rahmen der Studie wurden die Kunststoffarten PP, PS, PE und MPO näher betrachtet (Larrain et al., 2021, S. 8).

6.2 Forschungslücke   45

Recyclingprozesses von Folien durch. Dabei analysieren sie den Quality-Recyclingprozess, wie er durch das CEFLEX-Konsortium[22] entwickelt wurde. Nach ihrer Literaturauswertung sind aktuelle Studien zum Kunststoffrecycling entweder technisch-wirtschaftliche Analysen auf einem sehr hohen Niveau beziehungsweise Lebenszyklusanalysen oder beschränken sich auf spezifische Einzelaspekte des Kunststoffrecyclings (Bashirgonbadi et al., 2022, S. 43).

Laut ihren Berechnungen könnte der Quality-Recyclingprozess zwar die Qualität der Granulate um 5–38 % steigern, die Kosten bei einer vollumfänglichen Anwendung des Prozesses würden allerdings die erzielten Erträge überschreiten (Bashirgonbadi et al., 2022, S. 48). Eine Übertragbarkeit der Ergebnisse auf weitere Bereiche bleibt fragwürdig, da die Auswertung lediglich auf einer einzigen Charge beruht und für die Kostenmodellierung ausschließlich Näherungswerte herangezogen wurden (Bashirgonbadi et al., 2022, S. 48). Die Studie ist allerdings eine der wenigen aktuellen Studien, die sich mit den Kosten und dem Nutzen von Recyclingprozessen in solch einer granularen Form auseinandersetzt, wie es Larrain et al. (2021) ebenfalls festgestellt haben.

In den Studien von Hou et al. (2018) und Martín-Lara et al. (2022) werden jeweils **Lebenszyklusanalysen** durchgeführt, wobei sich Hou et al. (2018) dem Recycling von Folien allgemein widmen, während Martín-Lara et al. (2022) dem Recycling von PE-Folien in Spanien nachgehen. Beide Studien ergeben, dass das Recycling die zu bevorzugende Alternative in der Behandlung von Kunststoffabfällen im Vergleich zur Verbrennung oder Deponierung darstellt (Hou et al., 2018, S. 1057; Martín-Lara et al., 2022, S. 11).

Allerdings ist bei der Interpretation beider Studienergebnisse zu beachten, dass sie lediglich mit geringen Mengen durchgeführt wurden, weshalb die Übertragbarkeit auf größere Volumina zu prüfen bleibt (Hou et al., 2018, S. 1057; Martín-Lara et al., 2022, S. 10, 2022, S. 10). Martín-Lara et al. weisen zudem auf die aktuelle Vielzahl unterschiedlicher Studien hin, welche sich mit verschiedenen Aspekten der Lebenszyklusanalyse beschäftigen, sodass die Schwerpunktsetzung je nach Studie abweichend ist (Martín-Lara et al., 2022, S. 2). Die Kennzahlen der Lebenszyklusbetrachtung sind für das vorliegende Forschungsvorhaben aufgrund der mangelnden Prozessorientierung nicht anwendbar.

Ebenfalls mittels einer **Lebenszyklusanalyse** erforschen Gu et al. (2017) die Umweltauswirkungen des mechanischen Recyclings in einem Recyclingbetrieb in China. In der **Fallstudie** wird deutlich, dass die Prozesse Waschen, Compoundieren und die Transportprozesse den größten Einfluss auf die Lebenszyklusanalyse

---

[22] CEFLEX ist ein Konsortium an kunststoffverarbeitenden Unternehmen, die sich zum Ziel gesetzt haben, die Kreislaufwirtschaft zu stärken (CEFLEX, 2023).

haben (Gu et al., 2017, S. 1198). Dies deckt sich mit der Erkenntnis von Martín-Lara et al. (2022, S. 11), die ebenfalls den Waschprozess als Prozess mit dem größten Umwelteinfluss identifiziert haben.

Gu et al. (2017, S. 1204) betonen, dass die tatsächlichen Anwendungsgebiete der Rezyklate in den bisherigen Studien zur Lebenszyklusbetrachtung von Kunststoffen ignoriert wurden, was jedoch in künftigen Studien berücksichtigt werden müsse, um die Nutzung von recycelten Kunststoffen gezielt zu fördern. Zudem sind die angewandten Kennzahlen nicht auf die Kontrolle der Prozesse im Kunststoffrecycling bezogen, weshalb sie für das vorliegende Forschungsvorhaben unbrauchbar sind.

Dehoust et al. (2021) erheben die Praxis der Sortierung in Deutschland in ihrer Studie. Zunächst diente die massebezogene Auswertung der einzelnen Recyclingpfade als Grundlage für die Erstellung eines standardisierten Fragebogens (Dehoust et al., 2021, S. 97). Anschließend wurden diese an Entscheidungsträger in 53 Sortieranlagen verschickt, von denen lediglich 43 Fragebogen vollständig ausgefüllt zurückkamen (Dehoust et al., 2021, S. 105). Anhand der Auswertung der Fragebögen wurde abschließend die Praxis der Sortierung analysiert (Dehoust et al., 2021, S. 108).

Zwar stellt das Sample von 53 beziehungsweise 43 Sortieranlagen keine repräsentative quantitative Erhebung aufgrund der Größe der Kunststoffrecycling-Branche in Deutschland[23] dar, denn hierfür hätte das Datenmaterial zur Auswertung mehr als 200 vollständig ausgefüllte Fragebogen umfassen müssen.[24] Somit zeichnen sich anhand der Ergebnisse der Studie lediglich Trends ab: So gibt es in Deutschland zwar keinen branchenweiten Standardprozessablauf in der Kunststoffrecycling-Branche, allerdings sind einige Prozesse, wie beispielsweise die Zerkleinerung vor der Sortierung, branchenweit in einer gewissen Form[25] vorhanden, wobei die Prozessabläufe vom zu recycelnden Kunststoff abhängig sind (Dehoust et al., 2021, S. 119). Diese Tendenzen liefern, auch wenn sie nicht repräsentativ sind, einen ersten Anhaltspunkt als Grundlage für die empirische Untersuchung der vorliegenden Studie. Hieraus kann eine grobe Struktur für mögliche Fragebögen oder Leitfäden abgeleitet werden.

Golkaram et al. (2022) greifen in ihrer **Einzelfallstudie** ebenfalls das Konzept der **Lebenszyklusanalyse** auf. Nach einer Auseinandersetzung mit 20 anderen

---

[23] Im Jahr 2020 gab es in Deutschland allein 436 reine Sortieranlagen und über 500 Recyclingunternehmen (Statistisches Bundesamt [Destatis], 2022a, 2022b).

[24] Ausgehend von einem Konfidenzniveau von 95 % und einer Fehlerspanne von 5 %.

[25] Die Ausprägung der branchenweit vorhandenen Prozessschritte, wie beispielsweise die Zerkleinerung vor der Sortierung, weicht zwischen den Unternehmen der Kunststoffrecycling-Branche voneinander ab.

6.2 Forschungslücke 47

Studien, die sich ebenfalls mit diesem Konzept beschäftigen, wählen sie die geeignete Form für ihr Forschungsproblem aus (Golkaram et al., 2022, S. 11). Die Einzelfallstudie beschäftigt sich mit drei unterschiedlichen Recyclingströmen, wobei ein Recyclingstrom für Elektronikabfälle und die anderen beiden für PP- und LDPE-Kunststoffe vorgesehen sind (Golkaram et al., 2022, S. 2–3).

In der Studie wird ein Modell entwickelt, mit dem sich die Recyclingqualität in verschiedenen Applikationen nicht nur ermitteln, sondern auch gezielt verbessern lässt (Golkaram et al., 2022, S. 11). In aktuellen Studien zum Kunststoffrecycling ist das Konzept der Lebenszyklusanalyse weitverbreitet, wobei die Parameter und Kennzahlen jeweils unterschiedlich eingesetzt werden. Für das vorliegende Forschungsvorhaben sind diese Kennzahlen für die Lebenszyklusbetrachtung allerdings aufgrund der **fehlenden Prozessorientierung** nicht anwendbar.

Die Studie von Lase et al. (2022) behandelt den Quality-Recyclingprozess der CEFLEX-Initiative ähnlich wie die Studie von Bashirgonbadi et al. (2022). Im Unterschied dazu wurde allerdings eine **Materialflussanalyse** durchgeführt, um die Verbesserungspotenziale im mechanischen Recycling durch den Quality-Recyclingprozess zu evaluieren (Lase et al., 2022, S. 250–252). Die Forscher sprechen sich für eine Implementierung des Quality-Recyclingprozesses aus, da die Qualität der Rezyklate durch die Anwendung dieses Prozesses signifikant steigt, wobei der Recyclingertrag ähnlich zum konventionellen Recycling zu bewerten ist (Lase et al., 2022, S. 261). Die gesteigerte Qualität der Rezyklate könnte sogar entgegen den Ergebnissen der Kosten-Nutzen-Analyse von Bashirgonbadi et al. (2022) zu positiven Erträgen trotz gesteigerter Kosten führen, da qualitativ hochwertigere Rezyklate weitaus mehr Einsatzmöglichkeiten bieten (Lase et al., 2022, S. 261).

Für die Forschung bieten sowohl die Ergebnisse der Studie von Lase et al. (2022) also auch von Bashirgonbadi et al. (2022) interessante Erkenntnisse in Bezug auf die potenzielle Einführung eines branchenweiten Prozessstandards, wie es die CEFLEX-Initiative mit ihrem Quality-Recyclingprozess[26] vorschlägt. Allerdings bedarf es weiterer, vorrangig repräsentativer Studien zur Bewertung der technischen Seite, des Outputs dieses Prozesses sowie auch der Kostenseite, um eine abschließende Beurteilung des Prozesses abzugeben.

Mit der **automatisierten Klassifizierung** von Kunststoffabfällen mittels künstlicher Intelligenz (KI) beschäftigen sich Mao et al. (2021) in ihrer Studie. Die

---

[26] Im Rahmen des Quality-Recyclingprozesses wird ein zusätzlicher Sortierschritt vor den Waschvorgang hinzugefügt. Zudem erfolgt je nach geplantem Einsatz eine zusätzliche Heißwäsche nach der Kaltwäsche und eine Deodorisierung nach der Extrusion (Bashirgonbadi et al., 2022, S. 42).

Datenbasis für die Analyse bildet das TrashNet, eine Datenbank mit mehr als 2.500 Bildern von Kunststoffabfällen (Mao et al., 2021, S. 2). Dass die automatisierte Erkennung von Kunststoffabfällen mittels künstlicher Intelligenz eine Alternative zur aktuell etablierten NIR-Technologie[27] darstellt, legen die Ergebnisse zur Treffsicherheit nahe: Die Kunststoffabfälle wurden bis zu 99,6 % genau erkannt (Mao et al., 2021, S. 6). Für die Praxis liefert die Studie eine weitere Option der Erkennung und Sortierung von Kunststoffabfällen neben der NIR-Technologie. Die Studie stellt eine der wenigen Studien dar, die gezielt auf einzelne Prozesse des Kunststoffrecyclings eingeht, wobei sie keinerlei Operationalisierungsoptionen für die erfassten Daten liefert.

Die **Einzelfallstudie** von Ragaert et al. (2020) fokussiert die Trennungsmethoden im mechanischen Recycling in einem belgischen Recyclingunternehmen. Nach Forschermeinung sollte vordergründig die Sinkfraktion und deren Verunreinigung wissenschaftliche Aufmerksamkeit erhalten, denn am Beispiel von Dachkacheln für eine begrünte Bedachung zeigen sie auf, wie eine verunreinigte Sinkfraktion trotzdem verwendet werden kann (Ragaert et al., 2020, S. 8).

Obwohl lediglich ein Teilprozess des mechanischen Recyclings fokussiert wird, beinhaltet dieser bereits Verbesserungspotenziale zur Erhöhung der Recyclingquoten. Als eine der wenigen Studien mit Fokus auf einem einzelnen Prozess im Kunststoffrecycling leisten Ragaert et al. (2020) einen relevanten Beitrag in diesem Feld, weil sie damit auch die Notwendigkeit weiterer Forschung auf Ebene der einzelnen Prozesse im Kunststoffrecycling unterstreichen.

Methodisch bedienen sich die Studien zum Kunststoffrecycling auf der Mikroebene (Produkt, Unternehmen, Prozesse) vorrangig der Lebenszyklusanalyse, wodurch eher der komplette Recyclingprozess in den Vordergrund gestellt wird anstatt einzelne Prozessschritte. Anhand der Lebenszyklusanalysen zeigt sich noch weiterer Forschungsbedarf beim mechanischen Recycling, um die Prozesse insgesamt zu verbessern und die Recyclingquote beziehungsweise die Qualität der Rezyklate zu erhöhen. Bei den wenigen Studien, die sich auf spezielle Prozessschritte beziehen, lässt sich eine Forschungslücke auf Ebene der einzelnen Prozessschritte erkennen, wobei es deren Operationalisierung ebenfalls weiter zu untersuchen gilt.

---

[27] Bei der Nahinfrarotspektroskopie (NIR) werden die einzelnen Kunststoffarten mittels Infrarotstrahlung identifiziert. Diese Technologie stellt aktuell die am häufigsten genutzte Technologie in der Sortierung von Kunststoffabfällen dar (Fath, 2019, S. 39; Mao et al., 2021, S. 6).

6.2.2 Ableitung der Forschungslücke

Die vorliegenden aktuellen Studien und wissenschaftlichen Paper zur Kreislaufwirtschaft und zum Kunststoffrecycling beziehen sich überwiegend auf die **Makroebene** (gesamte Branche, Kunststofftypen) und weniger auf die **Mikroebene** (Produkte, Unternehmen, Prozesse) (Brouwer et al., 2019, S. 113–114). Sofern die Forschung auf die Mikroebene rekurriert, werden entweder nur **grobe Gliederungen der Prozessschritte** vorgenommen oder **allgemeine Konstrukte zur Recyclingfähigkeit** oder zum **Lebenszyklus** von Produkten dargestellt (Teil II – 6.2.1 Beschreibung des Forschungsstands). Es fehlt an einem Fokus auf den Prozessen im mechanischen Recycling und entsprechend mangelt es ebenso an Standards zu deren Operationalisierung (Brouwer et al., 2019, S. 113–114; Huysman et al., 2017, S. 47).

Nach Auseinandersetzung mit der bisherigen Forschungsliteratur liegen nur **wenige branchenweite Standards** im Bereich der Prozesstypen im Kunststoffrecycling vor, sodass die Prozessabfolgen je nach Sortier- oder Waschanlage unterschiedlich sind (Luijsterburg & Goossens, 2014, S. 88). Dies führt dazu, dass aktuell **keine standardisierten Kennzahlen** in diesem Bereich existieren (Brouwer et al., 2019, S. 113–114). Zudem besteht bei den Kennzahlen in den Studien zumeist **kein Fokus auf der Operationalisierung der Prozesse** und folglich deren Kontrolle, sondern die meisten Forscher benutzen vorrangig **technische Kennzahlen** zur Bewertung der Qualität der Rezyklate oder der Umwelteinflüsse der einzelnen Recyclingmethoden (Teil II – 6.2.1 Beschreibung des Forschungsstands). Abweichende Prozessabfolgen bedingen aber ebenso eine variierende Qualität im Output, was Probleme bei der Verarbeitung zu neuen Produkten verursachen kann (Amrhein et al., 2020, S. 3; Prognos AG et al., 2020, S. 157). Zunehmend wurde das Dilemma der fehlenden Standards in aktuelleren Studien erkannt, sodass an der Entwicklung von Handlungsempfehlungen für verbesserte Recyclingprozesse gearbeitet wird (Bashirgonbadi et al., 2022, S. 48; Faraca et al., 2019, S. 303; Golkaram et al., 2022, S. 11; Lase et al., 2022, S. 261).

Folglich mangelt es bislang an **fehlenden Prozessstandards in der Kunststoffrecycling-Branche**, wodurch die Ursachen der Qualitätsschwankungen im Output nicht identifiziert und behoben werden können. Überdies existieren **keine standardisierten Prozesskennzahlen** – eine Voraussetzung, um die derzeitigen Prozesse in der Kunststoffrecycling-Branche vergleichbar bewerten und gezielt steuern zu können. Zudem legen die bisherigen Studien **keinen Fokus auf die Prozesse** (Sortieren, Zerkleinern, Waschen, Extrudieren oder Compoundieren) im mechanischen Recycling, deren **Abfolge** und **Operationalisierungen**. Stattdessen dominieren Prozessbeschreibungen und Kennzahlen in bisherigen Veröffentlichungen – sowohl auf übergeordneter Ebene (Branche, Kunststoffarten) als auch auf der Ebene der einzelnen Produkte. Die Forschungslücke hingegen besteht auf der Ebene der Unternehmen und den dort stattfindenden Prozessen, welche bisher nicht ausreichend betrachtet wurden (Teil II – 6.2.1 Beschreibung des Forschungsstands). In Abbildung 6.3 ist die ermittelte Forschungslücke anhand der aktuellen Forschungsbefunde visualisiert.

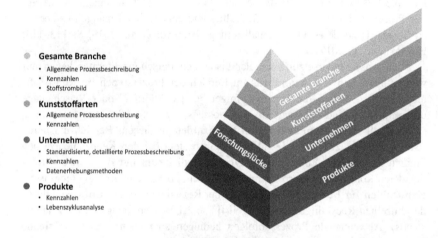

Abbildung 6.3 Schematische Darstellung der Forschungslücke für das vorliegende Forschungsvorhaben. 6.2.1 (Quelle: Eigene Darstellung, basierend auf den Ausführungen aus Teil II –Beschreibung des Forschungsstands)

Durch das Schließen der Forschungslücke wird mit der vorliegenden Studie angestrebt, einen **einheitlichen Standard zu Kennzahlen auf der Prozessebene** zu entwickeln, der es den Unternehmen der Kunststoffrecycling-Branche ermöglicht, die einzelnen Prozessschritte gezielt zu steuern, wodurch die Qualität und Effizienz der Prozesse und Produkte vergleichbar und nachvollziehbar wird. Dadurch leistet die Studie einen Beitrag zur **Qualitäts- und Effizienzsteigerung**

6.3 Theoriegeleitete Fragestellungen 51

der Prozesse im Kunststoffrecycling. Dies bewirkt eine **Erhöhung der Wirtschaftlichkeit** im Kunststoffrecycling, um das **Preisniveau qualitativ hochwertiger Rezyklate** an das von Primärkunststoffen zwecks **Wettbewerbsfähigkeit** anzugleichen.[28]

6.3 Theoriegeleitete Fragestellungen

Aus den Darstellungen im Forschungsstand sowie der daraus abgeleiteten Forschungslücke ergeben sich Fragen, die durch weitere theoretische Ausführungen zu beantworten sind. Zunächst ist zu klären, welche zentralen Begrifflichkeiten für das Forschungsvorhaben relevant sind. Ferner ist in diesem Zusammenhang zu erläutern,

- welche standardisierten Prozesstypen und -vorgaben existieren,
- wie standardisierte Prozesse operationalisiert werden können,
- welche Messgrößen und Daten für die Operationalisierung standardisierter Kennzahlen erfasst werden müssen,
- welche Möglichkeiten für eine standardisierte Datenerfassung in standardisierten Prozessen existieren und welche Daten dort erfasst werden können,
- welche (Prozess-)Kennzahlen aus diesen Daten im Unternehmen abgeleitet werden können und
- wie diese Kennzahlen in Produktionsabläufen fortwährend überwacht werden können.

Neben diesen eher allgemeinen Fragen bleibt für den Bereich des Kunststoffrecyclings weiterhin zu klären, welche Prozesstypen und -vorgaben in der Kunststoffrecycling-Branche existieren und welche Prozesse sich im Kunststoffrecycling standardisieren lassen, was eine Abgrenzung der betrachteten Prozesstypen und -vorgaben beinhaltet. Zudem ist durch eine Auseinandersetzung mit der Theorie zusammenzufassen, welche Möglichkeiten zur Operationalisierung von Prozessen im Kunststoffrecycling aktuell diskutiert werden.

---

[28] Eine beispielhafte Darstellung zur Entwicklung der Preise von Primärkunststoffen im Vergleich zum Rezyklat befindet sich in Anhang 3 im elektronischen Zusatzmaterial.

Theoretische Ausführungen 7

Die nachfolgenden Kapitel dienen der Beantwortung der theoriegeleiteten Fragestellungen, weshalb zunächst geklärt wird, welche standardisierten Prozesstypen und -vorgaben existieren und wie sich diese operationalisieren lassen. Danach wird der Stand der Technik bei der Datenerhebung und -aufbereitung dargestellt und anschließend werden die vorhandenen Controlling-Konzepte in Produktionsabläufen analysiert. Zum Abschluss wird das Kunststoffrecycling in das Konzept der Kreislaufwirtschaft eingeordnet, um die darin vorhandenen Prozesstypen und -vorgaben sowie deren mögliche Operationalisierung zu erläutern.

7.1 Prozesstypen und -vorgaben und deren Operationalisierung

In der Literatur existieren verschiedene Definitionen des Konstruktes *„Prozess"*, wobei die Definition der DIN-Norm[1] am allgemeinsten gehalten ist (unter anderen Bayer & Kühn, 2013, S. 12; Davenport, 1993, S. 5; Gadatsch, 2020, S. 5). Diese besagt, dass ein Prozess aus **zusammenhängenden Tätigkeiten** besteht und

---

[1] Das Deutsche Institut für Normung definiert einen Prozess als einen „Satz zusammenhängender oder sich gegenseitig beeinflussender Tätigkeiten, der Eingaben zum Erzielen eines vorgesehenen Ergebnisses verwendet" (DIN EN ISO 9000:2015-11).

Ergänzende Information Die elektronische Version dieses Kapitels enthält Zusatzmaterial, auf das über folgenden Link zugegriffen werden kann https://doi.org/10.1007/978-3-658-45985-7_7.

© Der/die Autor(en), exklusiv lizenziert an Springer Fachmedien Wiesbaden GmbH, ein Teil von Springer Nature 2024
C. Berbalk, *Prozesscontrolling in der Kunststoffrecycling-Branche*,
https://doi.org/10.1007/978-3-658-45985-7_7

ein **bestimmtes Ergebnis zum Ziel** hat (DIN EN ISO 9000:2015-11). Eine **Tätigkeit** wird in diesem Zusammenhang als eine „Zustands- oder Lageveränderung eines Objektes ohne Raum- und Zeitbezug" definiert, welche aus einem Objekt und der zugehörigen Verrichtung besteht (DIN EN ISO 9000:2015-11). Ähnlich definiert Mertens (2013, S. 43) den Prozess, der diesen als **Abfolge von Funktionen mit definiertem Anfangs- und Endpunkt** beschreibt. Unter dem Begriff der **Funktion** versteht Mertens (2013, S. 41) dabei „eine Tätigkeit, die auf die Zustands- oder Lageveränderung eines Objektes ohne Raum- und Zeitbezug abzielt". Die Beschreibung der Funktion beinhaltet dementsprechend immer die Verrichtung (Verb) und das Objekt (Substantiv), auf das sich dieses Verb bezieht (Mertens, 2013, S. 41).

Auch Gadatsch (2020, S. 5) begreift den Prozess als eine **Abfolge von Einzelschritten**, die zur Erreichung eines unternehmensbezogenen Ziels meist arbeitsteilig entweder durch verschiedene Personen oder Bereiche des Unternehmens durchgeführt werden. Ein Prozess besitzt demnach einen **Wiederholungscharakter**, da es sich andernfalls um ein Projekt handeln würde (Gadatsch, 2020, S. 6).

Synonym zu *Prozess* wird in Bezug auf Unternehmen auch der Begriff *Geschäftsprozess* verwendet, welcher sowohl die **Wertschöpfung** als auch einen **funktions- und organisationsübergreifenden Charakter** in die Prozessdefinition einbezieht (Bayer & Kühn, 2013, S. 12; Hammer & Champy, 2009, S. 35; Schmelzer & Sesselmann, 2020, S. 64).

Basierend auf den vorliegenden Definitionen wird das **Konstrukt des Prozesses** für diese Arbeit als eine sich **regelmäßig wiederholende Reihe von Tätigkeiten mit festgelegtem Anfangs- und Endpunkt** definiert. Zudem verläuft der Prozess über **verschiedene betriebliche Funktionen hinweg**, währenddessen eine gewisse **Wertschöpfung für den internen oder externen Kunden** stattfindet. Diese Begriffsbestimmung vom Prozess steht im weiteren Verlauf der Arbeit gleichbedeutend zum **Geschäftsprozess**.

Allgemein werden **Prozesse** in **drei Kategorien** unterteilt, welche nach ihrem Einfluss auf den **Kundennutzen** und **Organisationserfolg** beziehungsweise der **Nähe zum Kerngeschäft eines Unternehmens** definiert sind (Gadatsch, 2020, S. 8; Hirzel et al., 2013, S. 61–62; Schmelzer & Sesselmann, 2020, S. 87–92). **Kernprozesse** sind für das Unternehmen entscheidend, da dort die **primäre Wertschöpfung** stattfindet (Earl, 1994, S. 7). Zudem verschaffen sie dem Unternehmen einen Wettbewerbsvorteil und üben folglich einen entscheidenden Einfluss auf den Unternehmenserfolg aus (Schmelzer & Sesselmann, 2020, S. 82). Die einzelnen Aktivitäten, die innerhalb der Prozesse für den **Wettbewerbsvorteil** sorgen, bezeichnet Porter (2014, S. 67) als **Wertaktivitäten**. **Kernprozesse**

7.1 Prozesstypen und -vorgaben und deren Operationalisierung 55

benötigen **Ressourcen, Steuerung** und **Infrastruktur** zur Ausführung, welche durch die **sekundären Geschäfts-, Steuerungs-** und **Unterstützungsprozesse** zur Verfügung gestellt werden (Gadatsch, 2020, S. 10; Schmelzer & Sesselmann, 2020, S. 82). Nach Porter (2014, S. 68–69) lassen sich die **Kernprozesse** in jedem Unternehmen in **fünf Kategorien** unterteilen: in die **Eingangslogistik, Operationen, Ausgangslogistik, Marketing und Vertrieb** sowie in den **Kundendienst.**

Die **sekundären Geschäftsprozesse** geben ihre Leistung in der Regel nur an **interne Kunden** ab und bilden den **administrativen Bereich der Wertschöpfungskette** (Earl, 1994, S. 7; Schmelzer & Sesselmann, 2020, S. 82). Zu den sekundären Geschäftsprozessen zählen zum einen die **Steuerungs- und Managementprozesse,** die das Zusammenspiel der Geschäftsprozesse regeln und mit denen die Ressourcen des Unternehmens geplant und kontrolliert werden (Earl, 1994, S. 8; Gadatsch, 2020, S. 9). Zum anderen sind die **Support- oder Unterstützungsprozesse** für die Bereitstellung von Querschnittsleistungen im Rahmen der Kernprozesse zuständig (Gadatsch, 2020, S. 9; Porter, 2014, S. 67). Sie ermöglichen die kontinuierliche Ausführung der Kernprozesse, ohne selbst einen wesentlichen Beitrag zur unternehmerischen Wertschöpfung zu leisten (Gadatsch, 2020, S. 9; Porter, 2014, S. 73–75). Hierzu gehören unter anderem die Beschaffung, die Technologieentwicklung, die Personalwirtschaft und der Finanzbereich (Porter, 2014, S. 69–73).

Neben den **Waren- und Informationsflüssen** innerhalb des Unternehmens gelten **Datenflüsse** inzwischen als **wesentlicher** Bestandteil der **Prozessmodellierung** (Tsoury et al., 2020, S. 41). Die Datenflüsse sind ein Element der Prozessführung und helfen bei der Operationalisierung der Prozesse und ihrer Ziele, da hierdurch quantitative Analysen ermöglicht werden (Bayer & Kühn, 2013, S. 137; Schnetzer, 2014, S. 6–7). Weiber und Mühlhaus (2014, S. 105) definieren in diesem Zusammenhang die **Operationalisierung** als „die Summe der Anweisungen (Operationen), mit deren Hilfe ein hypothetisches Konstrukt (theoretischer Begriff) über beobachtbare Sachverhalte (Indikatoren) erfasst und gemessen werden soll (Messvorschrift)". Zhou und Kohl (2017, S. 2064) benennen die Operationalisierung gar als die **zentrale Voraussetzung,** um Prozesse **vergleichen** zu können. Daran lehnen sich auch Stokburger-Sauer und Eisend (2009, S. 333) an, weshalb diese Definition für die vorliegende Arbeit ebenfalls genutzt wird.

Die **Operationalisierung** von Konstrukten sowie **Prozessen** durch die Definition beobachtbarer Größen ist ein **Element des Prozesscontrolling** (Buchholz, 2013, S. 26; Schnetzer, 2014, S. 6–7; Weiber & Mühlhaus, 2014, S. 106). Das Prozesscontrolling soll hierdurch die **Rationalität der Führung** sicherstellen und mit entsprechenden **Instrumenten zur Leistungsmessung** unterstützen (Hirsch et al., 2001, S. 78–79). Der Zweck des Prozesscontrolling besteht in diesem Zusammenhang (unabhängig von der Unternehmensgröße) unter anderem darin, der **Belegschaft** zu helfen, sich auf die **kritischen Erfolgsfaktoren** des Unternehmens zu **konzentrieren**, was vorrangig bei den Kernprozessen von hoher Relevanz ist (Aichele, 1997, S. 4; Parmenter, 2020, S. 87).

Für die Operationalisierung von Prozessen gilt es zu beachten, zu welchem **Zeitpunkt die Analyse** durchgeführt wird. Als zeitliche Perspektive kann eine Betrachtung der Prozesse entweder **ex-post** (nach der Ausführung des Prozesses), in **Echtzeit** oder **ex-ante** (vor der realen Umsetzung) gewählt werden (Bayer & Kühn, 2013, S. 138; Heyl & Teizer, 2017, S. 132).

Im Rahmen des Prozesscontrolling erfolgt die Operationalisierung mithilfe von **Kennzahlen** (Aichele, 1997, S. 4; Buchholz, 2013, S. 26; Stokburger-Sauer & Eisend, 2009, S. 333). Für den Begriff der Kennzahl gibt es in der Theorie verschiedene Definitionen, die sich in ihrer Ausführlichkeit unterscheiden. So definiert Gladen (2014, S. 9) Kennzahlen im allgemeinen Sinne lediglich als **„betriebswirtschaftliche Informationskonzentrate"**, wohingegen Gebremedhin et al. (2010, S. 32) zwischen Leistungs- und Ergebnisindikatoren bereits im Rahmen ihrer allgemeinen Definition der Kennzahl differenzieren. Dabei stellen Leistungsindikatoren lediglich eine **qualitative oder quantitative Maßeinheit** dar, während Ergebnisindikatoren einen Anhaltspunkt zum Erreichen bestimmter Ziele geben. Sowohl Buchholz (2013, S. 26) als auch Küpper und Wagenhofer (2002, S. 940–941) definieren Kennzahlen als **Absolut- oder Verhältniszahlen**, die über einen bestimmten Sachverhalt informieren. Aichele (1997, S. 73) hebt zudem hervor, dass Kennzahlen vorrangig einen **Maßstabswert** für den innerbetrieblichen oder zwischenbetrieblichen **Vergleich** darstellen.

Basierend auf diesen Definitionen werden Kennzahlen für die vorliegende Dissertation als **quantitative oder qualitative Maßeinheiten** festgelegt, welche eine konzentrierte Darstellung betriebswirtschaftlicher Sachverhalte bieten und der Vergleichbarkeit von Prozessen und deren Ergebnissen dienen.

Kennzahlen werden durch die Parameter **Objekt, Zeitbezug** und **Zahlenwert (Dimension)** charakterisiert (Küpper & Wagenhofer, 2002, S. 940–941). Wenn Kennzahlen in einen sinnvollen Zusammenhang gebracht werden, entstehen **Kennzahlensysteme** (Buchholz, 2013, S. 26). Durch den Einsatz von Kennzahlen kann die Organisation an den **kritischen Erfolgsfaktoren** ausgerichtet, eine Verbesserung der Leistung erzielt und mehr Eigenverantwortung unter der Belegschaft geschaffen werden (Parmenter, 2020, S. XV). Gleichzeitig lassen sich damit komplizierte Sachverhalte auf relativ einfache Weise darstellen, wodurch

7.1 Prozesstypen und -vorgaben und deren Operationalisierung   57

ein möglichst umfassender und schneller Überblick gewährleistet werden kann (Gladen, 2014, S. 10).

Eine besondere Art von Kennzahlen sind die **Prozesskennzahlen**, mit denen bestimmte **Kriterien von Produktionsprozessen** analysiert werden (Jammernegg et al., 2019, S. 234). Sie sollten nach Franceschini et al. (2019, S. 9) den Prozess angemessen repräsentieren, gut verstanden werden sowie nachvollziehbar und überprüfbar sein, um ihre Akzeptanz im Unternehmen sicherzustellen. Einige Beispiele von Prozesskennzahlen sind in Tabelle 7.1 dargestellt und werden nachfolgend ausführlich erläutert.[2]

Tabelle 7.1 Beispiele von Prozesskennzahlen. (Quelle: Eigene Darstellung basierend auf den nachfolgenden Ausführungen)

Bezeichnung	Berechnung	Bedeutung
Durchlaufzeit	Belegungszeiten + Übergangszeiten + Liegezeiten	Zeit, die benötigt wird, um den Input in einen Output zu verwandeln.
Gesamtprozesseffizienz	Mindestdurchlaufzeit / tatsächliche Durchlaufzeit	Ergiebigkeit der Produktionsfaktoren
Kapazitätsauslastungsgrad	Ist-Ausbringungsmenge * 100 / Plan-Ausbringungsmenge	Nutzungsgrad der Anlagen
Lagerreichweite	durchschnittlicher Bestand * 360 / durchschnittlicher Bedarf	Darstellung des Zeitraums, für den die vorhandenen Güter noch ausreichen
Overall Equipment Effectiveness (OEE)	Nutzungsgrad * Leistungsgrad * Qualitätsgrad	anteilige Produktionszeit ohne Ausschuss, Rüstzeiten, Störungen
Produktionsmenge	Outputmenge (ohne Ausschuss), absolut oder relativ zum Input	Darstellung des Prozessergebnisses
Produktivität	Produktionsleistung / Maschinenstunden	relative produktive Zeit der Anlagen
Qualitätsquote	Fehlerfreie Menge / gesamte Produktionsmenge	prozentualer Anteil der fehlerfreien produzierten Menge an der gesamten produzierten Menge

---

[2] Weitere Beispiele für Kennzahlen im Produktionsumfeld finden sich in Anhang 4 im elektronischen Zusatzmaterial.

58   7 Theoretische Ausführungen

Neben der **Durchlaufmenge** lässt sich die **Durchlaufzeit** als eine der relevantesten Prozesskennzahlen in der Produktion betrachten (Jammernegg et al.,
2019, S. 234; Sinsel, 2020, S. 61). Mit dieser Kennzahl wird die Zeit gemessen,
die ein **Input** (Material, Geld, Daten …) benötigt, um einen Prozess als **Output**
(Ware, Dienstleistung) zu verlassen. Sie umfasst sowohl Bearbeitungs- als auch
Wartezeiten innerhalb des Prozesses (Jammernegg et al., 2019, S. 235).

Anhand der Durchlaufzeit lässt sich ebenso die **Gesamtprozesseffizienz** einschätzen, die am Verhältnis der verlustfreien und effizienten Wertschöpfung
zur tatsächlichen Durchlaufzeit ermittelt wird (Aichele, 1997, S. 192–193;
Krause & Arora, 2010, S. 5; Sinsel, 2020, S. 61–62). Diese Kennzahl drückt
die Ergiebigkeit der Produktionsfaktoren aus (Krause & Arora, 2010, S. 6).

Der **Kapazitätsauslastungsgrad**[3] beschreibt den Nutzungsgrad der Anlagen
und kann entweder als Verhältnis der Produktivzeit zur Gesamtzeit oder als
Verhältnis der Ist-Ausbringungsmenge zur Plan-Ausbringungsmenge dargestellt
werden (Krause & Arora, 2010, S. 239–240; Schnell, 2018b, S. 182; Wüst &
Kuppinger, 2012, S. 95). Mit der Auswertung des Kapazitätsauslastungsgrads
lässt sich nicht nur der Ressourceneinsatz verbessern, sondern es ermöglicht
auch das frühzeitige Erkennen von Engpässen sowie einer Reduzierung der
Stückkosten (Gottmann, 2019, S. 99).

Die Kennzahl der **Lagerreichweite** ist ebenfalls ein Indikator für den Ressourceneinsatz der Produktion, da sie den Zeitraum angibt, in welchem die Produktion
mit dem aktuellen Lagerbestand weiterlaufen könnte, wenn keine neuen Teile
nachgeliefert werden würden (Gladen, 2003, S. 70; Gottmann, 2019, S. 118;
Krause & Arora, 2010, S. 245; Schnell, 2018b, S. 192). Die Lagerreichweite
wird durch die Division des durchschnittlichen Bestands mit dem durchschnittlichen Bedarf multipliziert mit 360 ermittelt und ist in Tagen gemessen (Gottmann,
2019, S. 118; Krause & Arora, 2010, S. 245).

Als eine übergeordnete Kennzahl bewertet die **Overall Equipment Effectiveness**[4] die Zuverlässigkeit der Produktion und hat sich vorwiegend in standardisierten Produktionsprozessen, wie sie beispielsweise in der Automobilindustrie zu
finden sind, etabliert (Lock, 2019, S. 112; Schnell & Saile, 2018, S. 196). Die
Elemente der Overall Equipment Effectiveness sind:

- der **Nutzungsgrad** (Verfügbarkeit),
- der **Leistungsgrad** (Auslastung) und

---

[3] Als Verhältniszahl ausgedrückt stellt diese Kennzahl den **Nutzungsgrad** der Overall
Equipment Effectiveness dar (Gottmann, 2019, S. 179; Schnell & Saile, 2018, S. 197).
[4] Deutsche Übersetzung: Gesamtanlageneffizienz

7.1 Prozesstypen und -vorgaben und deren Operationalisierung 59

- der **Qualitätsgrad** (Ausschuss beziehungsweise Gutteile) (Gottmann, 2019, S. 179; Lock, 2019, S. 113; Schnell & Saile, 2018, S. 196; Vitezić & Lebefromm, 2019, S. 33).

Mit der Overall Equipment Effectiveness können unter anderem ungeplant hohe Ausfallzeiten, verringerte Taktgeschwindigkeiten und Qualitätsmängel aufgedeckt werden (Gottmann, 2019, S. 179; Schnell, 2018b, S. 190).

Eine weitere, sehr verbreitete Kennzahl zur Bewertung von Prozessen im Produktionsbereich ist die **Produktionsmenge** (Aichele, 1997, S. 321; Gladen, 2014, S. 290; Schnell, 2018b, S. 184). Sie wird entweder als absolute Zahl oder relativ zum Input dargestellt (Gladen, 2014, S. 290). Die Produktionsmenge wird meist zur kontinuierlichen Leistungsmessung der Produktion sowie zu Soll-Ist-Abgleichen herangezogen (Gottmann, 2019, S. 99).

Eine weitere, eher kurz- bis mittelfristig ausgelegte Prozesskennzahl im Produktionsumfeld ist die **Produktivität** (Aichele, 1997, S. 93; Gottmann, 2019, S. 14; Krause & Arora, 2010, S. 1–2). Sie wird als Verhältnis zwischen Produktionsleistung und Maschinenstunden ermittelt und zeigt die relative produktive Zeit der Anlagen (Gottmann, 2019, S. 100; Krause & Arora, 2010, S. 2; Schnell, 2018b, S. 189).

Die **Qualitätsquote**[5] bezieht sich auf das Verhältnis der fehlerfreien Menge zur gesamten Produktionsmenge in einer Periode und gilt als ein Maßstab des betrieblichen Qualitätsmanagements (Aichele, 1997, S. 322; Krause & Arora, 2010, S. 213).

Wie Neely (2007, S. 75) hervorhebt, ist das Messen von Kennzahlen allerdings nur dann für Unternehmen sinnvoll, wenn die ermittelten Werte danach analysiert und entsprechende Entscheidungen getroffen werden. Um dies zu gewährleisten, empfiehlt sich eine **übersichtliche und zusammengefasste Darstellung** der Kennzahlen, wodurch ebenfalls die Möglichkeit besteht, gegenseitige Abhängigkeiten zwischen einzelnen Kennzahlen schneller zu erkennen (Aichele, 1997, S. 4; Gladen, 2014, S. 86; Lock, 2019, S. 27; Neely et al., 2007, S. 149–150). Welche Möglichkeiten zur Zusammenführung und Darstellung von Kennzahlen in Produktionsabläufen bestehen, wird nachfolgend aufgezeigt und diskutiert.

---

[5] Im Terminus der Overall Equipment Effectiveness stellt diese Kennzahl den **Qualitätsgrad** dar (Gottmann, 2019, S. 179; Schnell & Saile, 2018, S. 198).

7.2 Anwendung von Kennzahlensystemen in Produktionsabläufen

Zur Darstellung von komplexeren Zusammenhängen im Organisationsumfeld werden Kennzahlen in sogenannten **Kennzahlensystemen** in Beziehung zueinander gesetzt (Lock, 2019, S. 27). Dadurch gelingt ein rascher Überblick über die relevantesten Kennzahlen des betrachteten Bereichs (Aichele, 1997, 79–80; Freidank, 2019, S. 245–246; Gladen, 2014, S. 86; Gottmann, 2019, S. 146; Neely et al., 2007, S. 149–150). Zudem sind Kennzahlsysteme stets auf einen **übergeordneten Zweck** (Steuerung oder Analyse) **ausgerichtet** (Gladen, 2014, S. 86; Gottmann, 2019, S. 146).

Da die Steuerung von Unternehmen traditionell auf Kennzahlen beruht, sind Kennzahlensysteme zur **Unterstützung des Controlling** und der **Geschäftsführung** einsetzbar (Briem et al., 2018, S. 237; Gladen, 2003, S. 248–249; Schmitt, 2012, S. 132). Wird ein Kennzahlensystem eingeführt und dadurch ein umfangreiches Produktionscontrolling implementiert, dann lässt sich sowohl die Wirtschaftlichkeit des Unternehmens sichern, eine fortwährende und systematische Verbesserung fördern und die Effizienz und Wettbewerbsfähigkeit des Unternehmens erhöhen (Bieńkowska, 2020, S. 29; Gottmann, 2019, S. 23; Keuper et al., 2009, S. 61). Gut gewählte Kennzahlen beeinflussen womöglich sogar die Performance der Mitarbeiter positiv (Bieńkowska, 2020, S. 32).

In der Literatur untergliedern sich Kennzahlensysteme zunächst in zwei allgemeine Typen:

- **Rechensysteme**, bei denen die Kennzahlen rechnerisch verknüpft sind und zu einer Spitzenkennzahl aggregiert werden können, und
- **Ordnungssysteme**, bei denen die Kennzahlen in einem logischen Zusammenhang zueinanderstehen (Gladen, 2014, S. 100; Gottmann, 2019, S. 147; Lock, 2019, S. 27–28).

Dabei dienen die Rechensysteme vorrangig der **Analysefunktion**, wohingegen Ordnungssysteme sowohl zur **Analyse als auch zur Steuerung** des betrachteten Geschäftsbereichs genutzt werden (Gladen, 2014, S. 100–101). Gängige Kennzahlensysteme haben sich teilweise seit Beginn der Entwicklung des Performance Measurements durchgesetzt und sind bis heute noch in vielen Unternehmen im Einsatz (Gladen, 2003, S. 202; Gleich et al., 2018, S. 29; Neely et al., 2007, S. 147). Eine Auswahl von weitverbreiteten Kennzahlensystemen ist in Tabelle 7.2 dargestellt, die nachfolgend weiterführend erläutert wird.

7.2 Anwendung von Kennzahlensystemen in Produktionsabläufen 61

Tabelle 7.2 Beispiele bekannter Kennzahlensysteme. (Quelle: Eigene Darstellung basierend auf den nachfolgenden Ausführungen)

Bezeichnung	Kernelemente
ZVEI-Kennzahlensystem	Rechensystem mit Eigenkapitalrentabilität als wichtigste Kennzahl
DuPont-Kennzahlensystem	Rechensystem mit Return on Investment als wichtigste Kennzahl
Balanced Scorecard	Betrachtung eines Unternehmens(-bereichs) aus vier Perspektiven (Finanzen, Kunde, interne Prozesse, Lernen und Wachstum)
Performance Pyramide	ausgeglichenes Set interner und externer Kennzahlen, die eng an der Vision und den Zielen des Unternehmens orientiert sind
Performance Prisma	Kennzahlensystem mit starker Orientierung auf die Stakeholder des Unternehmens
Wertstromkennzahlensystem	an der Wertschöpfungskette des Unternehmens orientiertes Kennzahlensystem unter Berücksichtigung der Erfolgsfaktoren

Zu den am weitesten verbreiteten Analyse-Kennzahlensystemen gehört neben dem ZVEI-Kennzahlensystem das **DuPont-Kennzahlensystem** (Gladen, 2003, S. 92; Gleich et al., 2018, S. 29; Gottmann, 2019, S. 153). Im DuPont-Kennzahlensystem stehen die einzelnen Kennzahlen in einem rechnerischen Zusammenhang, wobei die oberste Kennzahl der **Return on Investment** (ROI)[6] ist (Gladen, 2003, S. 93; Gottmann, 2019, S. 156; Lock, 2019, S. 28). Eine schematische Darstellung der Bestandteile dieses Kennzahlensystems ist in Abbildung 7.1 dargestellt.

Das DuPont-Kennzahlensystem eignet sich grundsätzlich weniger für Kostenstellen oder darunterliegende Ebenen als vielmehr für Profit-Center oder ganze Unternehmen, da sich meist nur auf dieser Ebene der Gewinn ermitteln lässt (Gladen, 2014, S. 91). In Bezug auf **produktionsgetriebene Kennzahlen** beschränkt sich das DuPont-Kennzahlensystem **vorrangig auf Kostenaspekte** (Gottmann, 2019, S. 154).

---

[6] In der deutschen Übersetzung wird diese Kennzahl als Gesamtkapitalrentabilität bezeichnet.

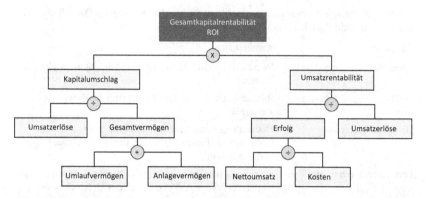

Abbildung 7.1 Schematische Darstellung des DuPont-Kennzahlensystems. (Quelle: Eigene Darstellung in Anlehnung an Lock, 2019, S. 28)

Ein weiteres bekanntes Kennzahlensystem ist die **Balanced Scorecard** von Kaplan und Norton (Gladen, 2003, S. 202; Gleich et al., 2018, S. 31; Madsen & Stenheim, 2015, S. 24; Neely et al., 2007, S. 147). Bei der Implementierung stehen **Vision und Strategie** im Fokus, wobei die Balanced Scorecard unternehmensweit als Planungs- und Kontrollsystem einsetzbar ist (Gleich et al., 2018, S. 31; Hendricks et al., 2012, S. 125). Prinzipiell sieht die Balanced Scorecard vier strategische Perspektiven vor, für die das Unternehmen Kennzahlen festlegen sollte:

- die **finanzielle Perspektive**, wodurch die Leistung des Unternehmens aus Sicht der Shareholder beurteilt wird,
- die **Kundenperspektive**, wodurch die Leistung des Unternehmens aus Sicht der Kunden bewertet wird,
- die **interne Prozessperspektive**, wodurch besonders relevante Prozesse fokussiert werden sollen, und
- die **Lern- und Wachstumsperspektive**, wodurch Verbesserungspotenziale sichtbar werden (Gleich et al., 2018, S. 31; Gottmann, 2019, S. 153–154; Hendricks et al., 2012, S. 124; Neely et al., 2007, S. 148).

Diese Perspektiven sind in einer schematischen Darstellung in Abbildung 7.2 ersichtlich.

7.2 Anwendung von Kennzahlensystemen in Produktionsabläufen

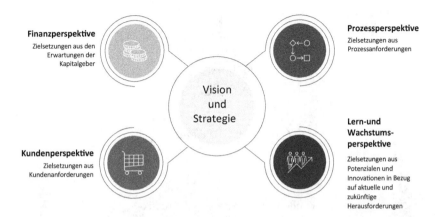

Abbildung 7.2 Schematische Darstellung des Grundkonzeptes der Balanced Scorecard. (Quelle: Eigene Darstellung in Anlehnung an Gleich et al., 2018, S. 31; Gottmann, 2019, S. 154; Neely et al., 2007, S. 148)

Bei der **Implementierung** der Balanced Scorecard stellt vordergründig die **eindeutige Identifizierung der Leistungstreiber** eine Herausforderung dar, weshalb in vielen Unternehmen eine **vereinfachte Form** der Balanced Scorecard eingesetzt wird, bei der primär die Leistung aus Sicht der einzelnen Perspektiven gemessen wird (Gottmann, 2019, S. 154; Madsen & Stenheim, 2015, S. 26; Neely et al., 2007, S. 148).

Die von Lynch und Cross konzipierte **Performance Pyramide** beinhaltet ein ausgeglichenes Set an internen und externen Kennzahlen mit einer Kaskadierung dieser Kennzahlen im Unternehmen (Gleich et al., 2018, S. 33; Neely et al., 2007, S. 146). Dabei sind die Ziele und Entscheidungen stets an der **Unternehmensvision** auszurichten (Gleich et al., 2018, S. 33). Das vielschichtige Zusammenspiel von Kennzahlen, Zielen und der Unternehmensvision im Rahmen der Performance Pyramide ist in Abbildung 7.3 ersichtlich.

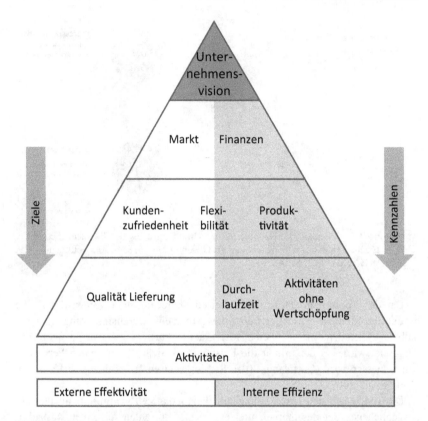

Abbildung 7.3 Schematische Darstellung der Performance Pyramide. (Quelle: Eigene Darstellung in Anlehnung an Gleich et al., 2018, S. 34; Neely et al., 2007, S. 146)

Die durch die Performance Pyramide berücksichtigten Kennzahlen können bis auf die unterste Unternehmensebene heruntergebrochen werden und beinhalten ebenfalls **operative Kennzahlen der Produktionsprozesse** (Gleich et al., 2018, S. 33–34; Neely et al., 2007, S. 146).

Beim Kennzahlensystem des **Performance Prisma** von Neely et al. (2007, S. 151) liegt der Schwerpunkt bei der Betrachtung der Unternehmensleistung auf der **Stakeholder-Sicht** (Gleich et al., 2018, S. 32). Das Ziel dieses Kennzahlensystems war der Ausgleich der Schwachstellen bisheriger Performance-Measurement-Systeme, indem neben der Stakeholder-Zufriedenheit und -Beteiligung ebenso Prozesse, Strategie und Fähigkeiten des Unternehmens

7.2 Anwendung von Kennzahlensystemen in Produktionsabläufen

untersucht und aufeinander abgestimmt werden sollen (Neely et al., 2007, S. 155). Welche Bestandteile zum Performance Prisma gehören, ist in Abbildung 7.4 vereinfacht dargestellt.

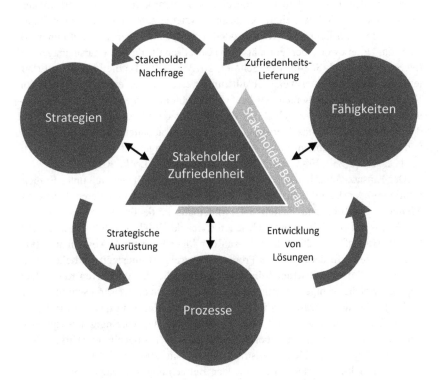

Abbildung 7.4 Schematische Darstellung des Performance Prisma. (Quelle: Eigene Darstellung in Anlehnung an Gleich et al., 2018, S. 32)

Als eines der am stärksten operativ ausgelegten Kennzahlensysteme ist das **Wertstromkennzahlensystem** zu benennen, da dieses sich eng an der Wertschöpfungskette und den damit verbundenen Erfolgsfaktoren des Unternehmens orientiert (Gottmann, 2019, S. 157). Dieses System berücksichtigt sowohl den Unternehmenserfolg als auch die Kundenanforderungen bei gleichzeitigem Fokus auf den Prozessen des Wertstroms im Unternehmen, wodurch es sich besonders für den Einsatz im Produktionsbereich empfiehlt (Gottmann, 2019, S. 158–159).

Eine Matrix an Erfolgsfaktoren und Zielkennzahlen entsteht durch die matrizenartige Struktur des Wertstromkennzahlensystem, das sich zum einen über ein **Rechensystem** des Wertstroms mit dem **Gewinn** als übergeordneter Kennzahl und zum anderen über die **Identifizierung der Wertstromprozesse** im **Wertschöpfungsprozess** ableitet (Gottmann, 2019, S. 158–162).

Neben den beschriebenen Kennzahlensystemen kommen im Performance Measurement unzählige weitere Kennzahlensysteme zum Einsatz, wie der Kennzahlenbaum zum Economic Value Added, das Results-Determinants Framework oder das Framework der europäischen Gesellschaft für Qualitätsmanagement (Neely et al., 2007, S. 146–149; Schmitt, 2012, S. 126). Da die bisherigen Erläuterungen lediglich einer Veranschaulichung verschiedener existenter Typen von Kennzahlensystemen dienten, wird auf die Beschreibung weiterer Kennzahlensysteme an dieser Stelle verzichtet. Zu beachten ist, dass die Entscheidung für und der Aufbau eines Kennzahlensystems stets davon abhängt, zu welchem Zweck und in welchem Umfang das Kennzahlensystem eingesetzt werden soll (Briem et al., 2018, S. 237; Franceschini et al., 2019, S. 171; Lock, 2019, S. 106).

Der Einsatz vieler klassischer Kennzahlensysteme gestaltet sich unter Berücksichtigung der Besonderheiten von Produktionsabläufen und deren Fokus auf **Mengen, Qualität** und **Zeiten** als problematisch, da diese meist einen starken Fokus auf den **Finanzbereich** legen (Aichele, 1997, 84–109; Gladen, 2014, S. 289; Hirschfelder, 2018, S. 150; van der Meer-Kooistra & Vosselman, 2004, S. 290). Die Anforderungen des Produktionsbereiches hingegen sind eher durch die **produktionsspezifischen Inhalte** mit entsprechenden operativen Kennzahlen geprägt, welche wenige bis keine finanziellen Aspekte aufweisen (Schmitt, 2012, S. 137). Für die **Anwendung in Produktionsabläufen** sind deshalb die klassischen Kennzahlensysteme mit ihrer Fokussierung auf vorrangig retrospektive, überwiegend monatliche erhobene Kennzahlen eher **ungeeignet** (Hirschfelder, 2018, S. 150; van der Meer-Kooistra & Vosselman, 2004, S. 290).

Die Produktionskosten dürfen bei der Betrachtung von Kennzahlen in Produktionsabläufen zwar nicht vollständig außen vor gelassen werden, sie sollten jedoch lediglich eine Ergänzung zu den operativen, nicht finanziellen Kennzahlen darstellen (Matzke, 2018, S. 221; Schmitt, 2012, S. 123; Schnell, 2018b, S. 178). Vitezić und Lebefromm (2019, S. 70) empfehlen gar die Etablierung von **zwei Kennzahlensystemen für Produktionsbereiche**, um sowohl für die Analyse als auch für die Steuerung angemessene Kennzahlen einsetzen zu können, ohne in einen Konflikt zu geraten, sich zwischen dem Einsatz **finanzieller** und **nicht finanzieller Kennzahlen** entscheiden zu müssen.

Unter diesen Voraussetzungen erscheint ein Kennzahlensystem, welches sich am **Wertstrom** innerhalb der Produktionsprozesse **orientiert**, am passendsten für die Anwendung im Produktionsbereich. Für die Implementierung eines Kennzahlensystems müssen die benötigten Daten zeitnah zur Verfügung gestellt werden,

7.3 Stand der Technik bei der Datenerhebung und -aufbereitung 67

damit sich eine Auswertung kurzfristig durchführen lässt. Andernfalls ist das rechtzeitige Erkennen einer Fehlentwicklung im Produktionsprozess nicht mehr gewährleistet (Heyl & Teizer, 2017, S. 132; Hirschfelder, 2018, S. 150; Kletti & Schumacher, 2011, S. 76). Kletti und Schumacher (2011, S. 76) geben allerdings zu bedenken, dass ebendiese zeitnahe Bereitstellung der Kennzahlen aufgrund der manuellen Datenerfassung in vielen Produktionsbereichen eine Hürde in vielen Unternehmen darstellt.

Da die Erhebung von Kennzahlen in Produktionsabläufen auf der Datenerhebung und -aufbereitung basiert, wird nachfolgend der aktuelle Stand der Technik zur Datenerhebung und -aufbereitung in Produktionsabläufen dargelegt (Buchholz, 2013, S. 26).

7.3 Stand der Technik bei der Datenerhebung und -aufbereitung

Im Kontext der Datenerhebung und -aufbereitung im Produktionsumfeld trifft man unweigerlich auf die Begriffe **Industrie 4.0**, **Digitalisierung** und **Internet der Dinge** (Internet of Things / IoT), die zunächst aufgrund ihres häufig synonymen Gebrauchs einer kurzen Erläuterung bedürfen (Centea et al., 2020, S. 543; Dash et al., 2021, S. 707; Schmelting, 2020, S. 10; Wegener et al., 2016, S. 29–30). Da jedes dieser Themen bei umfassender Betrachtung jedoch Raum für ein eigenes Kapitel beanspruchen könnte, wird aufgrund der untergeordneten Bedeutung dieser Begriffe für diese Arbeit auf eine umfangreiche Ableitung von Definitionen verzichtet. Stattdessen werden die Konzepte nachfolgend kurz erläutert.

Von **Industrie 4.0** wird in Deutschland seit 2011 gesprochen, was für einen **Paradigmenwechsel** in der Fertigung steht, der durch **Digitalisierung** und den **Einsatz neuer Technologien** zur Maximierung des Outputs bei gleichzeitiger Minimierung des Ressourceneinsatzes entsteht (Chavez et al., 2022, S. 57; Klingenberg et al., 2022, S. 1; Suleiman et al., 2022, S. 2). Inzwischen hat sich Industrie 4.0 zu einem weltweiten Trendthema der Fertigungsindustrie entwickelt (Chavez et al., 2022, S. 57). Im Zusammenhang mit Industrie 4.0 ist häufig die Rede von der **vierten industriellen Revolution**, wobei diese Begrifflichkeiten in der Literatur nicht durchgängig gleichgesetzt werden, da mit industriellen Revolutionen in der Vergangenheit stets ein Paradigmenwechsel einherging, der sich ebenfalls auf das alltägliche Leben auswirkte (Klingenberg et al., 2022, S. 1; Suleiman et al., 2022, S. 2). Da es sich beim Konzept der Industrie 4.0 noch um ein relativ junges Konzept handelt, existieren bislang noch keine voll

68   7 Theoretische Ausführungen

umfassenden Transformationsstrategien für Unternehmen (Suleiman et al., 2022, S. 4).

Kernelement der Industrie 4.0 bildet die **Digitalisierung**, deren Einsatz vor allem zu einer gesteigerten Dynamik im Unternehmen führt, was die Agilität und Schnelligkeit fördert (Centea et al., 2020, S. 543; Roth, 2018, S. 133; Schmelting, 2020, S. 10). Digitalisierung steht für die Umwandlung von analogen in digitale Daten (Harwardt, 2022, S. 2–3). Im Rahmen der Digitalisierung von Produktionsprozessen werden immer mehr Daten erhoben, was dazu führt, dass erhöhte Datenspeicherkapazitäten weltweit benötigt werden (Gittler et al., 2019, S. 586). Aufgrund der hohen Menge an Daten in Produktionsprozessen wird hier meist der Begriff **Big Data** verwendet, wofür keine einheitliche Definition, sondern lediglich eine Charakterisierung anhand von drei Eigenschaften vorliegt: **Masse, schnelles Entstehen** und **Verschiedenheit** (Harwardt, 2022, S. 45; Trübner & Mühlichen, 2019, S. 143–146). Die durch Digitalisierung erhobenen Daten können bei entsprechender Auswertung die **Transparenz und Kontrolle** über die Produktionsprozesse erhöhen, wodurch sich die **Blackbox** der unbekannten Informationen im Produktionsprozess verkleinern lässt (Babiceanu & Seker, 2016, S. 128; Buchholz, 2013, S. 30).

Konzeptionell entspricht das **Internet der Dinge** (Internet of Things / IoT) einem Teil der **Produktionsdatenerfassung** innerhalb der Industrie 4.0 (Centea et al., 2020, S. 543; Suleiman et al., 2022, S. 2). Die Produktionsdatenerfassung kann entweder manuell durch Erfassungsterminals sowie automatisiert mittels Sensorik über Barcodescanner oder über Kommunikationstechnologien wie Radio Frequency Identification (RFID) erfolgen (Niehues et al., 2017, S. 140). Objekte, welche die automatisierte Datenerfassung durch die Nutzung moderner Kommunikationstechnologien vereinfachen, gelten als digital veredelt. Sie bilden einen Bestandteil des Internets der Dinge, das Objekte und Sensoren verbindet und somit der Bereitstellung von Informationen in Echtzeit dient (Babiceanu & Seker, 2016, S. 131; Centea et al., 2020, S. 543; Schuh et al., 2017, S. 10–11). Diesen Technologien wird das Potenzial zugeschrieben, Industrie und Gesellschaft durch verschiedenste, kostengünstige Applikationen zu verbessern, da durch die Implementierung von IoT-Anwendungen Effizienz und Transparenz gesteigert, Arbeitsabläufe automatisiert und Informationen in Echtzeit erhoben werden können (Babiceanu & Seker, 2016, S. 131; Dash et al., 2021, S. 707).

Derzeit gängige Kommunikationstechnologien umfassen **Barcodes, Quick-Response (QR)-Codes, RFID-Transponder** und **Near-Field-Communication (NFC)-Transponder** (Denkena et al., 2017, S. 297; Statler, 2016, S. 322). Sie bieten die Verknüpfung der physikalischen Welt der Produkte, Anlagen und Maschinen und der Softwarewelt (Babiceanu & Seker, 2016, S. 128). Die

7.3 Stand der Technik bei der Datenerhebung und -aufbereitung   69

jeweiligen Eigenschaften der verschiedenen Technologien sind in Tabelle 7.3 aufgeführt.

Tabelle 7.3 Eigenschaften der Kommunikationstechnologien im IoT. (Quelle: Eigene Darstellung in Anlehnung an Denkena et al., 2017, S. 297; Statler, 2016, S. 322; Thanapal et al., 2017, S. 3)

Technologie	Erfassungstechnik	Reichweite	Leserate	Funktion
Barcode	visuell	je nach Größe des Codes bis zu einigen Metern	einzelnes Produkt	Identifikation
QR-Code	visuell	je nach Größe des Codes bis zu einigen Metern	einzelnes Produkt	Identifikation
RFID	Funkfrequenz (radio frequency)	bis 10 m	mehrere Produkte gleichzeitig	Identifikation, Lokalisierung & Speicherplatz
NFC	elektromagnetisches Feld	bis 20 m	einzelnes Produkt	Identifikation, Lokalisierung & Speicherplatz

Während Barcode und QR-Codes auf sichtbare Markierungen angewiesen sind, arbeiten RFID und NFC lediglich mit über Funksignale erreichbaren Markierungen, sodass diese Technologien sich eher für solche Produktionsprozesse anbieten, in denen die Markierungen unter Umständen nicht immer für die Scanner visuell auslesbar sind (Centea et al., 2020, S. 543; Statler, 2016, S. 317).

Neben der Datenerfassung über IoT bieten die Technologien der Sortieranlagen ebenfalls ein breites Spektrum an erfassten Daten, welche abgefragt und zu Analysezwecken oder zur Kennzahlenerstellung genutzt werden können (Cura et al., 2021, S. 2). Zur Analyse der betrieblich erfassten Daten wird häufig der Begriff **Business Intelligence** (BI) genannt, welcher Software und Lösungen umfasst, um größere Datenmengen bereitzustellen, zu analysieren und mit geringem Zeitaufwand Entscheidungen zu treffen (Nogués & Valladares, 2017, S. 1; Sahay & Ranjan, 2008, S. 30).

Wie in Abbildung 7.5 dargestellt, ist das Frontend des BI-Systems der Bereich, mit dem der Endnutzer bei der Bedienung und Analyse in Kontakt kommt. Die hierfür verwendeten BI-Tools zeichnen sich unter anderem durch die **Einfachheit der Nutzung** aus (Sahay & Ranjan, 2008, S. 44). Der Einsatz von BI-Software verschafft den Usern einen Überblick über die Informationsflut, die durch die Digitalisierung entsteht, und verhilft hier zur Transparenz (Briem et al., 2018, S. 243; Petzold & Westerkamp, 2018, S. 75).

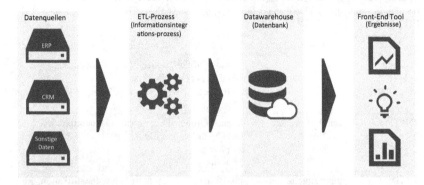

Abbildung 7.5 Komponenten eines BI-Systems. (Quelle: Eigene Darstellung in Anlehnung an Gladen, 2003, S. 258; Nogués & Valladares, 2017, S. 12–13)

Zu den bekanntesten Lösungen in diesem Feld zählen Microsoft PowerBI[7], Tableau[8], QlikView[9] und Microstrategy[10], wobei Nogués und Valladares (2017, S. 233) beispielsweise Microsoft PowerBI als Lösung für kleine bis mittlere Unternehmen und Projekte empfehlen (Clark, 2020, S. 2).

Ein BI-System bietet besonders für kleine und mittlere Unternehmen einen entscheidenden Vorteil, da sie zumeist kein integriertes ERP-System besitzen, aber durch die Implementierung eines BI-Systems könnten sie dennoch Zugriff zu integrierten Daten erhalten (Bayr, 2018, S. 166; Nogués & Valladares, 2017, S. 2). Um den personellen Aufwand bei der Datenerfassung und -auswertung möglichst gering zu halten, sollte das Produktionscontrolling in kleinen und mittleren Unternehmen generell IT-gestützt sein, was häufigere Aktualisierungen der Kennzahlen ermöglicht (Bayr, 2018, S. 166; Pfeifer, 2021, S. 75). Wie Neely

---

[7] PowerBI mit DAX als Programmierungssprache basiert auf ähnlichen Grundsätzen wie Excel PowerPivot (Microsoft, 2022).

[8] Tableau legt den Fokus vor allem auf die Visualisierung der Daten in Dashboards (Tableau, 2022).

[9] QlikView kann unterschiedliche Datenquellen miteinander verknüpfen und bietet einfache, schnelle Analysefunktionen (Qlik, 2022).

[10] MicroStrategy bietet sich vor allem zur Analyse großer Datenmengen an (MicroStrategy, 2022).

7.4 Einordnung des Kunststoffrecyclings im Rahmen ... 71

(2007, S. 75) in diesem Zusammenhang betont, darf es beim reinen Erheben der Daten nicht bleiben, denn diese müssen auch analysiert und dadurch Maßnahmen abgeleitet werden. Da die Digitalisierung den kleinen und mittleren Unternehmen inzwischen viele Möglichkeiten der einfachen Datenerhebung bietet, sollten die Unternehmen diese Chancen ergreifen und die Daten mit entsprechenden BI-Systemen auswerten (Briem et al., 2018, S. 243; Gittler et al., 2019, S. 587; Schnell, 2018a, S. 51).

7.4 Einordnung des Kunststoffrecyclings im Rahmen der Kreislaufwirtschaft

Nachdem die theoretischen Grundlagen für das Forschungsvorhaben zuvor allgemein erläutert wurden, wird im folgenden Kapitel vermehrt auf die Besonderheiten der Kreislaufwirtschaft und des Kunststoffrecyclings eingegangen. Dazu werden zunächst die Zusammenhänge zwischen dem Kunststoffrecycling und der Kreislaufwirtschaft erläutert. Anschließend werden die Arten der Verwertung im Kunststoffrecycling dargelegt, woran sich eine Diskussion des aktuellen Forschungsstand zu Prozesstypen und -vorgaben im Kunststoffrecycling sowie deren Operationalisierung anschließt.

7.4.1 Ableitung des Konzeptes der Kreislaufwirtschaft

Für das Konzept der **Kreislaufwirtschaft**, das an sich kein neues Thema ist, interessiert sich aktuell sowohl die Politik als auch die Wissenschaft (Europäische Kommission, 2019a, S. 12). Die Grundgedanken hierzu wurden bereits in den 1960er-Jahren diskutiert (Kirchherr et al., 2018, S. 264). Die Aufmerksamkeit resultiert vorwiegend aus den Vorteilen für eine nachhaltige Entwicklung, wie beispielsweise

- die potenzielle Reduzierung von CO_2-Emissionen und Minimierung von negativen Umweltauswirkungen,
- die Verringerung des Verbrauchs von (begrenzt verfügbaren) Primärrohstoffen,
- die Minderung der gesamten Abfallmenge und
- die Schaffung neuer Arbeitsplätze und damit verbundene Impulse für ein nachhaltiges Wirtschaftswachstum.

Deshalb unterstützen zahlreiche Staaten die Transformation der Linearwirtschaft in eine Kreislaufwirtschaft (Bashirgonbadi et al., 2022, S. 41; Fellner et al., 2017, S. 494; Kirchherr et al., 2018, S. 264).

Grundsätzlich zielt die Kreislaufwirtschaft darauf ab, verschiedene Strategien, wie **Ökodesign-Prinzipien, verantwortungsvolle Produktion** und **Beschaffung** und **Reverse-Logistik** zu verbinden (Lonca et al., 2020, S. 1–2). Primäres Ziel ist es, das Abfallaufkommen jedweder Art zu reduzieren (Reichel et al., 2016, S. 9). Dies geschieht dadurch, dass weggeworfene Materialien aus einem Prozess zu Rohstoffen eines anderen Prozesses werden. Folglich bietet sie eine Alternative zum aktuell vorherrschenden **Nehmen-Herstellen-Verbrauchen-Entsorgen-Modell** (Burgess et al., 2021, S. 2; Preston, 2012, S. 1; Reichel et al., 2016, S. 9). Durch die Umwandlung der linearen Wirtschaftsstrukturen in eine **zirkuläre Wirtschaftsstruktur reduziert** sich der **Verbrauch begrenzter natürlicher Ressourcen** und die **Umweltbelastung wird minimiert** (Jang et al., 2020, S. 2; Preston, 2012, S. 3). Damit wird eine Basis für eine möglichst abfallfreie Wirtschaft geschaffen, in der alles, was wir produzieren und konsumieren, **sicher in die Natur oder Wirtschaft zurückgeführt** werden kann (Vilella, 2018, S. 8).

Die **Geschäftsmodelle** innerhalb der **Kreislaufwirtschaft** operieren sowohl auf der **Mikroebene** (Produkte, Unternehmen, Verbraucher), der **Mesoebene** (Öko-Industrieparks) als auch auf der **Makroebene** (Stadt, Region, Nation und darüber hinaus). Mit ihnen wird eine **nachhaltige Entwicklung** erreicht, die die Schaffung von **Umweltqualität, wirtschaftlichem Wohlstand** und **sozialer Gerechtigkeit** zum Nutzen der **heutigen und zukünftigen Generationen** beinhaltet (Kirchherr et al., 2017, S. 224–225). Derartige Geschäftsmodelle orientieren sich ebenso am Lebenszyklus von Produkten, um den Kreislauf von Ressourcen auf kosteneffektive und umweltfreundliche Weise zu unterstützen (Jang et al., 2020, S. 2). Fokussiert werden dabei **Produkte, die kreislauforientiert entwickelt** wurden, da diese den Ressourcenverbrauch effizienter minimieren und damit die Zirkularität fördern (Europäische Kommission, 2019a, S. 3).

Entsprechend den Erläuterungen von Kirchherr et al. (2018, S. 268–269) unterstützen viele Stellen aus der Wirtschaft und Politik bereits die Kreislaufwirtschaft mit Zusagen zu deren Förderung. Dennoch befindet sie sich weiterhin erst im Aufbau, da den Aushau der Kreislaufwirtschaft primär die limitierte Standardisierung, hohe Vorabinvestitionskosten und niedrige Rohmaterialpreise hemmen (Amrhein et al., 2020, S. 10; Kunststoff Information Verlagsgesellschaft mbH, 2023; Prognos AG et al., 2020, S. 124). Die EU arbeitet etwa aktuell mit verschiedenen Gesetzesinitiativen daran, die politischen Rahmenbedingungen für die Transformation der Linearökonomie zu einer Kreislaufwirtschaft zu schaffen (Europäische Kommission, 2019b, S. 2; Hughes, 2017, S. 15).

7.4 Einordnung des Kunststoffrecyclings im Rahmen ...   73

Zur Umwandlung der Linearökonomie in eine Kreislaufwirtschaft gibt es verschiedene Rahmenkonzepte, die als Leitfaden dienen können (Kirchherr et al., 2017, S. 223). Das gängigste Modell ist das **3R-Prinzip**, welches die Elemente Wiederverwenden (*reuse*), Reduzieren (*reduce*) und Recyceln (*recycle*) als erste Ansatzpunkte für eine Kreislaufwirtschaft beinhaltet (Huysman et al., 2017, S. 46). Auf dieses Prinzip berufen sich bereits zahlreiche Staaten, wie Japan, zur Förderung einer Kreislaufwirtschaft (Ministerium für Umwelt der japanischen Regierung, 2022). Eine erweiterte Version des 3R-Prinzips stellt das **9R-Prinzip** dar, wobei die Kernelemente des 3R-Prinzips bestehen bleiben und durch folgende Elemente ergänzt werden: der **sinnvolle Einsatz von Materialien**, die **Verlängerung der Lebensdauer** eines **Produktes und seiner Teile** und der **intelligenten Produktnutzung** und **-herstellung** (Kirchherr et al., 2017, S. 224).

7.4.2 Arten der Verwertung von Kunststoffabfällen

Das **Recycling von Abfällen** spielt in der Kreislaufwirtschaft eine zentrale Rolle, denn im Recyclingprozess findet eine **stoffliche Verwertung von Abfällen** statt (Conversion Market & Strategy GmbH, 2020, S. 25). Abfälle sind im Sinne des Kreislaufwirtschaftsgesetzes solche „Stoffe oder Gegenstände, derer sich ihr Besitzer entledigt, entledigen will oder entledigen muss" (KrWG, 23.10.2020, 3 Abs. 1). Abfälle werden entweder in **Post-Consumer-** oder **Post-Industrial-Abfälle** untergliedert (Huysman et al., 2017, S. 47; Ragaert et al., 2017, S. 26). Post-Industrial-Abfälle entstehen bei der Produktion von Waren und Gütern, wohingegen Post-Consumer-Abfälle als Endverbraucherabfälle deklariert werden, welche häufig einen gewissen Verschmutzungs- und/oder Vermischungsgrad aufweisen (Conversion Market & Strategy GmbH, 2020, S. 24).

Nach der Definition des Kreislaufwirtschaftsgesetzes gilt als Recycling „jedes Verwertungsverfahren, durch das Abfälle zu Erzeugnissen, Materialien oder Stoffen entweder für den ursprünglichen Zweck oder für andere Zwecke aufbereitet werden" (KrWG, 23.10.2020, 3 Abs. 25). Dies umschließt ebenfalls das Recycling von Kunststoffprodukten, um die durch **Polymerisation hergestellte Primärware** zu ersetzen (Aubin et al., 2022, S. 125). Die recycelten Stoffe werden allgemein als Kunststoff-Rezyklate bezeichnet (Conversion Market & Strategy GmbH, 2020, S. 22; Stiftung Zentrale Stelle Verpackungsregister, 2020, S. 7). Im Rahmen des Kunststoffrecyclings werden in der Regel **sechs verschiedene Polymere** verarbeitet, da diese den **größten Anteil am Kunststoffverbrauch** ausmachen (Meys et al., 2020, S. 1). In Europa gehen sogar 70 Prozent des Kunststoffverbrauchs auf diese sechs Polymere zurück:

- Polyethylenterephthalat (PET),
- Polyethylen mit hoher Dichte (HDPE) und
- Polyethylen mit niedriger Dichte (LDPE),
- Polyvinylchlorid (PVC),
- Polypropylen (PP) und
- Polystyrol (PS) (Faraca et al., 2019, S. 299; Jang et al., 2020, S. 1; Ragaert et al., 2017, S. 26).

Im Kunststoffrecycling wird zwischen zwei Verfahren unterschieden: dem sogenannten **Open-Loop-Recycling** und dem **Closed-Loop-Recycling** (Amrhein et al., 2020, S. 10; Ragaert et al., 2017, S. 29). Das **Closed-Loop-Recycling** bezeichnet ein Recycling innerhalb der gleichen Wertschöpfungskette, bei welchem die Qualität des Neumaterials erhalten bleibt und folglich das Rezyklat den Primärkunststoff ersetzen kann (Huysveld et al., 2019, S. 1–2). Beim **Open-Loop-Recycling** werden die Rezyklate nicht mehr dem ursprünglichen Verwendungszweck zugeführt, sondern für alternative Anwendungen genutzt (Tonini et al., 2022, S. 13). Hierbei ist hervorzuheben, dass der allgemein bekannte Begriff des **Downcyclings** dieser Art des Recyclings eine negative Konnotation verleiht, obwohl die Qualität der im Open-Loop-Recycling hergestellten Produkte nicht minderwertiger sein muss als die des Ausgangsproduktes (Amrhein et al., 2020, S. 10; Horodytska et al., 2020, S. 1; Huysveld et al., 2019, S. 1–2). So können unter anderem Textilfasern aus recycelten PET-Flaschen hergestellt werden (Ragaert et al., 2017, S. 29). Horodytska et al. (2020, S. 2) nutzen in ihrer Studie zudem den Begriff des **Upcyclings**, wobei die Rezyklate hierbei in eine höherwertigere Anwendung als der ursprünglichen einfließen. Gemäß den Ergebnissen der Studie hat das Upcycling als einzige Recycling-Alternative einen positiven Einfluss auf die Lebenszyklusbetrachtung einer Verpackung (Horodytska et al., 2020, S. 6). Hierbei ist allerdings zu beachten, dass beispielsweise für den Einsatz in Lebensmittelverpackungen strengere Vorgaben als für den Einsatz in anderen Anwendungsgebieten bestehen (Huysveld et al., 2022, S. 69).

Aufgrund der deutschen Politik zum Recycling von Kunststoffen seit Beginn der 1990er-Jahre ist Deutschland heute der größte Markt für recycelte Kunststoffe in Europa (Patel et al., 2000, S. 66). Die Einsatzbereiche von Rezyklaten reichen von Verpackungsmitteln über die Landwirtschaft hin zum Bau, wo die Rezyklate zum Beispiel als Ersatzstoffe für Beton eingesetzt werden (Prognos AG et al., 2020, S. 128).

Generell ist eine Entsorgung von Kunststoffabfällen neben dem **Recycling**, der **werkstofflichen Verwertung** auch über die **energetische Verwertung** oder eine **Deponierung** möglich (Ángeles-Hurtado et al., 2021, S. 3; Babaremu et al.,

7.4 Einordnung des Kunststoffrecyclings im Rahmen ...   75

2022, S. 3–4; Bishop et al., 2020, S. 2; Bora et al., 2020, S. 16351; Gu et al., 2017, S. 1193). Die Deponierung ist in Deutschland beispielsweise aufgrund des hohen Glühverlustes[11] von Kunststoffen verboten, in England wurde eine Steuer zur Verhinderung der Deponierung eingeführt (Glaser, 2018, S. 3; Horodytska et al., 2020, S. 1; Li et al., 2016, S. 451; TA Siedlungsabfall, 14.05.1993, S. 31). Die Entscheidung für eine der Entsorgungsarten hängt von der Qualität der zu recycelnden Kunststoffabfälle ab, da Kunststoffabfälle mit minderer Qualität oder Kunststoffgemische in der Regel in keinem Closed-Loop-Recyclingprozess wiederaufbereitet werden können (Bünder, 2021; Huysman et al., 2017, S. 48).

Überdies gibt es regionale Unterschiede im Umgang mit Kunststoffabfällen. So werden beispielsweise in **Deutschland fast 100 % der Kunststoffabfälle der werkstofflichen oder energetischen Verwertung** zugeführt, während auf Malta über 70 % der Kunststoffabfälle deponiert werden (PlasticsEurope, 2022b, S. 49; Prognos AG et al., 2020, S. 204). Dementsprechend liegt der Durchschnitt der werkstofflichen Verwertung 2020 in **Europa** bei lediglich 35 %, womit das EU-Recyclingziel mit einer Recyclingquote von 55 % im Jahr 2025 eine Herausforderung für die Mitgliedsstaaten darstellt. Im Vergleich zu 2018 wurde die Quote der werkstofflichen Verwertung im Durchschnitt um 2,5 % gesteigert (Huysman et al., 2017, S. 46; Huysveld et al., 2019, S. 2; PlasticsEurope, 2022b, S. 48). Die niedrigen Recyclingquoten liegen zu einem großen Teil an einer fehlenden oder mangelhaften Sortierung im Bereich der Post-Consumer-Abfälle. Die Zusammensetzung dieser Abfälle ist meist eine Mischung aus verschiedenen Kunststoffarten, sodass ein hoher Grad an Verunreinigung vorliegt, da die Erfassungssysteme in diesen Ländern weniger verlässlich arbeiten als beispielsweise in Deutschland (Amrhein et al., 2020, S. 10; Ragaert et al., 2017, S. 25).

Zur **Sensibilisierung der Verbraucher in Deutschland** wird aktuell eine **Öffentlichkeitskampagne** entwickelt, welche das **Trennverhalten in den Haushalten verbessern** soll (PlasticsEurope Deutschland e. V., 2021; Prognos AG et al., 2020, S. 51). Wie der Statusbericht zur deutschen Kreislaufwirtschaft aufzeigt, lag die Recyclingquote bei den **Post-Industrial-Abfällen im Jahr 2019 bei 91 %** (Prognos AG et al., 2020, S. 124).

Die **werkstoffliche Verwertung von Kunststoffen** erfolgt aktuell auf dreierlei Arten:

---

[11] Der Glühverlust beschreibt den Anteil organischer Substanzen einer Probe. Die Bestimmung des Glühverlustes erfolgt durch die sogenannte Veraschung, bei der die organischen Anteile in einer Probe durch hohe Temperaturen entfernt werden. Ein hoher Glühverlust weist hierbei auf einen hohen Anteil organischer Substanzen hin (DIN 18128:2002-12; DIN EN ISO 3451-1:2019).

76 7 Theoretische Ausführungen

- dem **chemischen Recycling,**
- dem **physikalischen Recycling** oder
- dem **mechanischen Recycling** (Luijsterburg & Goossens, 2014, S. 88; PlasticsEurope, 2022a, S. 34–35).

Zur Übersicht sind in Tabelle 7.4 die Vor- und Nachteile der Recyclingverfahren aufgeführt, auf die im Nachgang weiter eingegangen wird.

Tabelle 7.4 Vor- und Nachteile der Recyclingverfahren. (Quelle: Eigene Darstellung in Anlehnung an Arena & Ardolino, 2022; Hann; Klotz et al., 2024; Meys et al., 2020; Orth et al., 2022; Payne & Jones, 2021; Simon & Martin, 2019; Ügdüler et al., 2020)

Recyclingverfahren	Vorteile	Nachteile
Chemisches Recycling	– Multilayer-Kunststoffe können problemlos recycelt werden – Prozesse sind weitestgehend standardisiert – Ausgangsprodukte können Neukunststoffe vollständig ersetzen	– vergleichsweise hohe Kosten (sowohl CAPEX als auch OPEX) – hoher Energiebedarf – Kreislauf der Kunststoffe nicht zwingend geschlossen, da ebenfalls beispielsweise Kraftstoffe entstehen können – Umsetzung im industriellen Umfang ist erst in der Anfangsphase
Physikalisches Recycling	– Kontaminationen haben keinen großen Einfluss auf die Qualität des Endproduktes – keine Beeinflussung der Polymerstruktur – eingesetzte Lösemittel können wiederverwendet werden – in Laborversuchen wurden bereits umweltfreundliche Lösemittel erfolgreich getestet	– Anwendung auf spezifische Kunststoffe eingeschränkt – heterogene Stoffströme sind schwer zu recyceln – hohe Expertise in Polymer-Chemie für Durchführung der Prozesse benötigt – Polymerketten werden beim Recycling teilweise verkürzt, daher ist kein unendliches Recycling möglich – Einsatz der Rezyklate für hygienisch anspruchsvolle Anwendungen eher kritisch

(Fortsetzung)

7.4 Einordnung des Kunststoffrecyclings im Rahmen ... 77

Tabelle 7.4 (Fortsetzung)

Recyclingverfahren	Vorteile	Nachteile
Mechanisches Recycling	– Komplexität der benötigten Technologie vergleichsweise gering – hohe Anwendungsbreite für verschiedenste Kunststoffe – vergleichsweise geringe laufende Kosten – Fokus liegt aktuell auf Prozessverbesserung zur Steigerung der Recyclingquoten – vergleichsweise wenig produktspezifisches Fachwissen vonnöten	– Recycling ist bei starken Verunreinigungen erschwert – Rezyklate haben meist niedrigere Qualität als Ursprungsprodukte, daher ist kein unendliches Recycling möglich – Einsatz der Rezyklate für hygienisch anspruchsvolle Anwendungen eher kritisch

Beim **chemischen Recycling** werden Kunststoffabfälle in chemische (Basis-) Produkte umgewandelt (Klotz et al., 2024, S. 2; Mellen & Becker, 2022, S. 441; Meys et al., 2020, S. 2; Payne & Jones, 2021, S. 4043; Vogel et al., 2020, S. 8). Hierbei werden die **Polymerstrukturen** mithilfe von **Cracking, Vergasung** oder **Depolymerisation** zu **Monomeren** reduziert (Conversion Market & Strategy GmbH, 2020, S. 25; Hann, S. 47; PlasticsEurope, 2022a, S. 35; Vogel et al., 2020, S. 8). Ein hohes Potenzial birgt diese Art des Recyclings vorwiegend für verunreinigte, heterogene Kunststoffabfälle, deren mechanische Trennung weder wirtschaftlich noch technisch vollständig machbar ist (Hann, S. 25; Ragaert et al., 2017, S. 28–29). Studien rechnen dieser Art des Recyclings in Zukunft eine wichtige Rolle zu, da sie in Ergänzung zum mechanischen Recycling dazu beitragen kann, die Zirkularität der Abfallwirtschaft relevant zu erhöhen (Ángeles-Hurtado et al., 2021, S. 5; BASF SE, 2023; Crippa et al., 2019, S. 150; Genuino et al., 2022, S. 1; Klotz et al., 2024, S. 11; Lase et al., 2023, S. 2; PlasticsEurope, 2022a, S. 35–36; Vogel et al., 2020, S. 11). Zurzeit macht das chemische Recycling allerdings nur einen **verschwindend geringen Anteil**[12] der weltweiten Kunststoffproduktion aus, was auch daran liegt, dass diese Recyclingmethode **noch nicht ausreichend auf Wirtschaftlichkeit und Vorteilhaftigkeit** gegenüber den etablierten Verfahrenswegen **geprüft** wurde (Arena & Ardolino, 2022, S. 3; Klotz et al., 2024, S. 11; PlasticsEurope, 2023, 1; Simon & Martin, 2019, S. 13; Vogel et al., 2020, S. 10). Aktuell existierende oder geplante Anlagen für chemisches

---

[12] Der Anteil des chemischen Recyclings an der weltweiten Kunststoffproduktion lag im Jahr 2022 bei unter 0,1 % (PlasticsEurope, 2023, S. 1).

Recycling sind **groß dimensioniert**, werden eher von der **chemischen Industrie** betrieben und **produzieren vorwiegend Kraftstoffe**, was unter Kreislaufwirtschaftsgesichtspunkten durchaus Verbesserungspotenzial birgt (BASF SE, 2023; Klotz et al., 2024, S. 5; Lase et al., 2023, S. 2).

Das **physikalische Recycling** ist ein **lösemittelbasiertes Verfahren**, in welchem die Zielkunststoffe durch Zugabe spezieller Lösemittel ausgefällt werden. Dabei ändern sich die Polymerstrukturen nicht, weshalb das physikalische Recycling einige Eigenschaften des mechanischen Recyclings aufweist (Arena & Ardolino, 2022, S. 4–5; Klotz et al., 2024, S. 2; Orth et al., 2022, S. 109; PlasticsEurope, 2022a, S. 35; Simon & Martin, 2019, S. 8; Vogel et al., 2020, S. 8). Das physikalische Recycling befindet sich aktuell allerdings noch in der **Pilotierungsphase**, weshalb die Prozesse noch nicht im industriellen Maßstab getestet wurden und es aktuell noch **keine Evidenzen** für die **Rentabilität** und **praktische Durchführbarkeit** dieses Verfahrens gibt (Crippa et al., 2019, S. 142; Hann, S. 14–15; Klotz et al., 2024, S. 2; Simon & Martin, 2019, S. 7–9).

Das **mechanische Recycling** stellt in der werkstofflichen Verwertung die bekannteste und aktuell am häufigsten angewandte Recyclingmethode dar, was unter anderem an der hohen Anwendungsbreite für verschiedenste Kunststoffarten liegt (Ángeles-Hurtado et al., 2021, S. 5; Conversion Market & Strategy GmbH, 2020, S. 25; Lazarevic et al., 2010, S. 258; Luijsterburg & Goossens, 2014, S. 88; Ragaert et al., 2017, S. 27–28). Diese Art des Recyclings hat nachweisbar positive Einflüsse auf den gesamten Produktlebenszyklus von Kunststoffen, allerdings haben die Rezyklate meist eine geringere Qualität als das Ausgangsprodukt, weshalb kein unendliches Recycling möglich ist (Arena & Ardolino, 2022, S. 2; Bashirgonbadi et al., 2022, S. 41). Generell durchläuft das Material im **mechanischen Recycling** die folgenden **vier Prozessschritte**:

- **Sortieren**,
- **Zerkleinern**,
- **Waschen** und
- **Extrudieren** oder **Compoundieren** (Bashirgonbadi et al., 2022, S. 42; Huysveld et al., 2022, S. 69; Ragaert et al., 2017, S. 29; Shamsuyeva & Endres, 2021, S. 4).

Die einzelnen Prozessschritte des mechanischen Recyclings werden im weiteren Verlauf dieser Arbeit noch genauer erläutert (Teil II – 7.4.3 Prozesstypen und -vorgaben im Kunststoffrecycling und deren Operationalisierung).

7.4 Einordnung des Kunststoffrecyclings im Rahmen ... 79

Das Energiepotenzial des Kunststoffabfalls wird im Rahmen der **energetischen Verwertung** überwiegend in Zementwerken oder Fernwärmeerzeugungsanlagen nutzbar gemacht (Conversion Market & Strategy GmbH, 2020, S. 26). Im Vergleich der Verwertungsalternativen mittels Lebenszyklusanalysen erweist sich das Recycling als die bevorzugte Variante, während die energetische Verwertung am wenigsten präferiert wird (Ferdous et al., 2021, S. 5).

7.4.3 Prozesstypen und -vorgaben im Kunststoffrecycling und deren Operationalisierung

Nachdem die Konstrukte der Prozesstypen und -vorgaben und die Möglichkeiten ihrer Operationalisierung im Allgemeinen erläutert wurden, erfolgt nun die Übertragung dieser Überlegungen auf die Gegebenheiten im Kunststoff-Recycling. In diesem Zusammenhang wird auf die **Prozessschritte Sortieren, Zerkleinern, Waschen und Extrudieren im mechanischen Recycling** eingegangen (Bashirgonbadi et al., 2022, S. 42; Ragaert et al., 2017, S. 27–28). Da die primäre Wertschöpfung der Kunststoffrecycling-Anlagen in diesen Prozessen stattfindet, handelt es sich hierbei um Kernprozesse, die in die Kategorie Operationen[13] einzuordnen sind. Dabei kann die Abfolge und Methode der Sortier- und Waschschritte je nach Art der Sortier- und Waschanlage unterschiedlich ausfallen (Luijsterburg & Goossens, 2014, S. 88). Abbildung 7.6 liefert daher ein exemplarisches Verlaufsschema der nachfolgend beschriebenen Prozessschritte beim mechanischen Recycling.

---

[13] Für eine ausführliche Beschreibung von Prozesstypen und -vorgaben und deren Operationalisierung siehe Teil II – 7.1 Prozesstypen und -vorgaben und deren Operationalisierung.

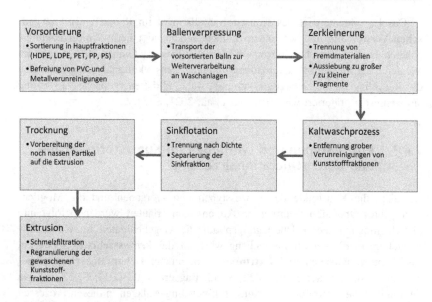

Abbildung 7.6 Modellhaftes Prozessbild zum mechanischen Recycling. (Quelle: Eigene Darstellung)

Eine **erste, vorwiegend maschinelle Vorsortierung** ist vor allem bei Post-Consumer-Abfällen unumgänglich, um möglichst **sortenreine Kunststofffraktionen** zu erhalten, womit eine **hohe Recyclingquote** erreichbar ist (Faraca et al., 2019, S. 301–302). Hier werden vorwiegend die **Hauptfraktionen im Kunststoffabfall** (HDPE, LDPE, PET, PP und PS) sortiert und von größeren **PVC- und Metallverunreinigungen befreit** (Faraca et al., 2019, S. 301; Meys et al., 2020, S. 1). Die einzelnen **Sortierschritte** erfolgen per **Nahinfrarotspektroskopie** (NIR) (Ángeles-Hurtado et al., 2021, S. 6; Faraca et al., 2019, S. 301–302; Leopold & Blank, 2020, S. 65; Luijsterburg & Goossens, 2014, S. 88). Die Technologie der **Sichttrennung** ist in den letzten zehn Jahren immer fortschrittlicher geworden, weshalb die **Sortiereffizienz** in einem solchen Ausmaß erhöht wurde, dass nur noch geringe Mengen anderer Kunststoffe in den sortierten Fraktionen enthalten sind (Luijsterburg & Goossens, 2014, S. 88). Zudem werden bei der Sortierung **Magnetbänder** eingesetzt, die **magnetische Eisen- und Nichteisenmetalle** aus den Kunststoffabfällen entfernen (Ragaert et al., 2017, S. 29–32). Das **Ergebnis** sind **vorsortierte Kunststoffgemische der Hauptfraktionen** (Prognos AG et al., 2020, S. 123). Im Anschluss an diese Vorsortierung wird der Output

7.4 Einordnung des Kunststoffrecyclings im Rahmen ...

überwiegend **zu Ballen verpresst**, welche zu einer **Waschanlage** gebracht werden (Ragaert et al., 2017, S. 29; Ragaert et al., 2020, S. 1).

Die verpressten Ballen werden bei den **Waschanlagen zerkleinert** und die erzeugten **Partikelteile gesiebt** (Faraca et al., 2019, S. 301–302). Damit werden Störungen im **Trennverfahren** durch in den Kunststoffteilen enthaltene **Fremdmaterialien verhindert** (Gent et al., 2011, S. 474). Über die **Siebung** werden **zu große oder zu kleine Fragmente (Partikelteile)** aus Effizienzgründen **aussortiert**, sodass die folgenden Prozessschritte beim Waschen der Kunststoffe weder behindert noch verlangsamt werden (Gent et al., 2011, S. 474).

Während des **Kaltwaschprozesses** werden grobe Verunreinigungen von den Kunststofffraktionen entfernt (Gent et al., 2011, S. 474). Einige Waschanlagen führen neben dem Waschprozess zur Reinigung der sortierten Fraktionen noch eine **erneute Sortierung durch Sinkflotation** durch (Demets et al., 2020, S. 1–2; Gent et al., 2011, S. 474; Ragaert et al., 2020, S. 1–2). Im Prozess der Sinkflotation sinken Kunststoffe mit einer höheren Dichte als Wasser (Dichte >1 g/cm^3) ab und werden als sogenannte **Sinkfraktion** gesammelt (Ángeles-Hurtado et al., 2021, S. 6–7; Ragaert et al., 2020, S. 1–2; Tschachtli et al., 2019, S. 35). Wie Bashirgonbadi et al. (2022, S. 42) hervorheben, lässt die Qualität der Ergebnisse des Kaltwaschprozesses zu wünschen übrig, da während des Prozesses nicht alle Verunreinigungen durch Farbe oder Ähnliches beseitigt werden können.

Nach Trocknung der gewaschenen Kunststofffraktionen werden diese zu Regranulaten mittels **Extrusion** und nachfolgender **Schmelzfiltration** verarbeitet (Ragaert et al., 2017, S. 30–32). Dieser abschließende Verarbeitungsphase ist zugleich der energieintensivste Prozessschritt des mechanischen Kunststoffrecyclings (Larrain et al., 2021, S. 9). Die **Regranulate**, die das **Hauptprodukt des Recyclingprozesses** darstellen, können **Primärkunststoffe in der Fertigung ersetzen** (Prognos AG et al., 2020, S. 124).

Zur Operationalisierung der Prozesse im Kunststoffrecycling werden in der Fachliteratur **kaum Kennzahlen** erwähnt, welche **auf der Mikroebene** (Produkte oder Unternehmen) **angesiedelt sind** (Brouwer et al., 2019, S. 113–114). Einer dieser Indikatoren ist die **Recycling-Nutzen-Rate**, welche das Verhältnis von Umweltnutzen, der durch das Recycling eines Produktes erzielt werden kann, in Verbindung mit den Umweltbelastungen durch die Produktion aus neuen Ressourcen und anschließende Entsorgung beschreibt (Huysman et al., 2017, S. 47). Die Recycling-Nutzen-Rate bewertet lediglich **einzelne Produkte**, nicht aber die mit dem Recycling der Produkte zusammenhängenden Prozesse und wurde von der gemeinsamen Forschungsstelle der Europäischen Kommission zu ebendiesem Zweck entwickelt (European Commission – Joint Research Centre [EC-JRC], 2012, S. 94).

Weitere Kennzahlen, wie die **Netto-Sammelausbeute** oder die **Sortier-verläufe pro Verpackungsart** werden zum **Bewerten von Teilen der Verwertungskette** genutzt und dienen beispielsweise der **Analyse der Güte des Input-Materials** (Brouwer et al., 2019, S. 114). Ein einheitlicher, branchenweiter Standard zu Kennzahlen auf der Prozessebene, mit dem die Bewertung und Steuerung der einzelnen Prozessschritte des Kunststoffrecyclings gelingt, wird in der Fachliteratur aktuell nicht ausgewiesen (Brouwer et al., 2019, S. 113–114; Huysman et al., 2017, S. 47).

Weitere in der Literatur behandelte Kennzahlen zielen ähnlich der **Recycling-Nutzen-Rate** darauf ab, die positiven **Einflüsse des Recyclings auf die Umwelt** messbar zu machen. Dazu zählt unter anderem die **Substitutionsquote** als Verhältnis, in welchem das Rezyklat die Neuware ersetzt (Lazarevic et al., 2010, S. 251; Prognos AG et al., 2020, S. 129). Die Bewertung dieser allgemeinen Kennzahlen wird häufig mit einer **Lebenszyklusbetrachtung** in Verbindung gebracht, um beispielsweise die **Umweltbelastungen** vollumfänglich betrachten zu können (Huysman et al., 2015, S. 53–54). Ebenfalls widmen sich erste Untersuchungen bereits der Reduzierung der CO_2-Belastung durch den Einsatz von Rezyklaten statt Kunststoffneuware (Granulaten) (bvse Bundesverband Sekundärrohstoffe und Entsorgung e. V., 2017; Wöhler, 2014, S. 4).

Kirchherr et al. (2018, S. 269) sehen die Ursache für die geringe Anzahl an Kennzahlen auf der Mikroebene in technologischen Barrieren und dem daraus resultierenden Defizit an Daten und Informationen. Zusätzlich werden die vorherrschenden Strukturen in der stark KMU-geprägten Kunststoffrecycling-Branche als Hemmnis für mehr Transparenz durch den Einsatz von Technologien gesehen (Amrhein et al., 2020, S. 14; PlasticsEurope, 2022b, S. 12). Wie im Statusbericht der deutschen Kreislaufwirtschaft erwähnt ist, findet aktuell ein digitaler Technologie-Wandel in der Branche des Kunststoffrecyclings statt. Ein Indiz für diese Entwicklung ist der **Index zur Verbreitung von Begriffen zur Digitalisierung**, der in der **Kunststoffrecycling-Branche bei 2,18** und damit **deutlich über dem Durchschnitt in Deutschland** liegt. Ein solch hohes Interesse an der Digitalisierung weist auf das Umdenken innerhalb der Kunststoffrecycling-Branche zu mehr Digitalisierung hin, was vor allem in der Steigerung an Analysemöglichkeiten durch mehr registrierte und besser strukturierte Datenströme begründet ist (Prognos AG et al., 2020, S. 139).

Konklusion Theoretischer Teil 8

Im nachfolgenden Kapitel werden die Erkenntnisse des theoretischen Teils zusammengefasst und abschließend diskutiert. Hierdurch werden die theoriegeleiteten Fragestellungen beantwortet, um danach die empiriegeleiteten Fragestellungen abzuleiten.

8.1 Konklusion und Beantwortung der theoriegeleiteten Fragestellung

Als Prozess wurde für die vorliegende Arbeit eine sich **regelmäßig wiederholende Reihe von Tätigkeiten mit festgelegtem Anfangs- und Endzeitpunkt** definiert, der über verschiedene betriebliche Funktionen hinweg durchgeführt werden kann und eine gewisse Wertschöpfung im Unternehmen bewirkt. Von den drei Kategorien von Prozessen innerhalb eines Unternehmens sind für das Forschungsvorhaben vorrangig die Kernprozesse im Bereich Operationen relevant, da diese den Kern der wertschöpfenden Prozesse darstellen und im Kunststoffrecycling am wenigsten genau beschrieben sind.

Auf die **Prozesse des Kunststoffrecyclings** wird in dieser Arbeit der Fokus gelegt, da in diesem Bereich das größte Potenzial durch eventuelle Standardisierungen und Operationalisierungen erwartet wird. In der stofflichen Verwertung von Post-Consumer-Abfällen wurden diese im mechanischen Recycling definiert als:

Ergänzende Information Die elektronische Version dieses Kapitels enthält Zusatzmaterial, auf das über folgenden Link zugegriffen werden kann https://doi.org/10.1007/978-3-658-45985-7_8.

© Der/die Autor(en), exklusiv lizenziert an Springer Fachmedien Wiesbaden GmbH, ein Teil von Springer Nature 2024
C. Berbalk, *Prozesscontrolling in der Kunststoffrecycling-Branche*,
https://doi.org/10.1007/978-3-658-45985-7_8

84   8 Konklusion Theoretischer Teil

- Sortieren,
- Zerkleinern
- Waschen und
- Extrudieren oder Compoundieren.

Es gibt im Kunststoffrecycling aktuell noch **keinen branchenweiten Standard für die Abfolge der einzelnen Prozessschritte**, allerdings arbeiten einige Initiativen an einer teilweisen Standardisierung von einzelnen Prozessschritten oder an Möglichkeiten, den Output standardisiert vergleichbar zu machen, wie die Ende 2021 veröffentlichte DIN-Norm verdeutlicht (DIN SPEC 91446).

Aufgrund der durch die Literaturrecherche identifizierten **Heterogenität der Prozessschritte im Kunststoffrecycling** wird an dieser Stelle auf Empfehlungen zur Standardisierung einzelner Prozessschritte verzichtet. Stattdessen wird der **Fokus** der Empfehlungen aus dem theoretischen Teil vorrangig auf den Bereich der **Operationalisierung** gelegt. Im Rahmen der empirischen Forschung lassen sich weitere Optionen zur Standardisierung der Prozessschritte ermitteln.

Für die **Operationalisierung** von Prozessen, das heißt die Messbarkeit eines Konstruktes, sind die Datenflüsse im Unternehmen von großer Bedeutung, da **Kennzahlen** durch die Auswertung der Datenflüsse im Rahmen des Prozesscontrolling erhoben werden können. Kennzahlen stellen konzentrierte Informationen des Unternehmens dar, die durch die Elemente Objekt, Zeitbezug und Zahlenwert charakterisiert sind. Welche Art von Kennzahlen erhoben wird (Absolut- oder Verhältniszahlen) beziehungsweise zu welchem Zeitpunkt (ex-ante, in Echtzeit oder ex-post), ist abhängig vom Prozess an sich und den Anforderungen an das Prozesscontrolling, da eine Prozesskennzahl stets den jeweiligen Prozess repräsentieren und nachvollziehbar darstellen soll.

Einige Beispiele von **Prozesskennzahlen** wie die Durchlaufzeit, der Kapazitätsauslastungsgrad oder die Overall Equipment Effectiveness wurden im Rahmen des theoretischen Teils genauer erläutert sowie deren Berechnung dargestellt.[1] Die zur Operationalisierung der jeweiligen Prozesse benötigten Messgrößen und Daten ergeben sich aus der Ermittlung der Kennzahlen selbst. Als Datenbasis für die Berechnung der Durchlaufzeit werden insbesondere die Belegungszeiten, Übergangszeiten und Liegezeiten in der Produktion benötigt.

In der Literatur sind die **Kennzahlen im Kunststoffrecycling** vorrangig auf einzelne Produkte, die Umwelteinflüsse des Recyclings oder die Analyse der Güte des Input-Materials bezogen, jedoch nicht auf die Prozesse im

---

[1] Weitere Beispiele für Kennzahlen im Produktionsumfeld enthält Anhang 4 im elektronischen Zusatzmaterial.

8.1 Konklusion und Beantwortung der theoriegeleiteten Fragestellung 85

Kunststoffrecycling an sich. Da die diskutierten **allgemeinen Kennzahlen zur Operationalisierung** von Prozessen im Produktionsumfeld sich nach Meinung der Autorin zur Operationalisierung der Prozesse im Kunststoffrecycling eignen sollten, werden diese allgemeinen Kennzahlen für die Empfehlung herangezogen.

Im Rahmen der Ermittlung möglicher **Darstellungsformen für die fortwährende Überwachung** der Prozesskennzahlen wurden verschiedene Kennzahlensysteme, wie die Balanced Scorecard oder das DuPont-Kennzahlensystem, analysiert. Es zeigte sich, dass viele der klassischen Kennzahlensysteme sich auf den Finanzbereich beziehen, wohingegen Prozesskennzahlen in Produktionsabläufen eher auf Mengen, Qualitäten und Zeiten abzielen. Das einzige vorrangig auf die Prozesse orientierte Kennzahlensystem ist das **Wertstromkennzahlensystem**. Da die Implementierung eines Kennzahlensystems immer auch vom Zweck und Einsatzumfeld abhängig ist, wurde ebenfalls erörtert, dass es unter Umständen sinnvoll sein kann, zwei Kennzahlensysteme für Produktionsbereiche einzuführen, um sowohl finanziellen als auch nicht finanziellen Aspekten des Produktionsbereiches sowie der Analyse- und Steuerungsfunktion Rechnung zu tragen.

Zur **Datenerfassung im Produktionsumfeld** stehen inzwischen verschiedenste technologische Möglichkeiten zur Verfügung, um die manuelle Produktionsdatenerfassung automatisiert zu ergänzen oder gar komplett zu ersetzen, welche im Rahmen des Konzeptes der Industrie 4.0 diskutiert und weiterentwickelt werden. Der **Einsatz von Kommunikationstechnologien** wie **RFID oder NFC** eignet sich für die Datenerhebung in Produktionsprozessen wie der Kunststoffrecycling-Branche, denn im Gegensatz zu Barcodes oder QR-Codes sind beide Identifikationsmittel auch dann lesbar, wenn sie von den Lesegeräten nicht visuell erkannt werden können, was beispielsweise bei einer homogenen Verteilung von Kunststoffabfällen auf Sortierbändern häufig der Fall ist. Moderne Maschinen im Kunststoffrecycling sind inzwischen in der Lage, ebenfalls **Daten in Echtzeit** beispielsweise über die **Zusammensetzung des sortierten Materials** zu liefern. Inwieweit diese Daten von den Unternehmen der Kunststoffrecycling-Branche genutzt werden, ist in der Literatur nicht weiter diskutiert.

Unabhängig von der aktuellen Nutzung der erzeugten Daten empfiehlt sich die Einführung eines BI-Systems für die Unternehmen der Kunststoffrecycling-Branche, da die vorrangig kleinen und mittleren Unternehmen der Branche meist kein integriertes ERP-System besitzen und folglich von der Implementierung eines BI-Systems durch die Integration verschiedener Datenquellen profitieren. Zudem erzeugen Produktionsabläufe große Datenmengen, deren Auswertung durch den Einsatz von BI-Systemen erleichtert wird.

Deshalb bietet sich eine **stufenweise Einführung** eines Kennzahlensystems an, bei welcher zunächst ein sehr eingeschränktes, am primären Wertstrom des Kunststoffrecyclings orientiertes Set an Kennzahlen implementiert wird. Dadurch gewinnen die Unternehmen zum einen eine generelle Routine im Umgang mit den neu ermittelten Reporting-Daten und zum anderen wird dort der Aufwand bei einer Implementierung überschaubar gehalten. Auf dieser ersten Stufe findet die Implementierung folgender Kennzahlen statt: die **Durchlaufzeit**, die **Produktionsmenge** und die **Overall Equipment Effectiveness**. Aufgrund des stufenweisen Aufbaus dieser Phase bietet sie bereits sehr umfangreiche Analyseoptionen.

Das Kennzahlenset sollte in der **zweiten Phase** der Implementierung um verbrauchsorientierte Kennzahlen wie Energie- oder Wasserverbräuche sowie die Lagerreichweite angereichert werden, um weitere Analysen zu ermöglichen. Finanzielle Kennzahlen lassen sich dann in der **dritten Phase** der Implementierung ergänzen. In Abbildung 8.1 wird der empfohlene Implementierungsprozess schematisch dargestellt.

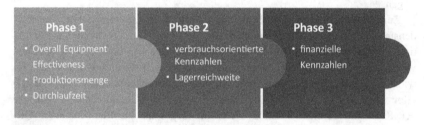

Abbildung 8.1 Empfehlung zur Operationalisierung der Prozesse im Kunststoffrecycling anhand der Erkenntnisse des theoretischen Teils. (Quelle: Eigene Darstellung)

8.2 Empiriegeleitete Fragestellungen

Aus den Erkenntnissen aus der Literaturrecherche ergeben sich folgende Fragestellungen für die empirische Untersuchung, die es im Rahmen dieser zu beantworten gilt:

- Inwieweit bestehen Möglichkeiten zur Standardisierung der Prozesse und Prozessabfolgen in der Kunststoffrecycling-Branche trotz der im theoretischen Teil festgestellten Heterogenität der Prozesse?
- Welche Prozessdaten werden aktuell erfasst und ausgewertet?

8.2 Empiriegeleitete Fragestellungen

- Inwieweit existieren regelmäßige Reportingstrukturen in der Kunststoffrecycling-Branche und mit welchen Kennzahlen wird dabei gearbeitet?
- Welche aktuellen Entwicklungen gilt es in den Bereichen der Standardisierung von Prozessen, in der Datenerhebung und Operationalisierung mittels Kennzahlen zu berücksichtigen?

Teil III
Empirischer Teil

Forschungsdesign 9

Empirische Forschung ist zwar nicht in allen Teilgebieten der Betriebswirtschaftslehre gleichermaßen vertreten, aber dennoch nimmt sie einen großen Stellenwert ein (Baumgarth et al., 2009, S. 5; Eisend & Kuß, 2016, S. 20). Die **Methoden der empirischen Sozialforschung** bilden hierbei die Rahmenparameter des Forschungsvorhabens (Baur & Blasius, 2019, S. 1). Das Forschungsdesign ist dabei die „Art und Weise, wie eine Untersuchung angelegt ist" (Przyborski & Wohlrab-Sahr, 2019, S. 106). Es wird **vorab festgelegt** und beinhaltet sowohl das **Untersuchungsziel** als auch dessen Ablauf (Flick, 2022b, S. 7; Mayring, 2016, S. 40; Molina-Azorin, 2018, S. 114–115; Thomas, 2019, S. 33).

Bereits im 19. Jahrhundert setzte eine Diskussion über die „richtige" Methode in der empirischen Sozialforschung in der Literatur ein (Backhaus & Hansen, 2000, S. 319). Dabei müssen die angewandten Methoden stets **an den Forschungsgegenstand** und das damit verbundene **Erkenntnisinteresse angepasst** werden (Bogner et al., 2014, S. 71; Brüsemeister, 2008, S. 28; Kromrey et al., 2016, S. 65; Trinczek, 2002, S. 221). Als mögliche **Indikatoren** für die Wahl der geeigneten Forschungsmethode dienen hierbei **der benötigte Grad an Vorwissen und das Forschungsziel** (Wrona, 2018, S. 6).

In der empirischen Sozialforschung gilt es im Forschungsprozess zunächst die Entscheidung über das Forschungsdesign zu treffen, wobei jeder vorangehende Schritt den nachfolgenden beeinflusst (Döring & Bortz, 2016, S. 35; Flick, 2022b, S. 7; Homburg, 2020, S. 64; Mayring, 2020, S. 8). So sollte die Methode der Datenauswertung auf die Datenerhebungsmethode abgestimmt sein (Przyborski &

Ergänzende Information Die elektronische Version dieses Kapitels enthält Zusatzmaterial, auf das über folgenden Link zugegriffen werden kann https://doi.org/10.1007/978-3-658-45985-7_9.

© Der/die Autor(en), exklusiv lizenziert an Springer Fachmedien Wiesbaden GmbH, ein Teil von Springer Nature 2024
C. Berbalk, *Prozesscontrolling in der Kunststoffrecycling-Branche*,
https://doi.org/10.1007/978-3-658-45985-7_9

Wohlrab-Sahr, 2014, S. 10). Eine **schematische Darstellung des Forschungsprozesses** mit den methodischen Entscheidungen ist in Abbildung 9.1 dargestellt. Die **Gütekriterien** bilden dabei die **Grundlage der Qualitätssicherung** und sind folglich in jedem Schritt des empirischen Forschungsprozesses zu berücksichtigen beziehungsweise anzuwenden (Flick, 1987, S. 260; Thomas, 2019, S. 54).

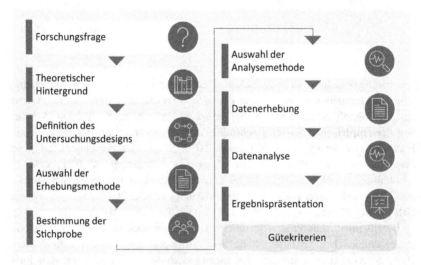

Abbildung 9.1 Schematische Darstellung des Forschungsprozesses. (Quelle: Eigene Darstellung in Anlehnung an Döring & Bortz, 2016, S. 35; Homburg, 2020, S. 64; Mayring, 2020, S. 8)

Für die Studie werden zunächst die **durchzuführenden Untersuchungen** und das **Forschungsdesign** definiert, um danach die entsprechenden **Methoden** vorzustellen. Anschließend werden die dazugehörigen **Operationalisierungen** abgeleitet, woran sich eine Darstellung des **Forschungsablaufs** anschließt.

9.1 Untersuchungen

Für die Wahl des Forschungsdesigns und die Entscheidung über die Untersuchungen bedarf es zunächst einer Klärung der **Art des Forschungsansatzes**. Grundsätzlich wird in der empirischen Sozialforschung zwischen drei Forschungsansätzen unterschieden, wie in Abbildung 9.2 illustriert:

9.1 Untersuchungen

- das **qualitative Paradigma** mit einem **zirkulären**, weniger strukturierten Forschungsprozess,
- das **Mixed-Methods Paradigma**, das sich aus einem **komplexen** Forschungsprozess mit **qualitativen und quantitativen Elementen** zusammensetzt und
- das **quantitative Paradigma** mit einem **linearen**, stark strukturierten Forschungsprozess (Döring & Bortz, 2016, S. 40).

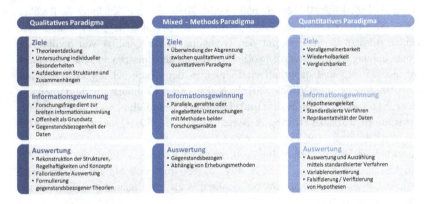

Abbildung 9.2 Qualitatives, quantitatives und Mixed-Methods Paradigma. (Quelle: Eigene Darstellung in Anlehnung an Brüsemeister, 2008, S. 48; Döring & Bortz, 2016, S. 33–34; Kromrey, 2014, S. 201; Wichmann, 2019, S. 39)

Bei **qualitativen Forschungsansätzen** besteht die Forderung nach einer stärkeren **Objektbezogenheit** der Forschung, indem vor allem die **Deskription und Interpretation** der Forschungsobjekte betont wird (Cresswell & Poth, 2018, S. 83; Mayring, 2016, S. 19; Scholl, 2016, S. 22). Hierbei werden meist **kleinere Stichproben ausgewertet**, zu denen **umfassendes Material** gesammelt wird (Döring & Bortz, 2016, S. 34; Kelle, 2014, S. 211–212). Großer Wert wird dabei auf das **Prinzip der Offenheit** gelegt, sodass der Forschungsprozess mehr zirkuläre Elemente mit wechselseitigen Abhängigkeiten der einzelnen Schritte beinhaltet (Bazeley, 2022, S. 604; Przyborski & Wohlrab-Sahr, 2019, S. 106; Rost, 2014, S. 194; Scholl, 2016, S. 20; Wichmann, 2019, S. 15–16).

Quantitative Forschung zeichnet sich im Gegenzug durch einen hohen Grad an **Standardisierung**, **Messbarkeit** und naturwissenschaftlicher **Exaktheit** aus (Wichmann, 2019, S. 11). Der Forschungsprozess ist typischerweise **linear** gestaltet und durch ein induktives Vorgehen ausgehend von der theoretischen

Ebene geprägt (Döring & Bortz, 2016, S. 225; Mayring, 2020, S. 7; Wichmann, 2019, S. 46). Von Vorteil erweist sich die Anwendung eines quantitativen Forschungsansatzes bei **großen Datenmengen, die statistisch auszuwerten sind** (Döring & Bortz, 2016, S. 186).

Das **Mixed-Methods Paradigma** stellt eine **Kombination** aus qualitativen und quantitativen Forschungsmethoden dar, denn es werden Methoden beider Ansätze genutzt, um die Forschungsergebnisse, analog zum Ansatz der **Triangulation**, durch die **wechselseitige Validierung** zu fördern (Döring & Bortz, 2016, S. 186; Flick, 2022a, S. 656; Kelle, 2019, S. 159; Kuckartz & Rädiker, 2019, S. 441; Schreier & Odağ, 2020, S. 167). Dabei liegt der Unterschied beider Ansätze darin, dass mit der Triangulation die Qualität von qualitativen Untersuchungen erhöht werden soll, wohingegen der Einsatz von Mixed-Methods mit qualitativen und quantitativen Elementen der Überbrückung zwischen beiden Paradigmen dient (Flick, 2018b, S. 8). Diese Kombination führt meist zu einer **gesteigerten Komplexität und einer damit verbundenen Verlängerung des Forschungsprozesses** (Döring & Bortz, 2016, S. 34–35). Qualitative Daten können dann entweder zur Exploration des Forschungsfeldes oder zur Erklärung der quantitativen Forschungsergebnisse dienen und vice versa (Flick, 2018b, S. 75–76; Kuckartz & Rädiker, 2019, S. 441). Dabei sind nach Mayring in der Regel in jedem Forschungsansatz sowohl qualitative als auch quantitative Denkmuster enthalten (2016, S. 19).

Da jeder Ansatz sowohl Vor- als auch Nachteile für den Forscher und das Forschungsvorhaben beinhaltet, ist die Methodenwahl primär am Forschungsvorhaben auszurichten, wobei Grundsätze der **Forschungsökonomie, empirischen Güte, Gestaltungsorientierung** und **wissenschaftlichen Attraktivität** zu berücksichtigen sind (Baumgarth et al., 2009, S. 19; Kuckartz, 2014, S. 54–55; Lamnek & Krell, 2016, S. 16).

Für die **explorative Art** der vorliegenden Forschungsfrage eignen sich grundsätzlich nicht nur qualitative, sondern auch quantitative Methoden, allerdings bietet sich eher die qualitative Ausrichtung des Forschungsdesigns an (Döring & Bortz, 2016, S. 153; Kromrey, 2014, S. 201). Basierend auf den Erkenntnissen der theoriegeleiteten Fragestellung wäre auch eine **quantitative explorative Studie** mit beispielsweise **standardisierten Online-Fragebögen** denkbar, allerdings besteht hier die Gefahr, dass relevante Gegebenheiten in der Kunststoffrecycling-Branche durch die **standardisierten Antwortmöglichkeiten** außer Acht gelassen werden, da sich die Befragten in ihren Antworten durch Vorgaben im Fragebogen auf die vorhandenen Themenbereiche beschränken (Döring & Bortz, 2016, S. 611; Oehlrich, 2019, S. 137; Trinczek, 2002, S. 211; Wittenberg & Knecht, 2008, S. 59–60). Deshalb fällt die Wahl auf einen **qualitativen Ansatz** für das

9.1 Untersuchungen 95

vorliegende Forschungsvorhaben, um sicherzustellen, dass Erkenntnisse auch jenseits der theoretischen Befunde aus der Literatur gewonnen werden können. Da sowohl Erkenntnisse aus der Theorie als auch Ergebnisse aus der empirischen Erhebung zur Beantwortung der Forschungsfrage beitragen werden, lässt sich zudem von einer **deduktiv-induktiven Herangehensweise** sprechen (Diaz-Bone, 2019, S. 51; Jann & Hevenstone, 2019, S. 226; Kuckartz, 2014, S. 39; Mayring, 2016, S. 36; Rost, 2014, S. 192).

Nachdem der Forschungsansatz geklärt wurde, sind die **durchzuführenden Untersuchungen** festzulegen, um die entsprechenden Datenerhebungs- und Analysemethoden abzuleiten (Hussy et al., 2013, S. 26). Gängige Untersuchungsformen sind in der qualitativen Sozialforschung neben **Interviews** und **Gruppendiskussionen** auch **Beobachtungen** (Hug & Poscheschnik, 2020, S. 127; Lamnek & Krell, 2016, S. 302; Mayring, 2016, S. 134; C. Meyer & Meier zu Verl, 2019, S. 274). Da das Forschungsthema von den potenziellen Studienteilnehmern mitunter die Preisgabe sensibler Daten der Unternehmen erfordert, wird von einer Gruppendiskussion abgesehen, weil situationsbedingt keine erhöhte Vertraulichkeit gewährleistet wäre. Aus **forschungsökonomischen Gründen** schließt sich auch eine Beobachtung bei verschiedenen Unternehmen aus, um die tatsächlich vorherrschenden Prozesse und Kennzahlen zu erfassen. Deshalb erfolgt die Datenerhebung mittels Interviews. Das Forschungsdesign wird dementsprechend aus **einer Untersuchungseinheit** in Form einer **Befragung von Experten** der Kunststoffrecycling-Branche mittels **Interviews** bestehen.

Um die Qualität des Forschungsprozesses sicherzustellen, werden die Schritte der Untersuchung mittels **geeigneter Gütekriterien** geprüft (Flick, 2007, S. 192; Mayring, 2016, S. 140; Steinke, 2007, S. 187). Wie und welche Gütekriterien anzuwenden sind, hängt von den Methoden der Datenerhebung, -aufbereitung und -analyse ab (Döring & Bortz, 2016, S. 121; Eisewicht & Grenz, 2018, S. 367–368; Wrona, 2018, S. 8), weshalb die erwarteten Gütekriterien erst **nach Wahl der jeweiligen Methode** erläutert werden. Allgemein ist der Forschungsprozess durchweg **transparent** zu gestalten, sodass stets nachvollziehbar ist, wie die dargelegten Ergebnisse zustande gekommen sind (Bogner et al., 2014, S. 93; Flick, 2018c, S. 125, 2019, S. 483; C. Meyer & Meier zu Verl, 2019, S. 277; Wrona, 2018, S. 8). Abschließend wird der Inhalt und die Güte des Forschungsprozesses in separaten Kapiteln nach Abschluss des Forschungsprozesses diskutiert.[1]

---

[1] Für die Diskussion des Inhalts des Forschungsprozesses siehe Teil III – 11.1 Diskussion und Interpretation der Ergebnisse. Zur Güte des Forschungsprozesses siehe Teil III – 11.2 Gütekriterien und methodische Abgrenzung.

96   9 Forschungsdesign

9.2   Methodisches Vorgehen und Methodenauswahl

Bei der Wahl der verwendeten **Forschungsmethode** muss neben der Forschungsökonomie vorrangig die **Problemeignung** beachtet werden, da bei der
Umsetzung mit ungeeigneten Methoden die Gefahr besteht, das Forschungsproblem nicht lösen zu können (Baumgarth et al., 2009, S. 19; Flick, 2018c, S. 120).
Nachfolgend werden die Methoden der Untersuchungseinheit vorgestellt.

9.2.1   Erhebungsmethode: Problemzentriertes Experteninterview

Die Untersuchungseinheit dieser Arbeit bilden die Interviews (Teil III – 9.1 Untersuchungen). Das Interview zählt zu den drei wichtigsten Datenerhebungsformen
in der qualitativen Forschung und wird oftmals auch als die am **häufigsten ver-
wendete Methode der Datenerhebung** im qualitativen Paradigma bezeichnet
(Baur & Blasius, 2019, S. 6; Döring & Bortz, 2016, S. 356; Hug & Poscheschnik, 2020, S. 127; Lamnek & Krell, 2016, S. 313; C. Meyer & Meier zu Verl,
2019, S. 274). Dies liegt nach Lamnek und Krell unter anderem in **der Erleichterung des Feldzugangs** durch Interviews anstatt einer teilnehmenden Beobachtung
(Lamnek & Krell, 2016, S. 313).

Für das qualitative Interview gibt es eine Vielfalt an Definitionen, was primär
auf die Vielfalt der möglichen methodischen Ausgangspositionen zurückzuführen
ist (Aghamanoukjan et al., 2009, S. 417). Im Gegensatz zum Alltagsgespräch
dient das Interview der **systematischen und wissenschaftlichen Datenerhebung**,
obwohl es grundsätzlich ebenfalls als eine **Interaktionssituation** zwischen Interviewer und Befragtem anzusehen ist (Aghamanoukjan et al., 2009, S. 419; Breuer
et al., 2014, S. 266; Hug & Poscheschnik, 2020, S. 127). Auch die Wahl
des Interviewverfahrens sollte sich stets **am Forschungsgegenstand** und an der
jeweiligen **Erhebungssituation** orientieren (Aghamanoukjan et al., 2009, S. 417;
Brüsemeister, 2008, S. 28; Trinczek, 2002, S. 221).

Qualitative Interviews lassen sich nach verschiedenen Dimensionen untergliedern, wobei am häufigsten der **Strukturierungsgrad** diskutiert wird (Hug &
Poscheschnik, 2020, S. 127; Lamnek & Krell, 2016, S. 315; Misoch, 2019, S. 13–
14; Steffen & Doppler, 2019, S. 29–30; Wittenberg & Knecht, 2008, S. 59). Worin
sich die verschiedenen Formen von qualitativen Interviews unterscheiden, dazu
bietet Tabelle 9.1 einen Überblick.

9.2 Methodisches Vorgehen und Methodenauswahl 97

Tabelle 9.1 Formen der Befragung nach Dimensionen. (Quelle: Eigene Darstellung in Anlehnung an Lamnek & Krell, 2016, S. 315; Wittenberg & Knecht, 2008, S. 59)

Dimension	Ausprägungsmöglichkeiten
Häufigkeit / zeitliche Erstreckung	• Querschnittbefragung (einmalig) • Längsschnittbefragung (mehrmalig)
Zahl der zur gleichen Zeit befragten Personen	• Einzelinterview • Gruppenbefragung
Form der Kommunikation	• mündlich • schriftlich
Kommunikationsmedium	• face-to-face, persönlich • telefonisch • computerunterstützt
Grad der Strukturierung	• nicht standardisiert • halbstandardisiert • standardisiert

Hinsichtlich der Häufigkeit oder zeitlichen Erstreckung lässt sich zwischen Querschnittsbefragungen und Längsschnittuntersuchungen differenzieren. Die **Querschnittbefragung** stellt eine einmalige Befragung dar, wohingegen in der **Längsschnittuntersuchung** mehrmalige Befragungen geplant sind (Wittenberg & Knecht, 2008, S. 62). Da mit der Forschungsfrage die Situation zum aktuellen Zeitpunkt ermittelt wird, beschränkt sich die Datenerhebung auf eine **Querschnittbefragung**.

In Teil III – 9.1 Untersuchungen wurde bereits aufgrund der Sensibilität der erhobenen Daten dargelegt, weshalb die Anzahl der **zur gleichen Zeit befragten Personen** möglichst geringgehalten werden soll. Deshalb wurde sich hier für **Einzelinterviews** als Untersuchungsform entschieden (Teil III – 9.1 Untersuchungen).

Bei der Wahl der **Kommunikationsform** hat jede mögliche Variante ihre Vor- und Nachteile, denn allein der finanzielle Aufwand fällt höchst unterschiedlich zwischen **schriftlichen** und **mündlichen Befragungen** aus: Mündliche Befragungen bedeuten einen höheren Kostenaufwand als schriftliche Befragungen, auch wenn diese fernmündlich durchgeführt werden, da die Anwesenheit eines Forschers unabdingbar ist (Häder, 2019, S. 206). Schriftliche Befragungen werden allerdings eher selten im qualitativen Paradigma angewandt, da sie zwangsläufig zu standardisierten Fragebögen führen, was den Prinzipien von **Offenheit und Flexibilität** einer qualitativen Methodik zuwiderläuft (Lamnek & Krell, 2016, S. 325). Das Forschungsinteresse begründet allerdings das Interesse an der Einhaltung dieser beiden Prinzipien, was mit einem qualitativen Paradigma gewährleistet ist (Helfferich, 2019, S. 672–673). Um die Einschränkung von Offenheit und Flexibilität gering zu halten, wird für die vorliegende Untersuchung die **mündliche Befragung als Kommunikationsform** gewählt. Da die **Stichprobe relativ klein** ausfällt,[2] ist diese Form der Kommunikation auch unter forschungsökonomischen Gesichtspunkten vertretbar (Döring & Bortz, 2016, S. 153; Kelle, 2014, S. 211–212).

Als **Kommunikationsmedium** erfolgt die mündliche Befragung aufgrund der aktuell weiterhin angespannten Situation während der Covid-19-Pandemie in Deutschland entweder telefonisch oder computergestützt (Robert Koch-Institut, 2022). Der Einsatz von Telefon- oder Videokonferenzen wird für qualitative Befragungen als **adäquater Ersatz** für persönliche Befragungen angesehen (Blöbaum et al., 2016, S. 186; Gray et al., 2020, S. 1298; Sedgwick & Spiers, 2009, S. 8; Thunberg & Arnell, 2021, S. 8). Die Voraussetzung hierfür ist allerdings eine stabile (Internet-)Verbindung (Sedgwick & Spiers, 2009, S. 8).

Qualitative Interviews lassen sich auch nach dem **Grad ihrer Strukturierung** differenzieren:

- die Strukturierung durch den Befragten und
- die Strukturierung durch den Forschenden und das Erhebungsinstrument (Misoch, 2019, S. 14).

Dabei trifft die Formel zu: Je höher die Strukturierung durch den Befragten, desto niedriger die Strukturierung durch den Forschenden (Gläser & Laudel, 2010, S. 41; Lee & Aslam, 2018, S. 104; Mey & Mruck, 2011, S. 259). Aus diesen Kombinationen ergeben sich nach dem Strukturierungsgrad durch den Forschenden drei Grundformen des Interviews:

- **offenes Interview** (hohe Strukturierung durch den Befragten, niedrige Strukturierung durch den Forschenden)
- **halbstrukturiertes Interview** (mittlere Strukturierung durch den Befragten, mittlere Strukturierung durch den Forschenden)
- **vollstrukturiertes Interview** (niedrige Strukturierung durch den Befragten, hohe Strukturierung durch den Forschenden) (Döring & Bortz, 2016, S. 356; Lee & Aslam, 2018, S. 104; Mayring, 2016, S. 66; Misoch, 2019, S. 14)

---

[2] Für eine ausführliche Herleitung der Stichprobengröße siehe Teil III – 9.3.1 Sampling-Methode der Stichprobe

9.2 Methodisches Vorgehen und Methodenauswahl   99

Die **Strukturierung** von qualitativen Interviews ist dabei stets im Forschungsinteresse begründet, was zu einer **Einschränkung der Kommunikationssituation** führt (Helfferich, 2019, S. 672–673). Klassische qualitative Interviewformen sind vorwiegend **unstrukturiert** oder **halbstrukturiert**, wodurch der Forscher die nötige Strukturierung bei möglichst hoher Freiheit des Befragten erhält (Döring & Bortz, 2016, S. 356; Mayring, 2016, S. 66; Przyborski & Wohlrab-Sahr, 2014, S. 126). Wie bereits dargestellt (Teil III – 9.1 Untersuchungen), sind die geschlossenen Formen des Interviews für das vorliegende Forschungsvorhaben eher ungeeignet, sodass hier bei den Interviews eine **unstrukturierte** oder **halbstrukturierte Form** angestrebt wird. Zu den gängigsten Varianten gehören das **offene Interview**, das **narrative Interview** und das **Leitfadeninterview**, wobei Letzteres sowohl das **problemzentrierte Interview** als auch das **Experteninterview** umfasst (Gläser & Laudel, 2010, S. 42; Hug & Poscheschnik, 2020, S. 128–129; Lamnek & Krell, 2016, S. 338; Misoch, 2019, S. 65). Diese Varianten werden nachfolgend weiter erläutert und auf ihre Eignung für das Forschungsvorhaben geprüft.

Im **offenen Interview** werden die **Fragen offen gestellt** (Aghamanoukjan et al., 2009, S. 421). Dadurch kann der Befragte frei erzählen, sodass **umfangreichere** und **differenziertere Ergebnisse** als bei strukturierteren Interviewformen erhoben werden können (Fietz & Friedrichs, 2019, S. 818; Wittenberg & Knecht, 2008, S. 59–60). Durch das offene Setting gestaltet sich die Durchführung des Interviews wesentlich flexibler und unterliegt keiner Vorbeeinflussung durch den Forscher (Lamnek & Krell, 2016, S. 323). Allerdings ergibt sich durch die Vielfalt der möglichen Befragungsergebnisse ein **Mehraufwand** bei der **Erhebung und Auswertung** einer offenen Befragung als bei anderen Interviewformen hinsichtlich des Umfangs als auch inhaltlich (Fietz & Friedrichs, 2019, S. 818). Offene Interviews eignen sich besonders für **explorative Forschungsvorhaben** und zur **Ermittlung der Bezugssysteme von Befragten**, da die Gesprächspartner relativ frei erzählen können, was jedoch eine **Vergleichbarkeit** der Interviews erschwert (Lamnek & Krell, 2016, S. 323–324). Deshalb wird von dieser Methode zur Datenerhebung für das vorliegende Forschungsvorhaben abgesehen.

Narrative Interviews beinhalten hauptsächlich **Erzählungen**, weshalb sie zu den unstrukturierten Interviewformen zählen (Aghamanoukjan et al., 2009, S. 421; Diekmann, 2014, S. 540; Küsters, 2019, S. 687; Mey & Mruck, 2011, S. 261). Mit dieser Art von Interview wird beabsichtigt, **Handlungsprozesse** ausführlich zu erheben, an denen der Befragte beteiligt war (Küsters, 2019, S. 687; Mayring, 2016, S. 73). Die Strukturierung des Interviews geschieht durch den Befragten, der lediglich durch Nachfragen vom Interviewer in seinem Erzählfluss unterstützt wird, deshalb gibt es keinen Leitfaden im narrativen Interview (Helfferich, 2019, S. 670; Mayring, 2016, S. 73). Im Interviewverlauf werden vorrangig **immanente Fragen** gestellt, um das Erzählpotenzial auszuschöpfen. Mit **exmanenten Fragen** wird sich nach dem Grund für das Handeln erkundigt (Küsters, 2019, S. 690). In der **Biografieforschung** kommt das narrative Interview häufig zum Einsatz, weil sich mit **explorativen Fragestellungen** die schwer abzufragenden Sinnstrukturen erfassen lassen (Diekmann, 2014, S. 540; Küsters, 2019, S. 687; Mayring, 2016, S. 74). Da die Vergleichbarkeit auch bei dieser Form des Interviews wegen seines offenen Charakters infrage gestellt werden kann, erweist sich das narrative Interview für das vorliegende Forschungsvorhaben als ungeeignet (Lamnek & Krell, 2016, S. 323).

Als Oberbegriff steht das **Leitfadeninterview** für verschiedene Formen des qualitativen Interviews, die allesamt anhand eines **vorab vorbereiteten Leitfadens** durchgeführt werden, wie das **problemzentrierte** Interview, das **fokussierte** Interview, das **Experteninterview** oder das **diskursive** Interview (Helfferich, 2019, S. 669; Misoch, 2019, S. 65; Müller de Menezes, 2012, S. 208; Ullrich, 2019, S. 83). Bei dieser Interviewform gibt es keine starren Fragen- oder Antwortkataloge, was eine Orientierung am Befragten und seinen Stellungnahmen ermöglicht (Mayring, 2016, S. 69). Das Leitfadeninterview stellt die wohl **gängigste Datenerhebungsmethode** innerhalb der qualitativen Sozialforschung dar (Kleemann et al., 2013, S. 208). Zwischen den beiden Extrempolen des nicht-strukturierten und strukturierten Interviews liegt die **halbstrukturierte Interviewform** (Strübing, 2013, S. 92–93).

Der Leitfaden dient während des Interviews sowohl zur **Wahrung der Offenheit** als auch der **Steuerung und Strukturierung**, wodurch sichergestellt werden kann, dass alle relevanten Themen angesprochen werden (Lamnek & Krell, 2016, S. 347; Misoch, 2019, S. 65; Strübing, 2013, S. 92). Diese Methode zur Datenerhebung wird im Rahmen des vorliegenden Forschungsvorhabens als am geeignetsten angesehen, da hier sowohl die benötigte Offenheit der Erhebung zur Ermittlung neuer Sachverhalte als auch die Möglichkeit der Strukturierung durch den vorher definierten Leitfaden gegeben sind.

Die nachfolgende Tabelle fasst einige der gängigsten Methoden des Leitfadeninterviews zusammen und gibt einen Überblick über deren Eignung für das Forschungsvorhaben (Misoch, 2019, S. 65).

9.2 Methodisches Vorgehen und Methodenauswahl 101

Tabelle 9.2 Prüfung von Leitfadeninterviews für das vorliegende Forschungsvorhaben. (Quelle: Eigene Darstellung in Anlehnung an Bogner et al., 2014, S. 9; Kurz et al., 2009, S. 465; Lamnek & Krell, 2016, S. 361; Mayring, 2016, S. 71; Müller de Menezes, 2012, S. 208; Ullrich, 2019, S. V; Witzel, 2000, S. 1)

Methode	Kurzbeschreibung	Anwendungsfelder	Eignung für das Forschungsvorhaben
Fokussiertes Interview	fokussiert auf ein bestimmtes Objekt, das bestimmte Reaktionen auslöst (z. B. ein Bild / Film)	Untersuchung der Wirkung eines Stimulus auf vorherige Situationen (wie Filme, Bilder, Artikel, Bücher etc.)	nicht geeignet
Diskursives Interview	Der Fokus liegt auf zugrundeliegenden sozialen Deutungen	Rekonstruktion sozialer Deutungsmuster	nicht geeignet
Problemzentriertes Interview	auf eine bestimmte Problemstellung ausgerichtet	Erfassen von individuellen Umgangsweisen mit einem bestimmten Problem	geeignet
Experteninterview	Befragung von Personen mit Expertise im Forschungsgebiet	Erhebung von exklusivem (Handlungs-)Wissen eines bestimmten Personenkreises	geeignet

Beim **fokussierten Interview** erfolgt die leitfadengestützte Befragung nach der Beobachtung einer Situation oder der Betrachtung eines Objektes, wie eines Filmes oder eines Bildes, um die subjektiven Erfahrungen und Eindrücke der beobachtenden Person zu erfassen (Aghamanoukjan et al., 2009, S. 422; Diekmann, 2014, S. 536–537; Döring & Bortz, 2016, S. 378). Der Forscher erarbeitet vorab **Hypothesen** zur Reaktion der Befragten, welche im Rahmen des Interviews geprüft werden sollen (Lamnek & Krell, 2016, S. 361; Reiter & Witzel, 2021, S. 2). Diese Form des Leitfadeninterviews zielt darauf ab, die Reaktionen auf das **betrachtete Objekt** zu erfassen (Döring & Bortz, 2016, S. 378). Aufgrund der starren Fokussierung auf einen Stimulus erweist sich das fokussierte Interview für das vorliegende Forschungsvorhaben als **ungeeignet**, da es hier keine situativen Verhaltensweisen auf Stimuli zu erforschen gibt. Vielmehr liegt das Forschungsinteresse im generellen (Handlungs-)Wissen der Befragten.

102   9 Forschungsdesign

Als weitere Form des Leitfadeninterviews wird das **diskursive Interview**
häufig im Kontext der **Aktionsforschung**[3] eingesetzt (Döring & Bortz, 2016,
S. 315). Dabei besteht das Hauptziel darin, ausreichend Material zu generieren,
um **soziale Deutungsmuster rekonstruieren** zu können (Brinkmann & Kvale,
2018, S. 84; Ullrich, 2019, S. 37–38). Da hier allerdings keine sozialen Interak-
tionen oder deren Deutung selbst erforscht werden, wird das diskursive Interview
als **ungeeignet** für das vorliegende Forschungsvorhaben eingestuft.

Mit dem **problemzentrierten Interview** liegt ebenfalls eine **halbstrukturierte Datenerhebungsmethode** vor, die auf eine bestimmte **Problemstellung
zentriert** ist (Diaz-Bone & Weischer, 2015, S. 323; Kassner & Wassermann,
2002, S. 100; Kurz et al., 2009, S. 465). Das problemzentrierte Interview
wird international häufig zur Datenerhebung eingesetzt, was vor allem am
systematischen Vorgehen, an der starken **Gegenstands-, Problem- und Prozessorientierung** und an der **Offenheit** der Methode liegt (Döringer, 2021,
S. 267–268; Kurz et al., 2009, S. 466; Mayring, 2016, S. 68; Witzel, 2000,
S. 2–4).

Dabei erlaubt die problemzentrierte Interviewform dem Forscher eine Kombination aus **Induktion und Deduktion,** womit sich die theoretischen Konzepte
des Forschers anhand der Aussagen des Befragten anpassen lassen (Lamnek &
Krell, 2016, S. 345; Witzel, 2000, S. 2). Die Instrumente des problemzentrierten
Interviews beinhalten

- einen **Kurzfragebogen** zur Ermittlung von soziodemografischen Daten,
- einen vorformulierten **Leitfaden,**
- eine Tonband- oder Videoaufzeichnung des Interviews und
- ein **Postskriptum**, welches Anmerkungen zur Interviewsituation beinhaltet
  (Diaz-Bone & Weischer, 2015, S. 323; Diekmann, 2014, S. 542; Hug &
  Poscheschnik, 2020, S. 130; Lamnek & Krell, 2016, S. 347; Witzel, 2000,
  S. 4).

Das problemzentrierte Interview bietet sich zur Bearbeitung dieses explorativen Forschungsvorhabens an, weil sowohl eine **grundlegende Strukturierung**
als auch ein möglichst **hohes Maß an Offenheit** im Prozess der Befragung
besteht. Damit bleiben keine möglichen weiteren Erkenntnisse außen vor, auch

---

[3] Die Aktionsforschung beschäftigt sich mit praktischen Problemen, die gemäß der Einschätzung des Forschenden als Missstände zu bezeichnen sind, die es zu ändern gilt. Zu Beginn
des Forschungsprozesses ist nicht klar, worin die Veränderung bestehen soll (Wöhrer et al.,
2017, S. 29).

9.2 Methodisches Vorgehen und Methodenauswahl 103

falls diese nach einer Sichtung der relevanten Literatur nicht bereits als Frage in den Leitfaden eingeflossen sind (Kromrey et al., 2016, S. 65). Eine weitere Form des Leitfadeninterviews ist das **Experteninterview** (Jäger & Reinecke, 2009, S. 35). Aufgrund der Gesprächsführung und des zugrundeliegenden Erkenntnisinteresses ist das Experteninterview losgelöst, beispielsweise vom problemzentrierten Interview, als **eigenständige Erhebungsmethode** zu betrachten, obwohl sich nicht das Verfahren an sich, sondern lediglich die Zielgruppe unterscheidet (Pfadenhauer, 2002, S. 117). Das Experteninterview definiert sich demnach über die **Auswahl** und den **Status der Befragten**, den sogenannten **Experten** (Abels & Behrens, 2002, S. 175; Bogner et al., 2014, S. 9; Helfferich, 2019, S. 669; Meuser & Nagel, 2002a, S. 74). Ein Experte wird als jemand definiert, der über einen **hohen Wissensstand in einem fachlichen Gebiet** verfügt (Bogner et al., 2014, S. 10–11; Hug & Poscheschnik, 2020, S. 132).[4] Der Vorteil dieser Erhebungsmethode liegt vor allem in der **dichten Datengewinnung** durch die Befragung von Experten gegenüber vergleichbaren Interviewmethoden (Bogner & Menz, 2002a, S. 7). Da vor allem im betrieblichen Kontext das Detailwissen über die vorhandenen Prozesse hauptsächlich durch die mit den Prozessen arbeitenden Personen weitergegeben werden kann, ist das Experteninterview ebenfalls **geeignet** zur Erforschung des professionellen Wissens von Entscheidungsträgern über Abläufe in der Kunststoffrecycling-Branche (Blöbaum et al., 2016, S. 181–182).

Zusammenfassend ist festzustellen, dass sich das Wissen über die Prozesse, Datenerhebung und Kennzahlen beim Kunststoffrecycling sowohl mit dem Experteninterview als auch dem problemzentrierten Interview gut erforschen lässt, weshalb beide Methoden infrage kämen. Der Fokus des Experteninterviews auf das **Wissen der Gruppe der Befragten** wird für das Forschungsvorhaben von großer Bedeutung sein, um entsprechende Erkenntnisse aus der Kunststoffrecycling-Branche gewinnen zu können (Bogner & Menz, 2002a, S. 7). Allerdings liefern die ergänzenden Erhebungsmethoden des Kurzfragebogens und des Postskripts eines problemzentrierten Interviews zusätzliche Informationen für eine umfassende Datenerhebung, wobei das **strukturierte Vorgehen** die Analyse erleichtert (Lamnek & Krell, 2016, S. 347). Um von den Vorteilen beider Erhebungsmethoden zu profitieren, wird das **problemzentrierte Experteninterview** als verknüpfte Datenerhebungsmethode für das vorliegende Forschungsvorhaben gewählt. Diese Kombination beider Datenerhebungsmethoden beschreibt

---

[4] Für eine weiterführende Definition des Expertenbegriffes siehe Teil III – 9.4.1 Rekrutierung der Stichprobe: Experten aus der Kunststoffrecycling-Branche.

Döringer (2021, S. 275) als förderlich, um ein **vertieftes Verständnis vom Handlungsfeld** zu erlangen.

Zur Sicherstellung der Qualität der Datenerhebung gilt es geeignete Kriterien zu finden, anhand derer die **Güte des Forschungsprozesses im Rahmen der problemzentrierten Experteninterviews** gemessen werden kann (Baumgarth et al., 2009, S. 20; Flick, 1987, S. 247). Vor Durchführung der Interviews sind zunächst geeignete Interviewpartner mittels **systematischem Auswahlprozess** zu finden, was nicht nur die Glaubwürdigkeit der Experten, sondern auch die Vertrauenswürdigkeit in den Forschungsprozess stützt (Mauksch et al., 2020, S. 1). Dieser Auswahlprozess bedingt eine Definition des Expertenbegriffs für den Forschungsgegenstand, wovon die Rekrutierung der Experten abhängt (Misoch, 2019, S. 204; Schreier, 2020, S. 23–24). Die für das vorliegende Forschungsvorhaben relevanten Expertenkriterien sowie das Sampling-Verfahren werden in einem späteren Kapitel ausführlich dargelegt (Teil III – 9.3 Operationalisierung).

Neben der Rekrutierung der Experten ist es für die Güte der Datenerhebung mittels problemzentrierter Experteninterviews weiter relevant, dass der Forscher sich der möglichen **Verzerrungseffekte**, die im Interview auftreten könnten, bewusst wird und mit diesen umzugehen weiß (Bogner et al., 2014, S. 51; Jedinger & Michael, 2019, S. 365; Misoch, 2019, S. 214). Um Interviewer-Effekte nach Möglichkeit zu minimieren, sollte der Forscher eine **neutrale und passive Haltung** während des Interviews einnehmen, sich als **interessierter und informierter Laie** präsentieren und den Experten lediglich durch Gestik und Sprache zum Erzählen anregen (Abels & Behrens, 2002, S. 176–177; Franz & Kopp, 2004, S. 53; Gläser & Laudel, 2010, S. 177).

Zur Transparenz des Prozesses der Datenerhebung trägt zusätzlich die **Audioaufnahme** und anschließende **Transkription** der Interviews bei (Kuckartz & Rädiker, 2022, S. 198; Lamnek & Krell, 2016, S. 335; C. Meyer & Meier zu Verl, 2019, S. 283–284; Przyborski & Wohlrab-Sahr, 2014, S. 163; Rädiker & Kuckartz, 2019, S. 44). Auf eine **Videoaufnahme** der Interviews **wird verzichtet**, da weder **Mimik noch Gestik** im Erkenntnisinteresse des vorliegenden Forschungsvorhabens liegen (Mey & Mruck, 2011, S. 280). Die Transkription der Interviews dient zudem zur Vorbereitung der späteren Analyse der Interviewinhalte (Brinkmann & Kvale, 2018, S. 40–41; Kuckartz, 2014, S. 110; C. Meyer & Meier zu Verl, 2019, S. 283; Reinbold, 2015, S. 84). Die eindeutige Darstellung, wie ein Transkript entstanden ist, trägt dabei unmittelbar zur Nachvollziehbarkeit und somit zur Qualität des Forschungsprozesses bei (Baur & Blasius, 2019, S. 12–13; Bogner et al., 2014, S. 93–94; Dresing & Pehl, 2020, S. 838; Misoch, 2019, S. 265–266), weshalb nachfolgend die **Regeln der Transkription** festgelegt werden.

9.2 Methodisches Vorgehen und Methodenauswahl 105

9.2.2 Transkriptionssystem

Der lateinische Begriff Transkription[5] steht für die **regelgeleitete Überführung** der Audioaufzeichnung eines Interviews in seine schriftliche Form (Fuß & Karbach, 2019, S. 17; Höld, 2009, S. 657; Hug & Poscheschnik, 2020, S. 170; Hussy et al., 2013, S. 245). Dresing und Pehl (2020, S. 838) betonen den Aspekt der Regelgeleitetheit der Transkription dediziert als Element der Transparenz des Forschungsprozesses. Um den Grundsätzen der **Forschungsökonomie** zu entsprechen und dennoch nicht zu viel Material für die Analyse zu verlieren, sollte der Umfang der Transkription vorab festgelegt werden (Bogner et al., 2014, S. 39–40; Breuer et al., 2014, S. 276; Rädiker & Kuckartz, 2019, S. 44). Dabei beruht das Transkriptionssystem auf der „Gesamtheit der Entscheidungen, welche Aspekte der Aufnahme wie festgehalten werden" (Dresing & Pehl, 2020, S. 842).

Es existieren verschiedene Transkriptionssysteme, die sich **durch Umfang der verschriftlichten Elemente** der Interviewaufnahmen unterscheiden (Breuer et al., 2014, S. 271–273; Brinkmann & Kvale, 2018, S. 114; Dresing & Pehl, 2020, S. 843–844; Höld, 2009, S. 667). Welche Form der Transkription gewählt wird, ist dabei abhängig von der Forschungsfrage und folglich vom Fokus der Datenauswertung (Breuer et al., 2014, S. 273; Dresing & Pehl, 2020, S. 842; Fuß & Karbach, 2019, S. 29). Die gängigsten Transkriptionsformen sind

- die **wörtliche Transkription**, bei der alle verbalen Daten als Text verschriftlicht werden,
- die **kommentierte Transkription**, bei der die akustischen Daten mit Notationszeichen und Kommentaren ergänzt werden,
- die **zusammenfassende Transkription**, bei der die akustischen Daten deduktiv zu Kategorien zusammengefasst werden, und
- die **selektive Transkription**, bei der die akustischen Daten induktiv in Kategorien strukturiert werden (Bogner et al., 2014, S. 41–43; Höld, 2009, S. 667; Mayring, 2016, S. 95–97; Steffen & Doppler, 2019, S. 52).

Da die Inhalte beziehungsweise Äußerungen des Experten selbst in den Interviews für die vorliegende Forschungsfrage bedeutsam sind, ist eine **wörtliche Transkription** ausreichend. Damit sind alle Aussagen der Experten für die anschließende Analyse im Transkript verfügbar, wobei die Analyse des Gesagten nicht durch Kommentare oder Notationszeichen gestört wird. Bei der Transkription mit Kommentaren oder Notationszeichen bestünde die Gefahr, dass das

---

[5] *Transcribere* bedeutet so viel wie *umschreiben* oder *abschreiben* (PONS GmbH, 2022).

Transkript für die Analyse **unübersichtlich** wird und die Inhalte für die Forscherin folglich schwerer auszuwerten sind (Breuer et al., 2014, S. 271–273; Flick, 2009, S. 300; Höld, 2009, S. 667; Meuser & Nagel, 2002a, S. 83).

Neben der Form der Transkription müssen für ein vollständiges Transkriptionssystem noch die **Regeln der Transkription** festgelegt werden (Dresing & Pehl, 2020, S. 842; Hug & Poscheschnik, 2020, S. 171; Kuckartz & Rädiker, 2022, S. 197). Nach Gläser und Laudel (2010, S. 193; Kaiser, 2021, S. 112) gibt es in der empirischen Sozialforschung aktuell keine allgemein anerkannten Transkriptionsregeln, weshalb es dem Forscher obliegt, die Regeln **gegenstandsangemessen** aufzustellen und zu dokumentieren. Für die Definition von Transkriptionsregeln schlagen Fuß und Karbach (2019, S. 40) acht Module vor, welche sich in ähnlicher Form auch in den Transkriptionsregeln von weiteren Autoren wiederfinden (Dresing & Pehl, 2020, S. 846; Hussy et al., 2013, S. 245–247; Kuckartz & Rädiker, 2019, S. 449–450). Diese Module dienen hier als Grundlage für die Transkriptionsregeln, sodass zunächst die möglichen Ausprägungen der einzelnen Module für die Wahl des vorliegenden Transkriptionssystems in der Tabelle 9.3 vorgestellt werden.

Tabelle 9.3 Module des Transkriptionssystems für das Forschungsvorhaben. (Quelle: Eigene Darstellung in Anlehnung an Dresing & Pehl, 2020, S. 846; Fuß & Karbach, 2019, S. 40-56)

Modul	Beschreibung	Auswahl für das Forschungsvorhaben
Sprachglättung	Inwiefern werden Dialekte und eine umgangssprachliche Ausdrucksweise geglättet?	leichte Glättung
Pause	Inwiefern werden Pausen dargestellt?	intervallskalierte Pausen
Sprachklang	Inwiefern werden Betonung, Dehnung und Lautstärke abgebildet?	Hervorhebung von Betonungen, Dehnung und Lautstärke
Lautäußerungen, Wortabbrüche, Verschleifungen	Inwiefern werden Lautäußerungen (z. B. ähm, mhm, …), Wortabbrüche und Verschleifungen (z. B. Wortwiederholungen) dargestellt?	keine Darstellung von Lautäußerungen und Verschleifungen, Wortabbrüche nur bei Unterbrechung durch anderen Teilnehmer des Interviews

(Fortsetzung)

9.2 Methodisches Vorgehen und Methodenauswahl

Tabelle 9.3 (Fortsetzung)

Modul	Beschreibung	Auswahl für das Forschungsvorhaben
nicht-sprachliche Ereignisse	Inwiefern werden nicht-sprachliche Ereignisse (z. B. Geräusche, Handlungen) dargestellt?	keine Repräsentation von nicht-sprachlichen Ereignissen
Interaktion	Inwiefern werden Interaktionen (z. B. Sprechunterstützung) zwischen Interviewer und Interviewtem dargestellt?	vereinfachte Wiedergabe von Interaktionen, Bezeichnung als Interviewer (I) und Befragter (B)
Unsicherheit, Unterbrechung, Auslassung	Inwiefern werden Unsicherheiten, Unterbrechungen und Auslassungen aufgenommen?	Unsicherheiten mit Zeitangabe, Unterbrechungen mit Art und Dauer, Auslassungen mit Dauer
Zeichensetzung	Inwiefern findet die Zeichensetzung innerhalb des Transkriptes statt?	Zeichensetzung in Anlehnung an grammatikalische Zeichensetzung

Die Entscheidung über die angemessene Wahl der Ausprägungen orientiert sich am Forschungsgegenstand und der angestrebten Form der Datenerhebung und -auswertung unter Berücksichtigung der Forschungsökonomie, was unter anderen von Bogner et al. (2014, S. 39–40) empfohlen wird (Breuer et al., 2014, S. 276; Küsters, 2019, S. 691; Meuser & Nagel, 2002a, S. 83). Die vollständigen Transkriptionsregeln zur Anfertigung der Transkripte finden sich im Anhang 7 im digitalen Zusatzmaterial.

Neben der Auswahl eines angemessenen Transkriptionssystems ist zu klären, durch wen und auf welche Weise die Transkription durchgeführt werden soll. Die Transkripte können entweder **durch den Forscher** selbst oder von **angelernten Dritten** erstellt werden (Dresing & Pehl, 2020, S. 848–849; Gibbs, 2018, S. 24–26; Gläser & Laudel, 2010, S. 193–194). Beide Varianten haben sowohl Vor- als auch Nachteile, die vom Forschenden abgewogen werden sollten, bevor eine Entscheidung getroffen wird. Die Transkription durch angelernte Dritte führt zu einer **Zeitersparnis beim Forscher**, da dieser bereits während der Transkripterstellung weitere Interviews führen oder bereits analysieren könnte (Brinkmann &

Kvale, 2018, S. 109; Dresing & Pehl, 20#20, S. 848–849; Höld, 2009, S. 664; Kaiser, 2021, S. 110–111).

Die Überprüfung der Transkripte obliegt nach Transkription dennoch weiterhin dem Forscher, da bei Nichtkenntnis des Kontextes häufig Fehler im Transkript auftreten können (Flick, 2018c, S. 57; Gibbs, 2018, S. 27; Gläser & Laudel, 2010, S. 194; Höld, 2009, S. 665). Die Transkription durch den Forschenden selbst ermöglicht bereits eine **intensive Auseinandersetzung mit dem Material** während des Transkribierens, bedeutet allerdings einen **hohen Zeitaufwand für den Forschenden** (Dresing & Pehl, 2020, S. 849; Gibbs, 2018, S. 18; Gläser & Laudel, 2010, S. 193). Da die Forscherin sich bereits im Transkriptionsprozess intensiv mit dem Material auseinandersetzen möchte und die benötigte Transkriptionszeit im Forschungsprozess eingeplant wurde, wird die **Forscherin selbst die Transkripte der Interviews erstellen.** Die Forscherin wird dabei auf die Einhaltung der vorab festgelegten Transkriptionsregeln achten, wodurch bereits beim Verfassen der Transkripte dem Anspruch der **Transparenz** genüge getan wird (Bogner et al., 2014, S. 93–94; Dresing & Pehl, 2020, S. 838).

Statt einer manuellen Verschriftlichung von Interviews existieren heute zahlreiche Computerprogramme, die vielfältige Gestaltungsmöglichkeiten bei der Transkription eröffnen (Gläser & Laudel, 2010, S. 194). Dresing und Pehl (2020, S. 848) empfehlen unter anderen die Nutzung von **Transkriptionssoftware,** die die Transkription erleichtern und bei der Qualitätssicherung unterstützen (Fuß & Karbach, 2019, S. 90). Um von diesen Vorteilen des Softwareeinsatzes zu profitieren, erfolgt die Verschriftlichung der Interviews mittels der **Transkriptionssoftware f4transkript.**[6]

9.2.3 Analyse- / Auswertungsmethode: Inhaltlich-strukturierende qualitative Inhaltsanalyse

Nach der Erhebung der Daten folgt deren **Auswertung,** die auf die Datenerhebungsmethode und das Forschungsziel abgestimmt sein sollte (Bogner et al., 2014, S. 71; Diekmann, 2014, S. 607–608; Przyborski & Wohlrab-Sahr, 2014, S. 10). Analog zur Datenerhebung besteht auch für die Auswertung qualitativer Daten eine Vielzahl an Optionen, die **sorgfältig bedacht** werden müssen, um die **passende Methode für das Forschungsvorhaben** zu wählen (Döring & Bortz,

---

[6] f4transkript ist eine Transkriptionssoftware der dr. dresing & pehl GmbH, die das eigenhändige Transkribieren erleichtert (dr. dresing & pehl GmbH, 2023).

9.2 Methodisches Vorgehen und Methodenauswahl 109

2016, S. 599; Gläser & Laudel, 2010, S. 44; Kuckartz, 2014, S. 109; Mayring, 2015, S. 68; Naderer, 2011, S. 418).

Im Gegensatz zu den **formal strukturierten Auswertungsformen** quantitativer Daten bietet die Auswertung qualitativer Daten ein breites Spektrum an Auswertungsmöglichkeiten bezüglich Strukturierungsgrad, Transparenz und Tiefe der Analyse (Döring & Bortz, 2016, S. 584; Gläser & Laudel, 2010, S. 44; Kromrey, 2014, S. 201; Kuckartz, 2014, S. 100; Naderer, 2011, S. 418). Gleichzeitig birgt diese Diversität der Auswertungsmöglichkeiten qualitativer Daten das **Risiko von Intransparenz**, da die genauen Prozesse der Analyse meist nicht ausreichend umfangreich dargestellt werden (Naderer, 2011, S. 407). Um dem entgegenzuwirken und die wissenschaftliche Güte des Forschungsvorhabens auf einem hohen Niveau zu halten, wird die Auswahl der Auswertungsmethode anhand **objektiver Kriterien transparent dargelegt**, um sicherzustellen, dass die Methode **für das Forschungsvorhaben geeignet** ist (Bogner et al., 2014, S. 71; Przyborski & Wohlrab-Sahr, 2014, S. 10).

Für die Auswahl der geeigneten Auswertungsmethode der Interviews lassen sich zunächst die **vier Kategorien qualitativer Auswertungsmethoden** betrachten, wie sie von Gläser und Laudel (2010, S. 44) vorgeschlagen wurden. Die Verfahren unterscheiden sich dabei vor allem bezüglich der **Transparenz** und der **Nachvollziehbarkeit** des Vorgehens, aber auch bezüglich der **Tiefe der Analyse**, wie dies in der nachfolgenden Gegenüberstellung in Abbildung 9.3 ersichtlich ist (Naderer, 2011, S. 416–417).

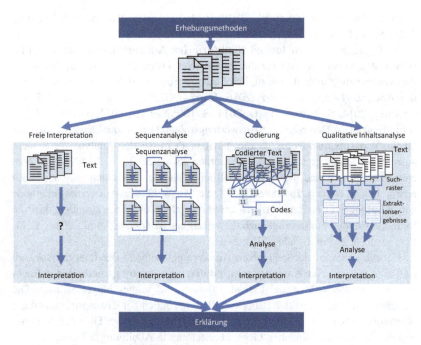

Abbildung 9.3 Klassifizierung qualitativer Auswertungsmethoden. (Quelle: Eigene Darstellung in Anlehnung an Gläser & Laudel, 2010, S. 44)

Die **freie Interpretation** stellt die einfachste Methode der Datenauswertung dar, bei der sich der Forscher einen schnellen Überblick über die erhobenen Daten verschaffen kann (Gläser & Laudel, 2010, S. 45; Reinbold, 2015, S. 84). In der Forschungspraxis ist die freie Interpretation weit verbreitet, was wohl vorrangig an der einfachen Durchführbarkeit und den damit verbundenen schnell zu erzielenden Ergebnissen liegt (Gläser & Laudel, 2010, S. 45). Da diese Auswertungsmethode **keinen festen Regeln** folgt und stark durch die selektive Wahrnehmung des Forschers beeinflusst wird, kann man von keiner empirischen Forschungsmethode im engeren Sinne sprechen, weshalb Kritiker die freie Interpretation auch als **intransparent** bezeichnen (Gläser & Laudel, 2010, S. 45; Reinbold, 2015, S. 84). Aufgrund der **mangelnden Transparenz, unsicheren Objektivität** des Verfahrens und der **fehlenden Systematik** in der Vorgehensweise ist die freie Interpretation als Auswertungsmethode für das vorliegende Forschungsvorhaben **ungeeignet**.

9.2 Methodisches Vorgehen und Methodenauswahl 111

Als komplexeste Methode der objektiven Hermeneutik stellt die Sequenzanalyse eine **regelgeleitete, sequenzielle Auswertungsform** von Textsegmenten dar, die sowohl zur Hypothesentestung als auch zur Hypothesengenerierung eingesetzt wird (Kurt & Herbrik, 2019, S. 560; Reichertz, 2012, S. 517; Sammet & Erhard, 2018, S. 32). Die **Sequenzanalyse** ist eine Methodik der **objektiven Hermeneutik**, die vor allem von Ulrich Oevermann geprägt wurde (Brüsemeister, 2008, S. 199; Garz & Raven, 2020, S. 579; Kurt & Herbrik, 2019, S. 553; Sammet & Erhard, 2018, S. 20–21). Die objektive Hermeneutik ist eine etablierte Methode zur Auswertung qualitativer Daten, bei der vor allem das **Verstehen von Bedeutungsstrukturen** im Erkenntnisinteresse steht (Brüsemeister, 2008, S. 199; Reichertz, 2012, S. 514). Kritiker der Sequenzanalyse sehen jedoch in der großen Freiheit der Sequenzanalyse die Möglichkeit eines **Bruchs zwischen den Analyseergebnissen und den empirischen Daten** (Brüsemeister, 2008, S. 215). Zudem ist die Sequenzanalyse bei großen Datenmengen aufgrund ihres hohen Detaillierungsgrades in der Auswertung der einzelnen Segmente ein zeitaufwendiges und **personalintensives** Verfahren (Brüsemeister, 2008, S. 87–88; Kurt & Herbrik, 2019, S. 553). Da das Forschungsziel dieser Arbeit nicht in der **Interpretation von menschlichem Handeln** oder in der Deutung **zugrundeliegender Bedeutungsstrukturen** liegt, wird von dieser qualitativen Auswertungsmethode ebenfalls abgesehen, denn sie gewährleistet nicht die notwendige **Stringenz zwischen Daten und Analyseergebnissen.**

Die **Codierung** stellt eine der am häufigsten in der empirischen Sozialforschung angewendeten qualitativen Analysemethoden dar (Flick, 2018a, S. 126; Hussy et al., 2013, S. 252). Im Gegensatz zur Sequenzanalyse werden im Rahmen der Codierung nur diejenigen Textstellen betrachtet, die für die Beantwortung der Forschungsfrage relevant und mithilfe von **Schlüsselbegriffen** zu kategorisieren sind (Bücker, 2020, S. 2; Gibbs, 2018, S. 54; Saldaña, 2016, S. 4). Der Ursprung der Codierung liegt im Verfahren der **Grounded Theory**, einer Forschungsmethodik, die vorrangig auf die **Generierung von Theorien** durch systematische Datensammlung und -auswertung ausgelegt ist (Glaser & Strauss, 2017, S. 2–3; Gläser & Laudel, 2010, S. 45). Im Rahmen der Analyse werden die **erstellten Codes innerhalb einer Hierarchie gruppiert**, womit sich im Laufe des Analyseprozesses eine Theorie entwickelt (Bücker, 2020, S. 3; Gibbs, 2018, S. 102; Saldaña, 2016, S. 14). Generell eignet sich eine Codierung nach der Grounded Theory auch zur Auswertung von problemzentrierten Experteninterviews, weil sie eine **transparente** und **regelgeleitete** qualitative Auswertungsmethode darstellt.

Die **qualitative Inhaltsanalyse** bedient sich ebenfalls der **Kategorisierung von Textstellen** anhand eines Analyserasters (Gläser & Laudel, 2010, S. 46; Mayring & Brunner, 2009, S. 673; Stamann et al., 2016, S. 13). Das **Ziel** der qualitativen Inhaltsanalyse ist die „systematische Bearbeitung von Kommunikationsmaterial" (Mayring, 2012, S. 468), was bedeutet, dass das gesamte Datenmaterial einbezogen und mit der gleichen Methodik systematisch analysiert wird (Kuckartz & Rädiker, 2020, S. XV; Mayring, 2015, S. 13). Trotz der inzwischen entstandenen **Vielfalt an Varianten der qualitativen Inhaltsanalyse** unterscheidet sich die qualitative Inhaltsanalyse grundsätzlich von anderen qualitativen Verfahren vor allem darin, dass sie die **codierten Textstellen unabhängig vom Text** weiterverarbeitet, wobei die Kategorien sowohl **induktiv** als auch **deduktiv** entwickelt werden können (Diekmann, 2014, S. 607; Gläser & Laudel, 2010, S. 46–47). Die qualitative Inhaltsanalyse mit ihrer **systematischen** und **regelgeleiteten** Entwicklung eines **Kategoriensystems** zur Analyse qualitativer Daten bietet sich ebenfalls für die Auswertung von problemzentrierten Experteninterviews an.

Grundsätzlich kommt sowohl die **Codierung** als auch die **qualitative Inhaltsanalyse** zur Auswertung der problemzentrierten Experteninterviews infrage, allerdings besteht ein Unterschied zwischen beiden Methoden hinsichtlich des **Ziels der Auswertung**. Mit der **Grounded Theory Methodologie** wird beabsichtigt, **Theorien** durch systematische Datenauswertung zu **entwickeln**, wobei diese Auswertung streng am Material und ohne vorherige Kategorisierung durchgeführt wird (Glaser & Strauss, 2017, S. 2–3; Kuckartz & Rädiker, 2019, S. 452). Stattdessen dient die Auswertung mittels **qualitativer Inhaltsanalyse** nicht der Entwicklung von Theorien, sondern der **systematischen Kategorisierung und Analyse** der vorhandenen Informationen, um die **Fragestellung** nach Abschluss der Auswertung **beantworten** zu können (Gläser & Laudel, 2010, S. 46; Mayring, 2012, S. 468, 2019, S. 3). Dabei kann die Kategorisierung deduktiv-induktiv und die anschließende Analyse der Kategorien relativ unabhängig vom Ausgangsmaterial, das heißt getrennt vom Ursprungstext stattfinden (Bücker, 2020, S. 3; Gläser & Laudel, 2010, S. 46–47; Mayring, 2019, S. 3). Für die Auswertung von **informatorischen Interviews** wie die vorliegenden Experteninterviews empfehlen Bogner et al. (2014, S. 72) die qualitative Inhaltsanalyse als Auswertungsverfahren, weshalb diese für das vorliegende Forschungsvorhaben gewählt wird.

Da die qualitative Inhaltsanalyse nach Mayring methodisch von **verschiedenen Vertretern** weiterentwickelt wurde, wird zunächst zwecks **transparenter Darstellung** ausgeführt, welche Variante der qualitativen Inhaltsanalyse als Grundlage für die Umsetzung in der vorliegenden Arbeit dient (Diekmann, 2014, S. 607; Schreier et al., 2019, S. 10).

Kühlmeyer et al. (2020, S. 4–5) vergleichen qualitative Inhaltsanalysemethoden und Grounded Theory Methodologie anhand von

9.2 Methodisches Vorgehen und Methodenauswahl 113

- **Präzision** (der Genauigkeit und Eindeutigkeit des vorhandenen Regelwerkes) und
- **Präskriptivität** (dem Verpflichtungscharakter und der methodischen Strenge).

Die Methoden der qualitativen Inhaltsanalyse zeichnen sich sowohl durch eine **hohe Präzision** als auch eine **hohe Präskriptivität** aus, was sich vor allem in der **geforderten Regeltreue** und im **systematischen Vorgehen** ausdrückt (Bogner et al., 2014, S. 75; Kühlmeyer et al., 2020, S. 15; Mayring, 2012, S. 468). Mayring (2015, S. 50–53) sieht diese Eigenschaften trotz der einschränkenden Wirkung auf die Kreativität des Forschenden als **Vorteile der qualitativen Inhaltsanalyse**, da diese es gestatten, auch größere Datenmengen systematisch zu bearbeiten. Durch die hohe Präzision und Präskriptivität der qualitativen Inhaltsanalyse wird zudem die **Nachvollziehbarkeit** und **Überprüfbarkeit** der Ergebnisse gefördert (Kühlmeyer et al., 2020, S. 19; Mayring & Fenzl, 2019, S. 635; Mayring, 2019, S. 7). Im Gegensatz zu anderen Vertretern der qualitativen Inhaltsanalyse formuliert Mayring zwar mehr Regeln zum Vorgehen als Kuckartz und Schreier, ist allerdings bei der Ableitung der Herangehensweise weniger genau (Kühlmeyer et al., 2020, S. 13).

Als vorteilhaft erweist sich die hohe Präzision und Präskriptivität einer qualitativen Inhaltsanalyse insofern, als sie auch den **Einsatz von QDA-Software**[7] zur Unterstützung der Analyse ermöglicht (Bogner et al., 2014, S. 83; Gibbs, 2018, S. 2; Kuckartz & Rädiker, 2019, S. 441–442). Mit QDA-Software erübrigt sich zwar keinesfalls die Analyse für den Forschenden, allerdings erleichtert sie die **Umsetzung der Methodik** (Bogner et al., 2014, S. 84; Mayring & Brunner, 2009, S. 677). Bei der Wahl der QDA-Software ist darauf zu achten, dass die Software für die entsprechende Methodik **geeignet** ist, da ansonsten das Risiko besteht, dass lediglich diejenigen Analyseschritte durchgeführt werden, die durch die QDA-Software unterstützt werden (Naderer, 2011, S. 430). Software gibt es sowohl für die qualitative Inhaltsanalyse nach Mayring[8] als auch für andere Methoden der qualitativen Inhaltsanalyse,[9] wobei MAXQDA bekannter ist und umfangreichere Funktionen bietet als die QDA-Software für die qualitative Inhaltsanalyse nach Mayring (Kaiser, 2021, S. 133; Kuckartz, 2014, S. 119–120; Kuckartz & Rädiker, 2019, S. 441–442; Mayring, 2019, S. 12–13).

---

[7] QDA steht für die englische Bezeichnung Qualitative Data Analysis.

[8] Die QDA-Software *QCAmap* wurde speziell für die qualitative Inhaltsanalyse nach Mayring entwickelt (Mayring, 2019, S. 12-13).

[9] Bekannte Software zur qualitativen Inhaltsanalyse sind beispielsweise NVivo, Atlas oder MAXQDA (Baumgarth & Koch, 2009, S. 147; Hug & Poscheschnik, 2020, S. 234).

Die **inhaltlich-strukturierende qualitative Inhaltsanalyse** in Anlehnung an Kuckartz (2018) erscheint als Methode für das vorliegende Forschungsvorhaben geeignet, weil sie neben der höheren Präzision in der methodischen Vorgehensweise und der Datenaufbereitungsmöglichkeit mit einer etablierten QDA-Software auch die erforderliche Transparenz im Forschungsprozess bietet. Zur Unterstützung des Analyseprozesses wird die QDA-Software **MAXQDA** gewählt, da sie umfangreiche Funktionen für die Auswertung mit der inhaltlich-strukturierenden qualitativen Inhaltsanalyse bietet.

Zur Qualitätssicherstellung in der Auswertung der erhobenen Daten wird eine **umfangreiche Dokumentation** des Analyseprozesses angestrebt (Kuckartz & Rädiker, 2022, S. 258; Naderer, 2011, S. 411). Insbesondere ist darauf zu achten, dass die Analyse der Daten und das dabei entstandene Kategoriensystem nicht allein aus den subjektiven Empfindungen und Vorannahmen des Forschers entstanden ist, weshalb die Ergebnisgüte mittels **Intercoder-Übereinstimmung**, also die erneute Codierung durch eine weitere Person, überprüft wird (Baumgarth & Koch, 2009, S. 155; Brosius et al., 2016, S. 162; Kuckartz & Rädiker, 2020, S. 11, 2022, S. 239; Mayring, 2016, S. 31; Rädiker & Kuckartz, 2019, S. 281).

9.3 Operationalisierung

Wie die beschriebenen Methoden angewendet werden, wird nun anhand des Forschungsdesigns dargelegt. Die Operationalisierung stellt dabei den Prozess dar, in welchem die nicht direkt messbaren Konstrukte messbar gemacht werden (Hussy et al., 2013, S. 39; Stokburger-Sauer & Eisend, 2009, S. 333). Dazu gehört die Darlegung der Sampling-Methode für die Stichprobe, die Ableitung des Interviewleitfadens und die Prozessbeschreibung bei der Auswertung und Analyse der Interview-Transkripte.

9.3.1 Sampling-Methode der Stichprobe

Bevor die Stichprobe für die problemzentrierten Experteninterviews gezogen werden kann, gilt es zunächst den **Expertenbegriff** zu klären, weil der Expertenstatus stets vom Kontext des Forschungsgegenstandes abhängig ist (Abels & Behrens, 2002, S. 175; Bogner & Menz, 2002b, S. 45; Mauksch et al., 2020, S. 2; Reinbold, 2015, S. 82).

Zum Expertenbegriff existieren zahlreiche Definitionen in der Literatur, welche im Kern jeweils das **besondere Wissen** und die **Expertise** des Experten

9.3 Operationalisierung 115

hervorheben, die als Identifikationsmerkmal eines Experten gelten (Bogner & Menz, 2002b, S. 46; Bogner et al., 2014, S. 9; Meuser & Nagel, 2002a, S. 73; Przyborski & Wohlrab-Sahr, 2014, S. 121). Pfadenhauer (2009, S. 451–452) grenzt dabei den Experten vom Spezialisten ab, denn ein Experte verfügt mit seinem umfassenden Wissen über einen **Gesamtüberblick** auf seinem Fachgebiet, wohingegen der Spezialist über ein tiefgreifendes Wissen in einem Teilbereich verfügt. Zudem kommen Experten meist aus der **mittleren Ebene von Organisationen**, da hier im Gegensatz zur obersten Managementebene ein umfangreicheres Detailwissen über die Organisation notwendig ist – bei zugleich **weitreichendem Zugang zu Informationen** (Abels & Behrens, 2002, S. 175; Bogner et al., 2014, S. 35; Helfferich, 2019, S. 681; Meuser & Nagel, 2002a, S. 74).

Eng mit dem Expertenbegriff ist das Expertenwissen als solches verbunden, das sich nach Meuser und Nagel (2002a, S. 75–76, 2002b, S. 264–265) in zwei Formen aufteilen lässt:

- **Betriebswissen** (Experte ist Teil der Zielgruppe der Untersuchung) und
- **Kontextwissen** (Experte hat Wissen über die Zielgruppe der Untersuchung).

Diese Kategorisierung verfeinerten andere Autoren, denn das Betriebswissen beinhaltet sowohl **technisches Wissen** über technische Details als auch **Prozesswissen** über zusammenhängende Handlungsabläufe (Bogner & Menz, 2002b, S. 43–44; Bogner et al., 2014, S. 17–19; Froschauer & Lueger, 2002, S. 227–228). Unter Berücksichtigung des Erkenntnisinteresses am Prozesscontrolling in der Kunststoffrecycling-Branche wird das **Prozesswissen der Experten** auf **mittlerer Ebene** im Unternehmen als relevant für die Beantwortung der zentralen Forschungsfrage erachtet, um ausreichende Kenntnisse über die Prozessabläufe in den Kunststoffrecycling-Unternehmen der Experten zu erlangen. Deshalb werden folgende Kriterien für die Definition des Expertenbegriffs festgelegt, nach denen die Rekrutierung der Befragten erfolgt (Tabelle 9.4):

Tabelle 9.4 Expertenkriterien und deren Ausprägung. (Quelle: Eigene Darstellung)

Expertenkriterium	Ausprägung
Branche	Kunststoffrecycling-Branche
Unternehmen	Sortier- und/oder Waschanlage oder Extrusion
Erfahrung	mindestens zwei Jahre Erfahrung in der Branche
Funktion	leitende Funktion

Nachdem der Expertenbegriff für das vorliegende Forschungsvorhaben geklärt wurde, gilt es die Sampling-Methode zu definieren. Im Gegensatz zum formalisierten Sampling quantitativer Forschung ist das Sampling in der qualitativen Forschung flexibler (Flick, 2018a, S. 48; Jäger & Reinecke, 2009, S. 40; Lamnek & Krell, 2016, S. 181). Dadurch lässt sich die Auswahl der Experten eng mit dem Forschungsinteresse und den Besonderheiten des Forschungsvorhabens verknüpfen (Kaiser, 2021, S. 85; M. Meyer & Mayrhofer, 2022, S. 274).

Aufgrund der relativ kleinen Stichprobe bei qualitativen Forschungsvorhaben wird empfohlen, das Sampling möglichst **gezielt** auf **relevante Fälle** auszurichten und dementsprechend **keine Zufallsstichprobe** zu erheben (Lamnek & Krell, 2016, S. 183; Schreier, 2020, S. 23–24). Um die Auswahl der Experten **nachvollziehbar und transparent** zu gestalten, bietet sich die Anwendung eines Sampling-Verfahrens an, da die Auswahl der Experten zum zentralen Bestandteil im Forschungsdesign gehört und die Ergebnisse der Forschung maßgeblich beeinflusst (Kaiser, 2021, S. 84; Merkens, 2012, S. 290).

Die Vielfalt qualitativer Sampling-Methoden ist vergleichbar mit der Vielfalt qualitativer Datenerhebungsmethoden, was ebenfalls auf die **Gegenstandsorientierung** der Sampling-Methoden zurückzuführen ist (Kaiser, 2021, S. 84, 2021, S. 85; Lamnek & Krell, 2016, S. 181). Zu den Verfahren der Stichprobenziehung qualitativer Sozialforschung gehören

- die Vollerhebung,
- das Convenience Sampling,
- das Purposive Sampling, unter welchem weitere gezielte Sampling-Techniken zusammengefasst werden, und
- das Theoretical Sampling (Akremi, 2019, S. 320; Lamnek & Krell, 2016, S. 183–185; Misoch, 2019, S. 204; Schreier, 2020, S. 28–29).

Eine **Vollerhebung** berücksichtigt ohne Stichprobenziehung sämtliche Elemente der Grundgesamtheit, was bei einer qualitativen Studie lediglich dann möglich ist, wenn die Grundgesamtheit entsprechend klein ist (Misoch, 2019, S. 208). Da die Grundgesamtheit der potenziellen Unternehmen aus der Kunststoffrecycling-Branche bei über 2.000 liegt, lässt sich die Vollerhebung **nicht als Sampling-Methode heranziehen** (Conversion Market & Strategy GmbH, 2020, S. 4).

Mit **Convenience Sampling** ist eine zufallsbasierte Sampling-Methode zu verstehen, bei welcher die erhobenen Fälle willkürlich aus der Grundgesamtheit ausgewählt werden (Akremi, 2019, S. 320; Lamnek & Krell, 2016, S. 183–184; M. Meyer & Mayrhofer, 2022, S. 281; Misoch, 2019, S. 207). Da diese

9.3 Operationalisierung 117

Methode die **schwächste** und am **wenigsten strenge** Sampling-Methode der qualitativen Sozialforschung darstellt, sollte sie nur unter besonderen Umständen, wie als Initial Sample für eine Vorstudie, gewählt werden (M. Meyer & Mayrhofer, 2022, S. 281; Misoch, 2019, S. 207). Da eine möglichst große Bandbreite an Experten abgedeckt werden soll, wird das Convenience Sampling als **ungeeignet** eingestuft.

Beim **Purposive Sampling** werden nur Fälle mit gewissen Merkmalskombinationen ausgewählt (Glaser & Strauss, 2017, S. 58; Lamnek & Krell, 2016, S. 184–185; Misoch, 2019, S. 204). Mit der bewussten Auswahl von Fällen lässt sich die Stichprobe wunschgemäß möglichst homogen oder heterogen gestalten (Kuckartz & Rädiker, 2020, S. 93–94; Lamnek & Krell, 2016, S. 364–365; Misoch, 2019, S. 209–211; Schreier, 2020, S. 28–29). Festzulegen sind vorab **Merkmale der zu untersuchenden Fälle**, die **Merkmalsausprägungen** und die **Größe der Stichprobe**, sodass das Sampling deduktiv anhand dieses vorab festgelegten Plans durchgeführt wird (Fürst et al., 2016, S. 214; Kelle & Kluge, 2010, S. 50; Lamnek & Krell, 2016, S. 184–185). In der Praxis ist das Purposive Sampling eine häufig angewandte Sampling-Methode (Kelle & Kluge, 2010, S. 50). Diese Methode der Stichprobenziehung ist regelgeleitet und nachvollziehbar, weshalb sie als **geeignet** für das vorliegende Forschungsvorhaben betrachtet wird.

Das **Theoretical Sampling** hat seinen Ursprung in der Grounded Theory Methodologie. Dabei wird die Stichprobe sukzessive parallel zur Daten-Analyse erweitert (Flick, 2018a, S. 49; Holton, 2018, S. 238; Scheu, 2016, S. 86). Anders als beim Purposive Sampling wird die Stichprobe bei dieser Sampling-Methode nicht vorab definiert, sondern entwickelt sich erst sequenziell im Forschungsprozess (Corbin & Strauss, 2015, S. 147; Diaz-Bone & Weischer, 2015, S. 407; Glaser & Strauss, 2017, S. 45; Merkens, 2012, S. 297). Hierdurch ergibt sich bei der Stichprobenziehung eine große **Offenheit und Flexibilität** hinsichtlich der Fallauswahl (Corbin & Strauss, 2015, S. 135; Wrona, 2018, S. 6). Diese Sampling-Methode ist in der Praxis ebenfalls weitverbreitet (Brüsemeister, 2008, S. 21; Kurz et al., 2009, S. 468). Aufgrund der Orientierung am Untersuchungsgegenstand **eignet sich** diese Sampling-Methode ebenfalls für das Forschungsvorhaben.

Um sowohl von den Vorteilen des Purposive Sampling mit der gezielten Auswahl von relevanten Fällen als auch von den Vorteilen des Theoretical Samplings mit der Anpassungsfähigkeit an den Sampling-Prozess zu profitieren, wird eine **Kombination beider Sampling-Methoden** angestrebt, wie sie beispielsweise Mauksch et al. (2020, S. 11) vorschlagen (Nagl-Cupal, 2013, S. 22; Thornberg &

Keane, 2022, S. 461). Hierbei wird die Stichprobe initial aufgrund von fest-gelegten Expertenkriterien erhoben, um diese anschließend mittels Theoretical Sampling zu erweitern.

Aufgrund dieser Methodenkombination wird die Stichprobengröße mit dem Konzept der **theoretischen Sättigung** bestimmt, das eng mit dem Theoretical Sampling verbunden ist (Bogner et al., 2014, S. 37; Diaz-Bone & Weischer, 2015, S. 407–408; Schreier, 2020, S. 27). Dieses Konzept kommt ursprünglich aus der Grounded Theory Methodologie, wurde inzwischen aber auf andere Metho-den der qualitativen Sozialforschung ausgeweitet. Es beschreibt den Zustand, an dem das Einbeziehen weiterer Fälle keine neuen Erkenntnisse mehr für das For-schungsvorhaben liefert (Guest et al., 2006, S. 59–60; Morse, 2022, S. 384; Schreier, 2020, S. 27; Strübing, 2019, S. 533; Szabo, 2009, S. 118). Aufgrund der Erfahrungswerte aus anderen wissenschaftlichen Arbeiten wird davon aus-gegangen, dass die theoretische Sättigung etwa nach zwölf Interviews eintritt (Blöbaum et al., 2016, S. 187; Guest et al., 2006, S. 74; Saunders & Townsend, 2018, S. 488–489).

Mit dem Auswahlprozess des Expertenkreises wird **die Güte** der Untersuchung sichergestellt, indem zugleich die Anforderungen an die **Transparenz** in der qua-litativen Forschung erfüllt werden (Mauksch et al., 2020, S. 1; M. Meyer & Mayrhofer, 2022, S. 273). Ebenso transparent erfolgt die Herleitung des Inter-viewleitfadens, der bei der Suche nach Experten ebenfalls hilfreich sein kann (Franz & Kopp, 2004, S. 56).

9.3.2 Ableitung des Interviewleitfadens

Der **Interviewleitfaden** gehört als **Kernelement** sowohl zur Methodik des Exper-teninterviews als auch zu problemzentrierten Interviews (Franz & Kopp, 2004, S. 56; Jäger & Reinecke, 2009, S. 44; Witzel, 1985, S. 236–237).

Der Leitfaden bietet dem Interviewenden bei halbstrukturierten Interviews vor-rangig **Orientierung und Strukturierung** und ermöglicht zugleich ein **hohes Ausmaß an Offenheit**, um flexibel auf die Interviewsituation zu reagieren (Helf-ferich, 2019, S. 677; Hug & Poscheschnik, 2020, S. 127; Jäger & Reinecke, 2009, S. 41–42; Strübing, 2013, S. 92; Witzel, 1985, S. 236–237). Hierdurch kann der Leitfaden den Forscher bei der Befragung von Experten unterstützen, die für das **Forschungsvorhaben interessanten Fragestellungen zu fokussie-ren** und die Vergleichbarkeit in der Analyse zu erleichtern (Helfferich, 2019, S. 670; Jäger & Reinecke, 2009, S. 40; Kaiser, 2021, S. 64; Lamnek & Krell, 2016, S. 334; Meuser & Nagel, 2002a, S. 81–82; Misoch, 2019, S. 66). Der

9.3 Operationalisierung

theoriebasierte Leitfaden kann zudem als Grundlage für die deduktive **Kategorienentwicklung** in die spätere Analyse der Interviews einfließen (Kuckartz & Rädiker, 2020, S. 30).

Die Konstruktion des Leitfadens erfolgt nach den Prinzipien der **Offenheit**, **Prozesshaftigkeit** und **Kommunikation** (Misoch, 2019, S. 66–67; Reinders, 2016, S. 135). **Offenheit** impliziert dabei sowohl Offenheit in der **Gestaltung** als auch in der **Handhabung** des Leitfadens, was bedeutet, dass der Leitfaden im Forschungsprozess noch angepasst werden kann und während der Interviews als inhaltlicher Rahmen zu verstehen ist (Bogner et al., 2014, S. 30; Diekmann, 2014, S. 537; Misoch, 2019, S. 66–67; Reinders, 2016, S. 135–136).

Unter dem Prinzip der **Prozesshaftigkeit** versteht man, dass die Fragen des Leitfadens nicht ausschließlich auf die aktuelle Situation beziehungsweise diejenige des Experten abzielen, sondern ebenfalls die **Vergangenheit** oder **Zukunft** und **andere Individuen** inkludieren (Misoch, 2019, S. 66–67; Reinders, 2016, S. 136–137).

Das Prinzip der **Kommunikation** beinhaltet verschiedene kommunikative Elemente, wie das Sprachniveau, die Verständlichkeit der Fragen und den Umfang an Hinweisen und Moderationen (Bogner et al., 2014, S. 27; Froschauer & Lueger, 2002, S. 232; Kaiser, 2021, S. 66–67; Misoch, 2019, S. 66–67; Reinders, 2016, S. 137–139). Danach sollte bei der **Formulierung der Fragen im Interviewleitfaden** darauf geachtet werden, dass diese

- einfach und verständlich formuliert sind,
- nach Möglichkeit offen gestaltet sind und zum Erzählen anregen,
- keine suggestiven Anteile enthalten und
- Veränderungen ebenfalls erfassen (Helfferich, 2011, S. 181; Lamnek & Krell, 2016, S. 334; Prost, 2019, S. 830; Reinders, 2016, S. 157; Züll & Menold, 2019, S. 857).

Ein Interviewleitfaden umfasst in der Regel **eine bis drei Seiten** (Döring & Bortz, 2016, S. 372; Kuckartz & Rädiker, 2020, S. 28). Aufgebaut ist der Leitfaden nach den jeweiligen Phasen eines Interviews, wie sie in **Tabelle 9.5** aufgelistet sind.

120   9 Forschungsdesign

Tabelle 9.5 Struktur des Leitfadens. (Quelle: Eigene Darstellung in Anlehnung an Jäger & Reinecke, 2009, S. 42-44; Lamnek & Krell, 2016, S. 346; Misoch, 2019, S. 68-69; Reinders, 2016, S. 156)

Phase des Interviews	Inhalt des Leitfadens
Einstiegsphase	Begrüßung, Information über den Ablauf des Interviews
Warm-up-Phase	Einstieg in den Themenbereich zur Gewöhnung an die Interviewsituation
Hauptphase	Sondierungsfragen als Erzählaufforderung, Detailfragen zur gezielten Vertiefung
Abschlussphase	offene Abschlussfrage, gedanklicher Ausklang des Interviews, Besprechung über das weitere Vorgehen

Die **Einstiegsphase** und die **Warm-up-Phase** sind entscheidend für den weiteren Verlauf des Interviews, da in diesen beiden Phasen bereits die Gesprächsatmosphäre gelockert werden kann, was den Erkenntnisgewinn in den folgenden Phasen steigert (Bogner et al., 2014, S. 59–60; Jäger & Reinecke, 2009, S. 42–44; Misoch, 2019, S. 71; Trinczek, 2002, S. 214–215).

Für die **Hauptphase** des Interviews werden drei bis acht **Themenblöcke** mit entsprechenden Haupt- und Hilfsfragen vorbereitet (Bogner et al., 2014, S. 28–29; Jäger & Reinecke, 2009, S. 42–44; Lamnek & Krell, 2016, S. 346; Misoch, 2019, S. 71). Diese Themenblöcke sollten nach Empfehlung von Bogner et al. (2014, S. 29–30) in sich geschlossen sein, was eine Verschiebung dieser während des Interviews gestattet (Diekmann, 2014, S. 537).

In der **Abschlussphase** erhält der Experte nochmals die Gelegenheit zur Ergänzung weiterer Informationen, die im Rahmen des Interviews nicht abgefragt wurden (Bogner et al., 2014, S. 61; Helfferich, 2011, S. 181; Misoch, 2019, S. 71).

Zur Erstellung eines Interviewleitfadens entwickelte Helfferich (2011, S. 182–185) das **SPSS-Vorgehen** (Sammeln, Prüfen, Sortieren, Subsumieren), bei welchem der Forscher zwar ein tiefgreifendes theoretisches Vorwissen besitzen sollte, die Herleitung der Interviewfragen aus der Literatur letztlich jedoch transparent und nachvollziehbar gestaltet wird (Bogner et al., 2014, S. 32–34; Hug & Poschenschnik, 2020, S. 129–130). Der vorliegende Leitfaden wurde entsprechend dieser

9.3 Operationalisierung   121

Empfehlung auf Basis der Forschungsfragen und der Analyse zum Stand der Forschung[10] entwickelt und ist in der Anlage der Arbeit[11] einzusehen.

Auf einen **Pretest** für den Interviewleitfaden wird an dieser Stelle verzichtet, der insbesondere für die quantitative Forschung von hoher Relevanz ist, um noch potenzielle Mängel in Fragebögen zu beheben (Reinecke, 2019, S. 730). In der qualitativen Forschung nimmt er einen **niedrigeren Stellenwert** ein, da generell auch nach Beginn der Feldphase noch Änderungen am Interviewleitfaden möglich sind und die **Behebung eventuell auftretender Fehler nach jeder einzelnen Befragung** stattfinden kann (Baur & Blasius, 2019, S. 11; Bogner et al., 2014, S. 30; Weichbold, 2019, S. 349). Da zudem das Setting der Interviews variiert, kann während der Interviewsituation spontan auf Probleme und eventuelle Neu-Intentionen reagiert werden. Die Vergleichbarkeit der Interviews wird insofern sichergestellt, als dass die Leitfragen und zugrundeliegenden Annahmen, die den Interviewleitfaden bestimmen, nicht weiter angepasst werden. Hierdurch wird sichergestellt, dass die Themenbereiche der Interviews trotz möglicherweise unterschiedlicher Fokusbereiche vergleichbar bleiben.

9.3.3 Auswertung und Analyse der Interview-Transkripte

Aufgrund der **hohen Flexibilität** der qualitativen Inhaltsanalyse, welche eine umfangreiche Anpassung an den Forschungsgegenstand ermöglicht, ist es notwendig, das **Vorgehen bei der Analyse transparent** darzustellen (Diekmann, 2014, S. 607; Naderer, 2011, S. 411; Schreier, 2014b, S. 25). Wie Naderer (2011, S. 407) bemerkt, wird dies in der Forschungspraxis meist versäumt, was einen negativen Einfluss auf die Güte des Forschungsvorhabens hat und den Vorteil des systematischen, intersubjektiv überprüfbaren Vorgehens der qualitativen Inhaltsanalyse neutralisiert (Mayring & Fenzl, 2019, S. 635). Dazu wird nachfolgend der Ablauf der inhaltlich-strukturierenden qualitativen Inhaltsanalyse in Anlehnung an Kuckartz dargelegt.[12]

Da die Datenerhebung nach dem Prinzip der theoretischen Sättigung erfolgt, muss die Analyse der Daten bereits beginnen, sobald ein Transkript vorliegt und nicht erst wenn eine große Anzahl an Interviews durchgeführt wurde (Kuckartz, 2018, S. 57; Lamnek & Krell, 2016, S. 186; Schreier, 2020, S. 27). Wie

---

[10] Siehe Teil II – Theoretischer Teil

[11] Siehe Anhang 5 im elektronischen Zusatzmaterial

[12] Für die Darlegung der durchgeführten Schritte im Forschungsprozess siehe Teil III – 10.1 Auswertung der Ergebnisse der problemzentrierten Experteninterviews

Gibbs (2018, S. 4) in diesem Zusammenhang hervorhebt, sollte die Analyse qualitativer Daten bereits bei der Sammlung der Daten beginnen, weshalb für das vorliegende Forschungsvorhaben die Datenerhebung und -analyse iterativ und parallel stattfinden wird. In **Abbildung 9.4** ist das Ablaufschema grafisch zusammengefasst. Hervorzuheben ist dabei, dass die **Forschungsfragen im Zentrum** der inhaltlich-strukturierenden qualitativen Inhaltsanalyse stehen, die im Analyseprozess angepasst werden kann, sofern dies notwendig ist (Kuckartz, 2018, S. 46).

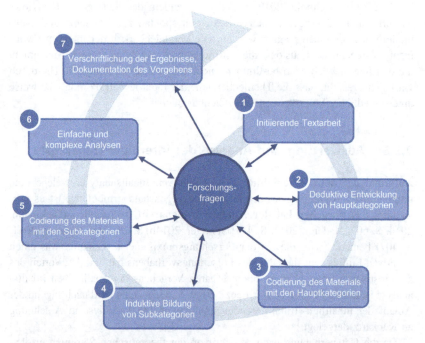

Abbildung 9.4 Ablaufschema einer inhaltlich-strukturierenden qualitativen Inhaltsanalyse. (Quelle: Eigene Darstellung in Anlehnung an Kuckartz & Rädiker, 2022, S. 132)

Bei der **initiierenden Textarbeit** macht sich der Forscher mit dem Material vertraut und markiert erste Elemente des Transkripts, welche beispielsweise **Auffälligkeiten** oder **unverständliche Passagen** enthalten (Kuckartz, 2018, S. 56; Kuckartz & Rädiker, 2020, S. 13–14; Schreier, 2014b, S. 5–6).

9.3 Operationalisierung 123

Im weiteren Schritt werden die **Hauptkategorien entwickelt** (Kuckartz & Rädiker, 2022, S. 132). Diese können sowohl **induktiv** aus dem Material heraus als auch **deduktiv** aus der Forschungsfrage, dem theoretischen Bezugsrahmen oder dem Interviewleitfaden generiert werden (Kuckartz & Rädiker, 2019, S. 452–453; Züll & Menold, 2019, S. 858). Die rein **deduktive** Entwicklung und Anwendung von Kategorien ist aufgrund der zugrundeliegenden Denklogik beziehungsweise der vorliegenden Thesen eher an **quantitative Verfahren** gekoppelt (Döring & Bortz, 2016, S. 225; Gibbs, 2018, S. 6; Kansteiner & König, 2020, S. 5; Thornberg, 2022, S. 245; Wichmann, 2019, S. 31). Eine rein **induktive** Entwicklung und Anwendung von Kategorien dient vorrangig der **Entwicklung von Theorien**, wie es in der Grounded Theory der Fall ist, und bedarf einer anschließenden sorgfältigen Kontrolle (Döring & Bortz, 2016, S. 225; Gibbs, 2018, S. 6; Jann & Hevenstone, 2019, S. 226; Kansteiner & König, 2020, S. 5; Mayring, 2016, S. 36; Wichmann, 2019, S. 32). In der **Forschungspraxis** wird häufig die **deduktive mit der induktiven Kategorienbildung** kombiniert, um die Vorteile beider Verfahren zu vereinen. Dabei werden die **Hauptkategorien deduktiv** anhand des theoretischen Bezugsrahmens oder der Interviewleitfäden und die **Subkategorien induktiv** aus dem Material heraus entwickelt (Gibbs, 2018, S. 61–62; Kuckartz & Rädiker, 2020, S. 30, 2022, S. 102–103; Mayring & Fenzl, 2019, S. 642–643; Schreier, 2014b, S. 6; Stamann et al., 2016, S. 8–9). Mit dieser Kombination beider Verfahren ist sowohl die erforderliche **Strukturierung** als auch die **Offenheit** für das vorliegende Forschungsvorhaben gewährleistet.

Nach der Ableitung der Hauptkategorien wird anhand dieser das Material zum ersten Mal **codiert** (Kuckartz & Rädiker, 2022, S. 132). Dabei werden die Kategorien einer Textstelle zugeordnet (Hussy et al., 2013, S. 252; Kuckartz & Rädiker, 2020, S. 43; Kühlmeyer et al., 2020, S. 8; Rädiker & Kuckartz, 2019, S. 69). Im Gegensatz zur quantitativen Inhaltsanalyse sind die Sinneinheiten bei der qualitativen Inhaltsanalyse nicht vorab bestimmt, sodass der Forscher bei der Codierung freier ist (Kuckartz & Rädiker, 2022, S. 244). Eine codierte Einheit sollte entweder eine Aussage zu einem Thema (der Kategorie) oder zu einem Aspekt eines Themas (der Subkategorie) enthalten (Kuckartz & Rädiker, 2020, S. 43). Der Codierungsprozess ist in der qualitativen Inhaltsanalyse erst dann beendet, wenn das Material vollständig kategorisiert wurde, wobei für die Forschungsfrage irrelevante Abschnitte ignoriert werden (Kuckartz & Rädiker, 2020, S. 45–46; Kühlmeyer et al., 2020, S. 8).

Nach Abschluss der Codierung mit den Hauptkategorien werden die **Subkategorien induktiv aus dem Material entwickelt**, woran sich eine erneute **Codierung** des Materials **anhand der Subkategorien** anschließt (Kuckartz & Rädiker, 2022, S. 132, 2022, S. 102–103; Mayring & Fenzl, 2019, S. 642–643).

Da die Analyse der Interviews in einem **iterativen Prozess** stattfindet, wird das **Kategoriensystem** während des Analyseprozesses **permanent modifiziert** (Bücker, 2020, S. 5; Kuckartz & Rädiker, 2020, S. 25, 2022, S. 132; Kühlmeyer et al., 2020, S. 10; Schreier, 2014b, S. 5–6). Die Entwicklung und Modifizierung der (Sub-)Kategorien bildet die **Kernphase** der inhaltlich-strukturierenden qualitativen Inhaltsanalyse (Bücker, 2020, S. 20; Kuckartz, 2018, S. 47). Dabei ist für die Entwicklung zu beachten, dass die Kategorien insgesamt **erschöpfend, disjunkt** und **präzise** sein sollten (Baumgarth & Koch, 2009, S. 156; Diekmann, 2014, S. 589; Kergel, 2018, S. 136–137). Zur **Dokumentation** der Kategorienentwicklung können **Memos**[13] genutzt werden (Kuckartz, 2018, S. 53; Kuckartz & Rädiker, 2022, S. 258; Kühlmeyer et al., 2020, S. 11–12; Szabo, 2009, S. 118). Später lässt sich mit der Dokumentation ein **Codebuch** erstellen, welches die Nachvollziehbarkeit des Codiervorgangs gewährleistet (Baumgarth & Koch, 2009, S. 143; Kuckartz, 2018, S. 40; Kuckartz & Rädiker, 2020, S. 33; Saldaña, 2016, S. 27–28).

Nach Abschluss der Codierung der Transkripte folgt die **Analyse** mit anschließender **Ergebnisdarstellung** (Kuckartz & Rädiker, 2022, S. 132; Schreier, 2014b, S. 5–6). Zu den Formen der Analyse gehören unter anderem

- vertiefende Einzelfallanalysen,
- tabellarische Fallübersichten,
- kategorienbasierte Analysen der Hauptkategorien oder
- paarweise Zusammenhänge zwischen Kategorien (Kuckartz & Rädiker, 2020, S. 76, 2022, S. 147).

Die gewählte Form der Analyse hängt dabei weiterhin von der Forschungsfrage ab (Kuckartz & Rädiker, 2020, S. 78–79, 2022, S. 147; Kühlmeyer et al., 2020, S. 7; Mayring, 2015, S. 87). Für das vorliegende Forschungsvorhaben werden vertiefende Einzelfallanalysen, tabellarische Fallübersichten oder paarweise Zusammenhänge als **ungeeignet** angesehen, da die Fragestellung eher auf ein Gesamtbild der Expertenmeinungen abzielt als auf detaillierte Auswertungen einzelner Fälle oder den Vergleich von Kategorien untereinander. Deshalb erfolgt die **kategorienbasierte Analyse entlang der Hauptkategorien**, um zu erfahren, wie die Experten die Situation in der Kunststoffrecycling-Branche einschätzen.[14]

---

[13] Ein Memo dient der Dokumentation von Gedankengängen, Ideen und Hypothesen im Forschungsprozess. Es kann als formlose Notiz verstanden werden und ist sowohl für ganze Interviews, einzelne Textstellen als auch für die Kategorien einsetzbar (Kuckartz & Rädiker, 2022, S. 123).

[14] Die Ergebnisse dieser Analyse sind in Teil III – 10 Ergebnisse dargestellt.

9.4 Vorgehen und Ablauf

Aufgrund der Tatsache, dass die **Transparenz** in der qualitativen Forschung eine **hohe Relevanz** für die Güte einer Studie hat (Bogner et al., 2014, S. 93; Flick, 2005, S. 207; C. Meyer & Meier zu Verl, 2019, S. 277), wird im nächsten Abschnitt auf das Vorgehen bei der Datenerhebung und -aufbereitung im Rahmen der problemzentrierten Experteninterviews eingegangen.

9.4.1 Rekrutierung der Stichprobe: Experten aus der Kunststoffrecycling-Branche

Zur Rekrutierung der Experten wurde vorbereitend über verschiedene Online-Plattformen[15] nach Unternehmen recherchiert, die in der Kunststoffrecycling-Branche im Post-Consumer Bereich agieren. Dadurch zeigte sich bereits, dass sich ein großer Anteil der Kunststoffrecycling-Unternehmen in Deutschland auf den Bereich des Post-Industrial Recyclings spezialisiert hat.[16] Anschließend wurden Kontaktdaten über die Unternehmenswebsites von Betrieben ermittelt, die im Bereich des Post-Consumer-Recyclings tätig sind.

Die erstmalige Kontaktierung der potenziellen Studienteilnehmer erfolgte gemäß der Empfehlung von Kaiser (2021, S. 91) **telefonisch**, um sicherzustellen, dass die anschließend versandte E-Mail mit Informationen zum Forschungsvorhaben nicht versehentlich übersehen wird. Über diesen Weg wurden insgesamt **48 Experten** aus Unternehmen der Kunststoffrecycling-Branche sowie **26 Experten** aus Unternehmen kontaktiert, die Zulieferer von Technologie für die Kunststoffrecycling-Branche sind. Von den kontaktierten Personen erklärten sich 18 Experten dazu bereit, an der Studie teilzunehmen. Bei den Ablehnungen gaben die Experten meist **Zeitmangel** oder **Desinteresse** am Forschungsthema als Grund für die Absage an.

---

[15] Die Suche fand in den Online-Plattformen *branchenregister.de*, *firmendatenbanken.de* und *wlw.de* statt (ISDF GmbH, 2021; Verlagsgruppe Industrie- und Handelsverlag GmbH & Co. KG, 2022; Visable GmbH, 2022).

[16] Eine Karte mit den Rechercheergebnissen findet sich in Anhang 6 im digitalen Zusatzmaterial.

Die **Ausweitung der Expertengruppe** auf die Zulieferer von Technologie für die Kunststoffrecycling-Branche erfolgte im Verlauf des Erhebungsprozesses, da während der Auswertung der Interviews deutlich wurde, dass eine **weitere Perspektive** zur Beantwortung der Forschungsfrage beitragen würde, da hierdurch eine alternative Sichtweise auf die Möglichkeiten und die aktuelle Situation der Branche zu erwarten ist.[17]

9.4.2 Datenerhebung: Problemzentrierte Experteninterviews

Vor der Durchführung der Interviews wurde den Experten der **Kurzfragebogen** online bereitgestellt, der gemäß den Empfehlungen des Statistischen Bundesamtes geschlossene Fragen enthält und zur Erhebung von **demografischen**[18] und **unternehmensspezifischen Daten**[19] dient (Beckmann et al., 2016, S. 8; Lamnek & Krell, 2016, S. 347; Witzel, 1985, S. 236). Ferner wurde das Einverständnis der Studienteilnehmer eingeholt, ihre Daten im Rahmen der empirischen Studie zu verarbeiten. Im Falle einer Nichtzustimmung der angefragten Experten hätten die Daten zur Wahrung des Datenschutzes nicht verarbeitet werden können, sodass dies zum Ausschluss der Personen für die empirische Studie geführt hätte.

Die problemzentrierten Experteninterviews fanden im Zeitraum von September 2021 bis April 2022 mit Fach- und Führungskräften aus kleinen und mittleren Unternehmen der Kunststoffrecycling-Branche sowie aus Zulieferer-Unternehmen, die Technologie für die Kunststoffrecycling-Branche bereitstellen, statt. Tabelle 9.6 zeigt einen **Überblick der befragten Experten.**

---

[17] Hierfür wurde das Expertenkriterium Kunststoffrecycling-Branche um die Branche der Technologiezulieferer für die Kunststoffrecycling-Branche ergänzt.

[18] Geschlecht, Alter und höchster Bildungsabschluss.

[19] Branche, Hierarchieebene im Unternehmen, Anzahl der Mitarbeiter und Jahresumsatz des Unternehmens.

9.4 Vorgehen und Ablauf   127

Tabelle 9.6 Interviewpartner der Studie. (Quelle: Eigene Darstellung)

Interviewpartner	Position im Unternehmen	Branche / Unternehmen	Interview Medium
Experte 01	Geschäftsführung / Inhaber	Kunststoffrecycling-Branche Waschanlage und Extrusion	persönlich
Experte 02	angestellt mit fachlicher und disziplinarischer Führungsverantwortung	Kunststoffrecycling-Branche Sortieranlage	MS Teams
Experte 03	angestellt mit fachlicher und disziplinarischer Führungsverantwortung	Kunststoffrecycling-Branche Sortier- und Waschanlage und Extrusion	telefonisch
Experte 04	angestellt ohne Führungsverantwortung	Kunststoffrecycling-Branche Sortieranlage und Extrusion	MS Teams
Experte 05	angestellt mit fachlicher und disziplinarischer Führungsverantwortung	Kunststoffrecycling-Branche Waschanlage und Extrusion	MS Teams
Experte 06	angestellt mit fachlicher Führungsverantwortung	Kunststoffrecycling-Branche Sortier- und Waschanlage und Extrusion	MS Teams
Experte 07	Geschäftsführung / Inhaber	Kunststoffrecycling-Branche Sortieranlage	MS Teams
Experte 08	angestellt ohne Führungsverantwortung	Technologiezulieferer für die Kunststoffrecycling-Branche	MS Teams
Experte 09	angestellt mit fachlicher und disziplinarischer Führungsverantwortung	Technologiezulieferer für die Kunststoffrecycling-Branche	MS Teams
Experte 10	sonstige (selbstständig)	Kunststoffrecycling-Branche Waschanlage	MS Teams
Experte 11	angestellt mit fachlicher und disziplinarischer Führungsverantwortung	Technologiezulieferer für die Kunststoffrecycling-Branche	MS Teams
Experte 12	Geschäftsführung / Inhaber	Kunststoffrecycling-Branche Sortier- und Waschanlage und Extrusion	telefonisch
Experte 13	angestellt mit fachlicher und disziplinarischer Führungsverantwortung	Kunststoffrecycling-Branche Sortier- und Waschanlage und Extrusion	telefonisch

(Fortsetzung)

128 9 Forschungsdesign

Tabelle 9.6 (Fortsetzung)

Interviewpartner	Position im Unternehmen	Branche / Unternehmen	Interview Medium
Experte 14	Geschäftsführung / Inhaber	Kunststoffrecycling-Branche Waschanlage und Extrusion	telefonisch
Experte 15	Geschäftsführung / Inhaber	Kunststoffrecycling-Branche Sortier- und Waschanlage und Extrusion	MS Teams
Experte 16	angestellt mit fachlicher und disziplinarischer Führungsverantwortung	Kunststoffrecycling-Branche Sortieranlage	MS Teams
Experte 17	angestellt mit fachlicher Führungsverantwortung	Kunststoffrecycling-Branche Waschanlage und Extrusion	MS Teams
Experte 18	angestellt mit fachlicher und disziplinarischer Führungsverantwortung	Kunststoffrecycling-Branche Waschanlage und Extrusion	MS Teams

Aufgrund der kontakteinschränkenden Maßnahmen der Covid-19-Pandemie in Deutschland während des Erhebungszeitraums wurde lediglich **ein Interview persönlich** durchgeführt (Robert Koch-Institut, 2022). Weitere **vier Interviews** wurden auf Wunsch der Interviewpartner **telefonisch** geführt und die restlichen **13 Interviews** fanden über **Microsoft Teams** statt. Da eine **stabile Internetbeziehungsweise Telefonverbindung** bestand, können die Interviewmedien Telefon und Video als adäquater Ersatz zu einem persönlichen Interview angesehen werden (Blöbaum et al., 2016, S. 186; Gray et al., 2020, S. 1298; Sedgwick & Spiers, 2009, S. 8; Thunberg & Arnell, 2021, S. 8).

Den Leitfaden erhielten die Interviewpartner nicht vorab, da eine mögliche Beeinflussung aufgrund einer intensiveren Vorbereitung des Experten verhindert und eine möglichst spontane Reaktion auf die Fragen hervorgerufen werden sollte. Diese Vorgehensweise wird unter anderen auch von Bogner et al. (2014, S. 30–31) empfohlen, sofern keine wichtigen Gründe für ein Versenden des Interviewleitfadens vor dem Interview sprechen (Franz & Kopp, 2004, S. 57). Durch den offen gestalteten Leitfaden konnten individuell vertiefende Ad-hoc-Fragen auch noch in der Interviewsituation eingebracht werden.

9.4 Vorgehen und Ablauf   129

Eines der Interviews wurde mit zwei Experten zugleich geführt, da diese in der gleichen Unternehmensgruppe arbeiteten und ein gemeinsames Interview ausdrücklich anfragten. Die Interviews dauerten **durchschnittlich 27 Minuten,** wobei auch die kürzeren Interviews über eine hohe Informationsdichte verfügen. Sämtliche Interviews wurden mit einem Tonaufnahmegerät aufgezeichnet, zeitnah transkribiert und anschließend ausgewertet. Im Anschluss an die Interviews wurde jeweils ein Postskript angefertigt, um die Gesprächsatmosphäre und Eindrücke festzuhalten.

9.4.3 Datenaufbereitung: Transkription der problemzentrierten Experteninterviews

In Vorbereitung auf die Analyse der Interviews wurden die Audioaufnahmen zeitnah nach der Durchführung nach den Transkriptionsregeln verschriftlicht. Dieser regelgeleitete Vorgang diente vorrangig der **Transparenz** des Forschungsprozesses. Gleichzeitig ermöglicht dies die **spätere textbasierte Analyse** mit der inhaltlich strukturierenden qualitativen Inhaltsanalyse, die Daten in Schriftform erfordert (Fuß & Karbach, 2019, S. 17; C. Meyer & Meier zu Verl, 2019, S. 283; Przyborski & Wohlrab-Sahr, 2014, S. 163).

Die Transkription wurde durch die Forscherin selbst durchgeführt, sodass sich bereits im Transkriptionsprozess **intensiv mit dem Material auseinandergesetzt** wurde (Dresing & Pehl, 2020, S. 849). Dabei orientierte sich die Forscherin an den **vorab festgelegten Transkriptionsregeln.**[20] Um den Transkriptionsprozess zu erleichtern und zu beschleunigen, erfolgte die **Anonymisierung** gemäß den Empfehlungen von Kuckartz und Rädiker (2022, S. 197) erst nach Abschluss der Transkription.

Bei der Transkription kam die **Transkriptionssoftware f4transkript** zum Einsatz, wodurch nach einer kurzen Einarbeitungszeit eine rasche Verschriftlichung der Audiodaten erfolgte. Die Transkription der Interviews nahm **je Interview etwa fünf Stunden** in Anspruch.

Nach Abschluss der Transkription wurden die Transkripte abgespeichert und zusammen mit den Audioaufzeichnungen in die QDA-Software MAXQDA

---

[20] Die Transkriptionsregeln sind in Anhang 7 im elektronischen Zusatzmaterial einzusehen.

importiert. Dabei wurden die Meta-Informationen der Interviews[21] im jeweiligen Dokument-Memo vermerkt (Kuckartz & Rädiker, 2020, S. 4). Wie solch ein Dokumenten-Memo aussieht, ist in Abbildung 9.5 dargestellt.

Abbildung 9.5 Beispiel eines Dokumenten-Memos. (Quelle: Screenshot aus MAXQDA)

---

[21] Die Meta-Informationen im Dokument-Memo beinhalteten beispielsweise die Dauer, die Art und den Ort des Interviews.

Ergebnisse

10

Im nächsten Kapitel wird zunächst das Vorgehen bei der Auswertung der Ergebnisse beschrieben, um danach die Befunde der problemzentrierten Experteninterviews einzuordnen.

10.1 Auswertung der Ergebnisse der problemzentrierten Experteninterviews

Im ersten Schritt der Analyse wurde das Material anhand der Transkripte ausgiebig gesichtet, um erste Auffälligkeiten zu notieren (Kuckartz & Rädiker, 2020, S. 13–14). Im zweiten Schritt erfolgte die deduktive Entwicklung der Hauptkategorien (HK) anhand des theoretischen Bezugsrahmens, der Forschungsfrage und des Interviewleitfadens (Früh, 2017, S. 74; Kuckartz & Rädiker, 2020, S. 30). Dabei wurde nach Empfehlung von Kuckartz und Rädiker (2020, S. 39–40) noch eine **allgemeine Kategorie** angelegt, die zur Erleichterung der Analyse diente und dazu genutzt wurde, um

- Aspekte zu codieren, die (noch) keiner Hauptkategorie zugeordnet werden konnten,
- interessante Aspekte zu codieren, die nicht direkt im Kontext der Beantwortung der Forschungsfrage stehen und
- zitierfähige Stellen hervorzuheben.

Für die spätere Darlegung, Diskussion und Interpretation der Ergebnisse wurde diese Kategorie allerdings nicht berücksichtigt.

Es wurden sieben Hauptkategorien deduktiv entwickelt zuzüglich der allgemeinen Kategorie. Im Laufe der Analyse kam noch eine weitere induktive

© Der/die Autor(en), exklusiv lizenziert an Springer Fachmedien Wiesbaden GmbH, ein Teil von Springer Nature 2024
C. Berbalk, *Prozesscontrolling in der Kunststoffrecycling-Branche*,
https://doi.org/10.1007/978-3-658-45985-7_10

Hauptkategorie[1] hinzu, weshalb das Kategoriensystem sich abschließend aus **acht Hauptkategorien** zuzüglich der allgemeinen Kategorie für die Codierung der Interview-Transkripte zusammensetzt (siehe Abbildung 10.1).

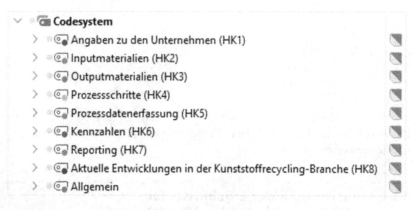

Abbildung 10.1 Hauptkategorien der empirischen Untersuchung. (Quelle: Screenshot aus MAXQDA)

Bei der Entwicklung der Hauptkategorien wurden diese noch definiert, um sicherzustellen, dass im weiteren Codierungsprozess alle zugehörigen Textstellen korrekt zur jeweiligen Hauptkategorie erfasst werden (Kuckartz, 2018, S. 39; Kuckartz & Rädiker, 2020, S. 33). Die Kategoriendefinitionen wurden in den Code-Memos hinterlegt, im Laufe des Analyseprozesses weiter verfeinert und mit Ankerbeispielen versehen (Kuckartz & Rädiker, 2020, S. 25). Abbildung 10.2 zeigt ein beispielhaftes Code-Memo einer Subkategorie.

---

[1] Die induktiv entwickelte Hauptkategorie ist die Hauptkategorie 8: *Aktuelle Entwicklungen in der Kunststoffrecycling-Branche*, welche bereits nach der Codierung des zweiten Interviews hinzugefügt wurde.

10.1 Auswertung der Ergebnisse der problemzentrierten ... 133

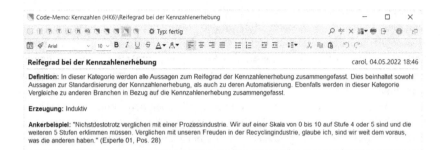

Abbildung 10.2 Code-Memo einer Subkategorie. (Quelle: Screenshot aus MAXQDA)

Im dritten Schritt erfolgte die Codierung des Materials entlang der Hauptkategorien unter Berücksichtigung der Definitionen aus den Code-Memos (Kuckartz & Rädiker, 2022, S. 132). Auf die vollständige Codierung des Materials mit den Hauptkategorien folgte die **induktive Entwicklung der Subkategorien** anhand der Forschungsfrage aus dem Text heraus (Kuckartz & Rädiker, 2020, S. 72–73; Schreier, 2014b, S. 6). Dazu wurden in einem erneuten Codierdurchlauf des Materials zunächst sämtliche codierten Stellen einer Hauptkategorie angezeigt, sodass sie in Subkategorien ausdifferenziert codiert wurden.

Da die Codierung der Interviews parallel zur Durchführung der Interviews stattfand und sich das Kategoriensystem daher im Laufe der empirischen Erhebung weiter veränderte, wurde die Codierung des gesamten Materials nach Durchführung des letzten Interviews validiert, bevor die folgenden Analyseschritte angegangen wurden.

Zur **Qualitätssicherung** wurde eine Intercoder-Übereinstimmungsprüfung mit zwei unabhängigen Forschern durchgeführt (Baumgarth & Koch, 2009, S. 143; Kuckartz & Rädiker, 2022, S. 239; Kühlmeyer et al., 2020, S. 19). Die Prüfer erhielten beide jeweils die **vier gleichen zufällig ausgewählten der 17 durchgeführten Interviews** zur erneuten Codierung, was etwa 20 % der durchgeführten Interviews entspricht (Baumgarth & Koch, 2009, S. 145; Lombard et al., 2002, S. 601; Rädiker & Kuckartz, 2019, S. 290; Züll & Menold, 2019, S. 858). Da die Segmentgrenzen für die Codierung durch die Prüfer nicht festgelegt wurden und das entwickelte Kategoriensystem mit acht Hauptkategorien als komplex einzuschätzen ist, fand die Codierung durch die Prüfer lediglich **anhand der Hauptkategorien** statt (Ritsert, 1972, S. 70). Bei Anwendung der Intercoder-Übereinstimmung ist zu beachten, dass die Segmentierung in der qualitativen Inhaltsanalyse nicht festgeschrieben ist, weshalb es zu Abweichungen zwischen den Codierern aufgrund von unterschiedlich aufgefassten Segmentgrenzen kommen kann (Kuckartz & Rädiker, 2022, S. 245–246). Daher wurde festgelegt, dass eine Segmentübereinstimmung von 90 % bei der Bestimmung des Kappa akzeptiert wird. Das Codebuch wurde beiden Prüfern voll umfassend zur Verfügung gestellt, damit diese anhand der Codedefinitionen die korrekten Codierungen vornehmen konnten.

Für die Berechnung der Übereinstimmung zwischen den Codierern wurde der **Koeffizient nach** Brennan und Prediger (1981) gewählt, da dieser zum einen bei mehr als zwei Codierern geeigneter ist als beispielsweise Cohen's Kappa oder Scotts Pi und zudem in der Zufallsbereinigung genauere Werte liefert, da mit einer Matrix der Kategorien statt einer Vierfeldtafel gerechnet wird (Gwet, 2014, S. 71; Rädiker & Kuckartz, 2019, S. 301–302). Dabei wurde die Übereinstimmungsprüfung sowohl zwischen der Forschenden und den Prüfern als auch zwischen den Prüfern untereinander durchgeführt. Die Berechnung des Koeffizienten erfolgte über die Funktion *Intercoder-Übereinstimmung* in der QDA-Software MAXQDA.

In den nachfolgenden Abbildungen werden die Ergebnisse der Intercoder-Übereinstimmungsprüfung zwischen den einzelnen Codierern dargelegt.

		Person 1		
		1	0	
Person 2	1	a = 182	b = 17	199
	0	c = 32	0	32
		214	17	231

Abbildung 10.3 Darstellung Ergebnistafel zwischen Forscher und Prüfer 1 zur Berechnung des Kappa. (Legende: a: Anzahl übereinstimmender Codes beider Codierer. b: Anzahl abweichender Codes (vorhanden bei Codierer 2, nicht vorhanden bei Codierer 1). c: Anzahl abweichender Codes (vorhanden bei Codierer 1, nicht vorhanden bei Codierer 2)) (Quelle: Screenshot aus MAXQDA)

Berechnung des Brennan-Prediger Kappa für Forscher und Prüfer 1:
P(observed) = Po = a / (a + b + c) = 0.79
P(chance) = Pc = 1 / Anzahl der Codes = 1 / 10 = 0.13
Kappa = (Po – Pc) / (1 – Pc) = 0.76

Bei ungleicher Anzahl an Codes pro Segment oder bei Auswertung eines Codes allein:

10.1 Auswertung der Ergebnisse der problemzentrierten ... 135

P(chance) = Pc = Anzahl der Codes / (Anzahl der Codes + 1)2 = 0.10
Kappa = (Po – Pc) / (1 – Pc) = 0.76

		Person 1		
		1	**0**	
Person 2	**1**	a = 180	b = 18	198
	0	c = 30	0	30
		210	18	228

Abbildung 10.4 Darstellung Ergebnistafel zwischen Forscher und Prüfer 2 zur Berechnung des Kappa. (Legende: a: Anzahl übereinstimmender Codes beider Codierer. b: Anzahl abweichender Codes (vorhanden bei Codierer 2, nicht vorhanden bei Codierer 1). c: Anzahl abweichender Codes (vorhanden bei Codierer 1, nicht vorhanden bei Codierer 2)) (Quelle: Screenshot aus MAXQDA)

Berechnung des Brennan-Prediger Kappa für Forscher und Prüfer 2:
P(observed) = Po = a / (a + b + c) = 0.79
P(chance) = Pc = 1 / Anzahl der Codes = 1 / 10 = 0.13
Kappa = (Po – Pc) / (1 – Pc) = 0.76
Bei ungleicher Anzahl an Codes pro Segment oder bei Auswertung eines Codes allein:
P(chance) = Pc = Anzahl der Codes / (Anzahl der Codes + 1)2 = 0.10
Kappa = (Po – Pc) / (1 – Pc) = 0.77
Berechnung des Brennan-Prediger Kappa für Prüfer 1 und Prüfer 2:
P(observed) = Po = a / (a + b + c) = 0.79
P(chance) = Pc = 1 / Anzahl der Codes = 1 / 10 = 0.13
Kappa = (Po – Pc) / (1 – Pc) = 0.76
Bei ungleicher Anzahl an Codes pro Segment oder bei Auswertung eines Codes allein:
P(chance) = Pc = Anzahl der Codes / (Anzahl der Codes + 1)2 = 0.10
Kappa = (Po – Pc) / (1 – Pc) = 0.77

	Person 1		
	1	**0**	
Person 2 **1**	a = 180	b = 18	198
0	c = 30	0	30
	210	18	228

Abbildung 10.5 Darstellung Ergebnistafel zwischen Prüfer 1 und Prüfer 2 zur Berechnung des Kappa. (Legende: a: Anzahl übereinstimmender Codes beider Codierer. b: Anzahl abweichender Codes (vorhanden bei Codierer 2, nicht vorhanden bei Codierer 1). c: Anzahl abweichender Codes (vorhanden bei Codierer 1, nicht vorhanden bei Codierer 2)) (Quelle: Screenshot aus MAXQDA)

Um die Ergebnisse entsprechend interpretieren zu können, muss zunächst ermittelt werden, welcher Wert des Kappa als akzeptabel angesehen werden kann. In der Literatur findet man dazu unterschiedliche Einschätzungen, welche zusammenfassend darlegen, dass **Werte ab 0.6** als **gut** einzustufen sind, da die Berechnung des Kappa an sich sehr streng in der Übereinstimmungsprüfung ist (Döring & Bortz, 2016, S. 346; Lombard et al., 2002, S. 593; Rädiker & Kuckartz, 2019, S. 303). Dabei ist allerdings festzustellen, dass die Ergebnisse nicht ohne **inhaltliche Interpretation** bewertet werden können, da die getroffenen Entscheidungen im Rahmen der Intercoder-Übereinstimmungsprüfung ebenfalls einen Einfluss auf das Ergebnis des Kappa haben können (Döring & Bortz, 2016, S. 346; Rädiker & Kuckartz, 2019, S. 303).

In diesem Zusammenhang stellen Rädiker und Kuckartz (2019, S. 303) fest, dass bei einem freien Codieren ohne vorherige **Festlegung der Segmentgrenzen** das Ergebnis des Kappa niedriger ausfallen würde, da die Wahrscheinlichkeit der exakten Übereinstimmung der Segmentgrenzen von unabhängigen Codierern weniger wahrscheinlich ist. Um diesem Umstand zu begegnen, wurde eine Toleranz von 10 % für die Überschneidung von Segmentgrenzen festgelegt, folglich müssen die Segmente lediglich zu 90 % übereinstimmende Segmentgrenzen aufweisen.

Die Ergebnisse der Koeffizienten zeigten die **Schwachstellen des Kategoriensystems** bei den Kategorien Prozessdatenerfassung (HK5), Kennzahlen (HK6) und Reporting (HK7) auf. Bei diesen Kategorien war die Übereinstimmung der Codierungen zwischen Forscher und Prüfern vergleichsweise geringer als bei den anderen. Daher wurde in der anschließenden Diskussion der Codier-Ergebnisse ein besonderes Augenmerk auf diese Kategorien gelegt. Die Diskussion der Ergebnisse erfolgte entsprechend der Empfehlung von Kuckartz und Rädiker (2022, S. 137), wobei die nicht übereinstimmenden Stellen der Codierung diskutiert wurden. Durch diese Diskussion konnten Schwachstellen im Kategoriensystem aufgedeckt und nachgebessert werden.

Nach Validierung der Codierung fand eine kategorienbasierte Auswertung entlang der Hauptkategorien statt, deren Ergebnisse nachfolgend dargestellt sind.

10.2 Darlegung der Ergebnisse der problemzentrierten Experteninterviews

In diesem Kapitel werden die Ergebnisse der problemzentrierten Experteninterviews präsentiert. Anhand der Experten-Aussagen im Rahmen der problemzentrierten Interviews wurde herausgearbeitet,

- inwieweit bereits Standardisierung und Tool-Support bei der Prozessdatenerfassung und dem Reporting in der Kunststoffrecycling-Branche eingesetzt werden,
- wie die diesbezüglichen Vorstellungen für die Zukunft sind und
- wie die aktuellen Entwicklungen in der Branche von den befragten Experten eingeschätzt werden.

Die Ergebnisdarstellung ist entlang der **acht Hauptkategorien** strukturiert (Kuckartz & Rädiker, 2022, S. 148), die in der nachfolgenden Tabelle inklusive einer Erläuterung aufgelistet sind.

Tabelle 10.1 Hauptkategorien und deren Beschreibung. (Quelle: Eigene Darstellung)

Hauptkategorie	Beschreibung
Angaben zu den Unternehmen (HK1)	allgemeine Parameter des Unternehmens wie die bereitgestellten Technologien, Beratungstätigkeiten sowie die Kapazität der Anlagen
Inputmaterialien (HK2)	Inputmaterialien der Recyclinganlagen
Outputmaterialien (HK3)	Endprodukte der Recyclinganlagen sowie deren Anwendung
Prozessschritte (HK4)	vorhandene Prozessschritte des Kunststoffrecyclings, deren Beschreibung, Darlegung des Einflusses auf Kosten und Qualität sowie der Reifegrad der Prozessstandardisierung
Prozessdatenerfassung (HK5)	Methoden der Datenerhebung in den Prozessen der Unternehmen, verwendete Tools, Erfassungsintervalle und Informationen zur Transparenz im Unternehmen sowie Reifegrad der Prozessdatenerfassung (auch im Vergleich zu anderen Branchen)
Kennzahlen (HK6)	Kennzahlen zum (Produktions-)Controlling und Informationen zum Reifegrad der Kennzahlenerhebung
Reporting (HK7)	Reporting-Turnus, Darstellungs- und Reporting-Methoden und Anforderungen an das Reporting
Aktuelle Entwicklungen in der Kunststoffrecycling-Branche (HK8)	Die aktuellen Entwicklungen in der Kunststoffrecycling-Branche in Bezug auf die Gesetzgebung, Kundenanforderungen, Automatisierung, Erhöhung der Recyclingquoten, Qualitätsansprüche und die Wettbewerbssituation allgemein

Da die befragten Experten nicht ausschließlich in Unternehmen der Kunststoffrecycling-Branche, sondern auch bei Technologiezulieferern für die Kunststoffrecycling-Branche arbeiten, verhelfen die Hauptkategorien *Angaben zu den Unternehmen, Inputmaterialien* und *Outputmaterialien* zu einem besseren Verständnis, wie sich die Stichprobe zusammensetzt und wie die Antworten zu den weiteren Kategorien einzuordnen sind. Die restlichen **fünf Hauptkategorien** dienen der **Beantwortung der Forschungsfrage.**

Sofern in den nachfolgenden Kapiteln eine **Quantifizierung oder Darstellung von Häufigkeiten** erfolgt, werden damit lediglich **Tendenzen** innerhalb der befragten Stichprobe aufgezeigt, was die **Auswertung und Interpretation** der Ergebnisse stützt (Kuckartz, 2018, S. 53; Kühlmeyer et al., 2020, S. 11; Mayring & Fenzl, 2019, S. 634; Schreier, 2014a, S. 205). Diese **quantifizierten qualitativen Antworten** sind jedoch nicht mit der **Repräsentativität von Ergebnissen** einer quantitativen Untersuchung gleichzusetzen (Kuckartz, 2018, S. 54) (Abbildung 10.6).

Abbildung 10.6 Übergreifende Struktur der Haupt- und Subkategorien. (Quelle: Eigene Darstellung)

10.2.1 Angaben zu den Unternehmen (HK1)

Vier der Gesprächspartner sind **bei Zulieferern von Technologien für die Kunststoffrecycling-Branche** tätig. Deren Dienstleistungsspektrum reicht dabei von kompletten Anlagen zur Zerkleinerung, Sortierung, zum Waschen und Trocknen der Kunststoffe bis zu Anlagen zur Regranulierung von aufbereiteten Kunststoffen (Experte 08, Pos. 2; Experte 09, Pos. 2; Experte 10, Pos. 2, 4; Experte 11, Pos. 2, 4). Zudem bieten diese den Unternehmen der Kunststoffrecycling-Branche auch Unterstützung bei Genehmigungsverfahren für ihre Aufbereitungsanlagen an (Experte 10, Pos. 2, 6).

Die Unternehmen der Experten aus der Kunststoffrecycling-Branche verarbeiten **jährlich im Durchschnitt 86.000 Tonnen** ihres jeweiligen Inputmaterials, wobei sowohl größere Anlagen mit einer deutlich höheren Kapazität als auch wesentlich kleinere Anlagen mit einem deutlich niedrigeren Leistungsvermögen, wie in Abbildung 10.7 dargestellt, bei den interviewten Experten vertreten sind (Experte 01, Pos. 2; Experte 02, Pos. 10; Experte 03, Pos. 12; Experte 04, Pos. 6; Experte 05, Pos. 10; Experte 06, Pos. 8; Experte 07, Pos. 2; Experte 12, Pos. 6; Experte 13, Pos. 12; Experte 14, Pos. 10; Experte 15, Pos. 8; Experte 16, Pos. 4; Experte 17, Pos. 5; Experte 18, Pos. 6).

In einigen Anlagen ist die Bearbeitung von Inputmaterialien aus verschiedenen Verarbeitungsstadien des Kunststoffrecyclings[2] möglich. Diese Materialien sind entsprechend als Input 1 und Input 2 in Abbildung 10.7 gekennzeichnet (Experte 03, Pos. 12; Experte 12, Pos. 6; Experte 16, Pos. 4). Es wurden lediglich die Experten aufgeführt, bei denen im Unternehmen Kunststoffabfälle verarbeitet werden. Die Experten, die bei Technologiezulieferern arbeiten, sind nicht dargestellt.

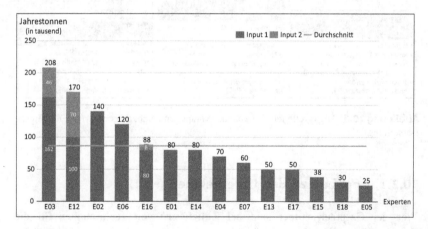

Abbildung 10.7 Kapazitäten der Unternehmen der befragten Experten in tausend Tonnen pro Jahr. (Quelle: Eigene Darstellung)

---

[2] Das Verarbeitungsstadium bezieht sich in diesem Zusammenhang auf die bereits durchgeführten Prozessschritte im Kunststoffrecycling. Beim Unternehmen von Experte 03 besteht beispielsweise eine Verarbeitungskapazität von 162.000 Tonnen *Gelber Sack* und zusätzlich 46.000 Tonnen *vorsortierte Ballenware* (Experte 03, Pos. 12).

10.2 Darlegung der Ergebnisse der problemzentrierten ...   141

Die Abfrage der Kapazitäten erfolgte zunächst unabhängig vom Input-
oder Outputmaterial. Zu diesen wurde eine eigenständige Auswertung in ihrer
jeweiligen Hauptkategorie durchgeführt.

10.2.2 Inputmaterialien (HK2)

Die befragten Experten arbeiten in Unternehmen der Kunststoffrecycling-
Branche, die sich nach ihrem **Inputmaterial** in zwei Gruppen unterscheiden
lassen:

- Zum einen sind dies Unternehmen, die ihre Inputmaterialien aus der **haus-
haltsnahen Erfassung** bzw. der Sammlung des **Gelben Sackes** erhalten
(Experte 02, Pos. 2; Experte 04, Pos. 2; Experte 06, Pos. 2; Experte 07, Pos. 2;
Experte 16, Pos. 2).
- Zum anderen sind dies Recyclingfirmen, die **vorsortierte Kunststofffraktio-
nen** als ihre Inputmaterialien nutzen (Experte 01, Pos. 2, 4; Experte 05, Pos. 2,
26; Experte 09, Pos. 2; Experte 13, Pos. 2; Experte 14, Pos. 2; Experte 15,
Pos. 2, 12; Experte 17, Pos. 2; Experte 18, Pos. 4).

Zwei der 13 Unternehmen aus dem Sample[3] beziehen ihren Input sowohl aus
der haushaltsnahen Erfassung als auch durch vorsortierte Kunststofffraktionen
(Experte 03, Pos. 2, 12; Experte 12, Pos. 2). Welchen Anteil die einzelnen Kategorien des Inputmaterials in den Unternehmen der befragten Experten ausmachen,
zeigt die nachfolgende Abbildung (Abbildung 10.8).

Die Unternehmen mit der Verarbeitung von **vorsortierten Kunststofffraktionen** haben jeweils einen **unterschiedlichen Fokus auf die verschiedenen
Fraktionen**, die aus der Sortierung erhältlich sind (Experte 01, Pos. 2, 4, 16;
Experte 03, Pos. 2, 12; Experte 05, Pos. 2; Experte 09, Pos. 2; Experte 13,
Pos. 2; Experte 14, Pos. 2; Experte 15, Pos. 2, 12; Experte 17, Pos. 2; Experte
18, Pos. 4). In Abbildung 10.9 sind die unterschiedlichen Inputmaterialien auf-
geschlüsselt, die bei den Unternehmen der Stichprobe verwertet werden und wie
viele der Unternehmen das jeweilige Material im Input verwenden. Da einige
Unternehmen auch **mehrere unterschiedliche Kunststofffraktionen recyceln**,
sind **Mehrfachnennungen** möglich (Experte 01, Pos. 2, 4; Experte 05, Pos. 2;

---

[3] Die Gesamtanzahl der Unternehmen im Sample bezieht sich in diesem Zusammenhang
lediglich auf die Unternehmen, die Kunststoffabfälle verarbeiten. Die Technologiezulieferer
sind dabei nicht berücksichtigt.

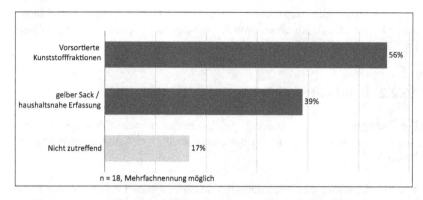

Abbildung 10.8 Inputmaterialien in der Stichprobe. (Quelle: Eigene Darstellung)

Experte 15, Pos. 2). Dazu erklärt ein Experte, welche unterschiedlichen Inputmaterialien sein Unternehmen verarbeitet: „Der Input ist PO-Material aus der Gelben Sack Sortierung, also nicht die reinen sortierten Materialien, sondern das, was unter Umständen in der Mischung anfällt als MPO Flex oder als MPO. Dann die reine Folienfraktion und die reine HDPE- und PP-Fraktion, also alles, was an Polyolefinen separat und im Gemisch anfällt, das verarbeiten wir" (Experte 05, Pos. 2).

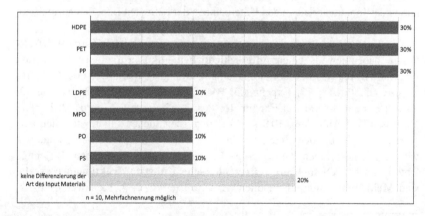

Abbildung 10.9 Verteilung der Inputmaterialien aus vorsortierten Kunststofffraktionen in der Stichprobe. (Quelle: Eigene Darstellung)

10.2.3 Outputmaterialien (HK3)

Die Kategorie der Outputmaterialien umfasst neben den Hauptoutputmaterialien sowohl die Nebenprodukte als auch Aussagen zu den Qualitätskriterien für den Output. Die befragten Experten nannten hier drei Gruppen an Outputmaterialien, wobei Mehrfachnennungen möglich waren. Mit 72 % sind die Regranulate oder Flakes das am häufigsten genannte Outputmaterial der Stichprobe, wobei einige der befragten Experten angaben, dass mit ihrem Outputmaterial sowohl der Einsatz im als auch außerhalb des ursprünglichen Anwendungsgebietes möglich sei. Abbildung 10.10 enthält die Verteilung der Outputmaterialien in der Stichprobe.

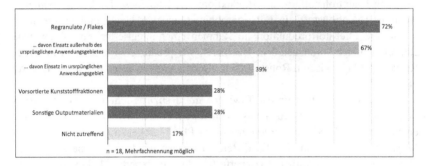

Abbildung 10.10 Verteilung der Outputmaterialien in der Stichprobe. (Quelle: Eigene Darstellung)

Bei **Regranulaten oder Flakes** als Outputmaterialien lässt sich noch eine weitere **Untergliederung in Bezug auf deren Einsatzort** vornehmen. Hierbei wird differenziert, ob die Materialien in ihrem ursprünglichen Anwendungsgebiet wieder zum Einsatz kommen oder nicht. Tendenziell werden mehr Outputmaterialien in der Stichprobe außerhalb des ursprünglichen Anwendungsgebietes wiederverwertet oder aber die Materialien finden lediglich in einem geringen Maße noch Anwendung in ihrem ursprünglichen Anwendungsgebiet (Experte 02, Pos. 4; Experte 04, Pos. 4; Experte 09, Pos. 8; Experte 13, Pos. 4; Experte 14, Pos. 4; Experte 15, Pos. 4; Experte 17, Pos. 10–12). Wie diese Verwertungswege aussehen können, schildert ein Experte anhand der PET-Flaschen: „Also, wenn wir PET sortieren, haben wir natürlich PET-Flaschen, die wir dann da generieren. […] Die gehen dann in verschiedene Anwendungen, zum Beispiel in die Faserindustrie oder zum Teil halt eben auch in die Flaschenindustrie zurück" (Experte 13, Pos. 4).

Wenn Outputmaterialien außerhalb des ursprünglichen Anwendungsgebietes eingesetzt werden, so geschieht dies meist im **Spritzgussbereich** für Haushaltsgroßgeräte, Transportsysteme oder in der Rohrindustrie (Experte 01, Pos. 4; Experte 02, Pos. 4, 6; Experte 04, Pos. 4; Experte 05, Pos. 4; Experte 06, Pos. 2; Experte 09, Pos. 8; Experte 12, Pos. 4). „Also das Endprodukt sind Agglomerate und Regranulate, die dann – gerade die Agglomerate – Anwendung finden in Transportsystemen und im Garten- und Landschaftsbau. Und die Regranulate […], die gehen hauptsächlich in die Rohrindustrie" (Experte 05, Pos. 4).

Als weitere Einsatzgebiete für PET-Flakes benennen viele Experten auch die **Faser- und Folienindustrie** (Experte 02, Pos. 4; Experte 09, Pos. 8; Experte 14, Pos. 4; Experte 18, Pos. 2). Dabei ersetzt der recycelte Kunststoff den Hauptrohstoff für die Produktion: „[…] für diese Fließstoffproduktion ist unser Hauptrohstoff ein Polyesterpolymer und wir hatten einfach die Idee, vor unsere Fließstoffproduktion im Rahmen einer integrierten Produktion eine Recyclinganlage voranzustellen. Das heißt, wir produzieren eigentlich in dieser Recyclinganlage unseren Rohstoff dann für den zweiten Prozessschritt" (Experte 18, Pos. 2).

Wird der recycelte Kunststoff wieder im **ursprünglichen Anwendungsgebiet** eingesetzt, dann werden aus ehemaligen Folien wieder Kunststoffsäcke, ehemalige PET-Flaschen werden erneut zu PET-Flaschen oder Regranulate aus Verpackungen aus dem Non-Food-Bereich werden wieder zu Verpackungen im Non-Food-Bereich verarbeitet (Experte 02, Pos. 4; Experte 04, Pos. 4; Experte 09, Pos. 8; Experte 13, Pos. 4; Experte 14, Pos. 4; Experte 15, Pos. 4; Experte 17, Pos. 10–12). Der Kreislauf des Kunststoffs gestaltet sich dann wie folgt: „Eingesetzt wird es dann im Nachhinein wieder quasi im Spritzgussbereich bzw. die Idee ist, dass aus einer Lenor Flasche wieder eine Lenor Flasche wird" (Experte 15, Pos. 4).

Die Unternehmen der Stichprobe mit **vorsortierten Kunststofffraktionen als Outputmaterialien** verarbeiten im **Input entweder den Gelben Sack** oder Inputmaterialien aus der haushaltsnahen Erfassung (Experte 02, Pos. 4; Experte 07, Pos. 4; Experte 12, Pos. 2). Ein Experte zählt den verschiedenen Input für diese Unternehmen wie folgt auf: „Also Input Leichtverpackungen, sprich Gelber Sack, gelbe Tonne oder Wertstofftonne. […] HDPE [und] Polypropylen, das geht dann auch zu irgendeinem Recycler" (Experte 02, Pos. 2).

Aufgrund des diversifizierten Inputs der Unternehmen, die im **Input den Gelben Sack** oder Kunststoffabfälle aus der haushaltsnahen Erfassung verarbeiten, fallen ebenso **Nebenprodukte** in den Outputmaterialien an, die keinen Bezug zur Kunststoffrecycling-Branche haben (Experte 02, Pos. 4; Experte 07, Pos. 4; Experte 12, Pos. 2). Häufig sind in den Verpackungsabfällen der Haushalte noch

10.2 Darlegung der Ergebnisse der problemzentrierten …   145

andere Stoffe vorzufinden, die dann an andere Recyclingunternehmen gegeben werden: „[D]adurch, dass wir eben den Gelben Sack aufarbeiten, haben wir Seitenströme, […] das ist Weißblech, verschiedene Aluminiumfraktionen, Papierfraktionen, Tetrapak, das geht dann zu nachgeschalteten Recyclern" (Experte 03, Pos. 2).

Als Qualitätskriterien für die Outputmaterialien sind sowohl die **Kundenanforderungen** für die jeweilige Endapplikation entscheidend als auch bereits existierende **Standards im PET-Bereich**, welche erfüllt sein müssen, damit ein Regranulat beispielsweise im Bottle-to-Bottle Recycling eingesetzt werden kann. Ein Experte hebt in diesem Zusammenhang hervor, dass es solche Kriterien im Non-PET-Bereich (noch) nicht gebe (Experte 01, Pos. 4; Experte 09, Pos. 6). Dieser betont die **gravierenden Unterschiede zwischen dem Non-PET-Bereich und dem PET-Bereich**: „Standardisierungen gibt es in diesem PET-Bereich, also der Flasche oder für Sheet, sehr wohl. Im Non-PET-Bereich ist das noch viel weiter auseinandergefahren, bzw. inhomogener von dem was, was Eingangsqualitäten sind, was aber auch dann damit zusammenhängend die möglichen Endqualitäten sind" (Experte 09, Pos. 6).

10.2.4 Prozessschritte (HK4)

Mit dieser Hauptkategorie sind die Aussagen der befragten Experten zu den bei ihnen im Unternehmen stattfindenden Prozessen erfasst, die Einfluss auf die Kostenstruktur und den Reifegrad der Prozessstandardisierung haben. Dabei ist allgemein festzustellen, dass die Prozessschritte des mechanischen Kunststoffrecyclings bei den befragten Unternehmen in unterschiedlicher Ausprägung durchgeführt werden,[4] wie in Abbildung 10.11 abzulesen ist. Daran zeigt sich die Heterogenität, die in der Kunststoffrecycling-Branche aktuell existiert (Luijsterburg & Goossens, 2014, S. 88).

---

[4] Siehe hierzu Teil II – 7.4.3 Prozesstypen und -vorgaben im Kunststoffrecycling und deren Operationalisierung

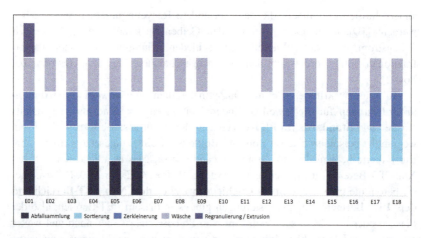

Abbildung 10.11 Angesprochene Prozessschritte des Kunststoffrecyclings im Rahmen der problemzentrierten Interviews. (Quelle: Eigene Darstellung)

Aufgrund des Umfangs dieser Hauptkategorie erfolgt die Auswertung anhand der Subkategorien (SK).

10.2.4.1 Abfallsammlung (SK4-1)
Als vorangestellten Schritt zum eigentlichen Recyclingprozess benannten einige Experten die **Sammlung der Verpackungsabfälle** im Gelben Sack oder der gelben Tonne (Experte 01, Pos. 6; Experte 07, Pos. 10; Experte 12, Pos. 8). Diese Sammlung erfolgt entweder durch die dualen Systeme oder über den eigenen Fuhrpark, wie ein Experte dies beschreibt: „Ja, also nach der Annahme der Materialien, teilweise von den Umschlagplätzen, direkt angeliefert bei uns über die dualen Systeme oder auch mit eigenem Fuhrpark gesammelte Leichtverpackungen geht es in unser Eingangslager" (Experte 07, Pos. 10).

10.2.4.2 Recycling / Aufbereitung (SK4-2)
Im Prozess der Sortierung findet zunächst eine **Öffnung der Gebinde** statt, um das Material gut auf dem Band zu verteilen (Experte 02, Pos. 12; Experte 07, Pos. 10; Experte 13, Pos. 20; Experte 18, Pos. 10). Ein Experte beschreibt diesen Prozess der Verteilung der Kunststoffabfälle auf dem Band wie folgt: „Sackaufreißer, erste Maschine. Material wird aufgerissen oder bzw. die ganzen Säcke werden aufgerissen. Das heißt, der soll jetzt nicht die einzelnen Verpackungen klein machen, sondern einfach nur dafür sorgen, dass die ganzen Säcke, in denen

10.2 Darlegung der Ergebnisse der problemzentrierten ...

die Verpackungen sind, aufgerissen werden, sodass das Material frei auf dem Förderband liegt" (Experte 02, Pos. 12).

Daran schließt sich die Sortierung der Materialien an, wobei der Sortiermodus abhängig von den gewünschten Outputmaterialien ist. Bei den Sortieranlagen wird nach den **Spezifikationen der dualen Systeme**[5] sortiert (Experte 03, Pos. 18–20; Experte 06, Pos. 2; Experte 12, Pos. 8; Experte 17, Pos. 2). Bei den Aufbereitungsanlagen dient die Sortierung der **Vorbereitung des Materialflusses** vor der eigentlichen Aufbereitung (Experte 01, Pos. 6; Experte 06, Pos. 2, 10; Experte 12, Pos. 8; Experte 15, Pos. 12). An diesem Punkt entscheidet sich, was weiter in die eigene Verarbeitung fließt und was an andere Recyclingbetriebe weiterverkauft wird, wie ein Experte schildert: „[D]ann wird das Material aufgegeben auf unsere Sortieranlage. Und wir sortieren quasi nach dem Input, den wir dann auf der Waschanlage verarbeiten wollen. [...] Und die anderen Fraktionen, die wir quasi nicht verarbeiten können, die verpressen wir wieder zu Ballen, zum Beispiel PET oder PS, und verkaufen das dann hinterher wieder" (Experte 15, Pos. 12).

Bei der Sortierung werden von den befragten Unternehmen je nach Bedarf verschiedene Technologien eingesetzt: Dies sind in absteigender Nennungshäufigkeit die NIR-Technologie, Dichtetrennung, Metallseparation, Siebtechniken, Windsichtung und Elektrostatische Separation (Experte 02, Pos. 12; Experte 03, Pos. 14; Experte 04, Pos. 8; Experte 05, Pos. 12; Experte 06, Pos. 36; Experte 07, Pos. 10; Experte 08, Pos. 4; Experte 09, Pos. 6; Experte 12, Pos. 14; Experte 13, Pos. 16; Experte 14, Pos. 14; Experte 15, Pos. 12; Experte 16, Pos. 18, 30; Experte 17, Pos. 22, 32; Experte 18, Pos. 10). Wie häufig diese verschiedenen Verfahren prozentual zum Einsatz kommen, ist in Abbildung 10.12 dargestellt.

---

[5] Die Spezifikationen der dualen Systeme geben die erwartete Reinheit von Kunststofffraktionen vor (Stiftung Zentrale Stelle Verpackungsregister, 2020, S. 15-17).

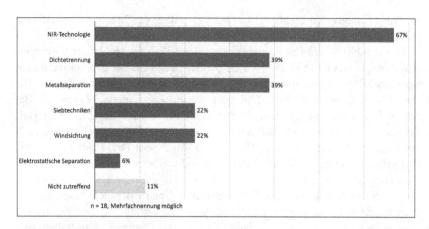

Abbildung 10.12 Eingesetzte Technologien bei der Sortierung. (Quelle: Eigene Darstellung)

Nach der Sortierung benennen die Experten zwei Möglichkeiten zu weiteren Schritten im Recyclingprozess, die davon abhängig sind, ob das Unternehmen **die Kunststofffraktionen lediglich sortiert** oder **weiterverarbeitet** (Experte 02, Pos. 24; Experte 14, Pos. 14). Sollen die sortierten Kunststofffraktionen verkauft werden, so schließt das Recyclingverfahren mit der Verpressung in der Ballenpresse ab (Experte 02, Pos. 24; Experte 13, Pos. 16; Experte 15, Pos. 15). Entscheidend für oder gegen die Verpressung ist demnach nach Aussage eines Experten die Möglichkeit der Weiterverarbeitung in der eigenen Anlage: „Und die anderen Fraktionen, die wir quasi nicht verarbeiten können, die verpressen wir wieder zu Ballen, zum Beispiel PET oder PS, und verkaufen das dann hinterher wieder" (Experte 15, Pos. 12).

Bei einer Weiterverarbeitung der sortierten Kunststofffraktionen in den befragten Unternehmen erfolgt **vorab die Zerkleinerung** der Kunststofffraktionen (Experte 01, Pos. 6; Experte 03, Pos. 14; Experte 04, Pos. 8; Experte 05, Pos. 12; Experte 16, Pos. 18; Experte 17, Pos. 23; Experte 18, Pos. 10). Wie diese Zerkleinerung vor Ort durchgeführt wird, beschreibt ein Experte wie folgt: „Nach der Nachsortierung gehen dann diese verschiedenen, oder die beiden Fraktionen einmal in die bunte Mühle und einmal in die klare Mühle. Das sind alles Nassmühlen, keine Trockenmühlen. Da werden die Materialien dann [...] auf eine Korngröße von circa 12 Millimeter heruntergebrochen" (Experte 14, Pos. 14).

Falls eine Wäsche in den Unternehmen der befragten Experten vorgenommen wird, kommen hier sowohl die **Heiß- als auch die Kaltwäsche** zum Einsatz, wie

10.2 Darlegung der Ergebnisse der problemzentrierten ...

die Experten angeben. Die prozentuale Verteilung dieser beiden Verfahren ist in Abbildung 10.13 dargestellt. Ob eine Heiß- oder Kaltwäsche erfolgt, ist abhängig von den Anforderungen an das Regranulat (Experte 01, Pos. 6–8; Experte 06, Pos. 10; Experte 16, Pos. 28). Über die Ausführung des Waschvorgangs entscheidet das Endprodukt: „Dann gibt es wieder die Schritte Kaltwaschen, Heißwaschen, die je nach Anforderung an das zu erzielende Produkt durchgeführt werden" (Experte 06, Pos. 10).

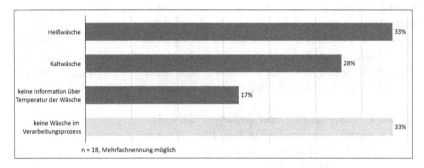

Abbildung 10.13 Einsatz von Heiß- und Kaltwaschprozessen. (Quelle: Eigene Darstellung)

Nach **der Wäsche** geben die Experten die **Trocknung** und anschließende **Regranulierung** und **Extrusion** der gewaschenen Kunststoff-Flakes an (Experte 01, Pos. 6; Experte 04, Pos. 8; Experte 05, Pos. 12; Experte 06, Pos. 10; Experte 09, Pos. 2; Experte 12, Pos. 8; Experte 15, Pos. 12). Je nach Anforderungen an das Endprodukt können hierbei zusätzliche Bearbeitungsschritte wie eine Tiefenreinigung oder die Zugabe von Masterbatches stattfinden (Experte 06, Pos. 10; Experte 09, Pos. 2). Dies hat Auswirkungen auf die Produktgüte und die Farbherstellung: „[U]nd hintendran dann Trocknung und Granulierung. Wo man dann auch Masterbatches und so weiter zufügen kann, und entsprechende Produktqualitäten und auch Farben realisieren kann" (Experte 06, Pos. 10).

Neben den allgemeinen Prozessabläufen bezogen sich die Fragen an die Experten auch auf zugehörige Themen wie den manuellen Arbeitsschritten im Prozessablauf, dem Überfahren der Anlagen[6], Prozesskosten und generell dem Reifegrad der Prozessstandardisierung.

---

[6] Beim Überfahren von Sortieranlagen werden diese über ihrer Nennkapazität ausgelastet. Hierdurch verschlechtert sich der Output der Sortieranlagen, da sich Materialien auf den Bändern überlagern (Deutsche Gesellschaft für Abfallwirtschaft e.V., 2016, S. 7).

150   10 Ergebnisse

10.2.4.3 Manuelle Arbeitsschritte (SK4-3)

Der Einsatz von **manuellen Arbeitsschritten** findet im Prozessablauf nach Experteneinschätzung nur insofern statt, als es die Output-Qualität steigert oder es das Inputmaterial aufgrund von fehlender Vorbearbeitung des Lieferanten erfordert (Experte 02, Pos. 8; Experte 06, Pos. 4; Experte 13, Pos. 8; Experte 14, Pos. 8, 14; Experte 16, Pos. 8). Ansonsten sind die Prozessschritte bei der überwiegenden Mehrheit in den Unternehmen **weitestgehend automatisiert** konzipiert (Experte 03, Pos. 10; Experte 05, Pos. 6; Experte 07, Pos. 6; Experte 15, Pos. 6; Experte 17, Pos. 7; Experte 18, Pos. 6, 8, 10). Dass die manuelle Arbeit allerdings dennoch unverzichtbar für den Sortiervorgang ist, begründet ein Experte mit der Fehleranfälligkeit von Maschinen: „Es erfolgt, also selbstredend Aufgabe, Maschinenkontrolle und so weiter, die Logistik und Nachsortierschritte, wo erforderlich, werden auch noch stattfinden oder finden statt, weil diese Prozesse (…) keine Maschine kann zu 100 % sortieren" (Experte 06, Pos. 4).

10.2.4.4 Überfahren von Anlagen (SK4-4)

Unter normalen Umständen findet **kein Überfahren der Anlagen** statt, weil dies die Qualität des Outputs negativ beeinflussen würde, wie das Gros der Experten befindet (Experte 02, Pos. 46; Experte 06, Pos. 6; Experte 07, Pos. 8, 36; Experte 12, Pos. 15- 18; Experte 13, Pos. 14; Experte 14, Pos. 12; Experte 15, Pos. 10; Experte 16, Pos. 14–16). Warum die Anlagen nicht voll ausgelastet werden, begründet ein Experte wie folgt: „Also normalerweise werden Anlagen mit einer Reserve ausgelegt. Sie fahren mit Ihrem Auto auch nicht immer im roten Drehzahlbereich. So das würde ihr Auto kaputtmachen, genauso ist das hier. Man versucht zu vermeiden, die Maschinen und Anlagen zu überfahren. Das geht zulasten der Qualität und auch zulasten des Ausbringens. Also ist man bestrebt, im Bereich zu bleiben und mit einer gewissen Reserve, damit man Schwankungen abfedern kann" (Experte 06, Pos. 6). Allerdings kann es zu einem Überfahren der Anlage zu **Stoßzeiten** mit **hohem Input-Aufkommen** kommen, wie beispielsweise während der Oster- oder Weihnachtsfeiertage oder bei mangelhaftem Input (Experte 02, Pos. 46; Experte 12, Pos. 15- 18; Experte 16, Pos. 14–16). Als Hochphase wird vor allem das Jahresende um Weihnachten eingestuft: „Es gibt ja nicht jetzt Weihnachten nur in Stadt A [anonymisiert], sondern Weihnachten ist in ganz Land A [anonymisiert]. Damit haben dann alle Anlagen zu kämpfen" (Experte 12, Pos. 18).

10.2.4.5 Prozesskosten (SK4-5)

Die Kostenintensität der einzelnen Prozesse war den befragten Experten **tendenziell unbekannt**. Die Hintergründe für dieses Unwissen wurden allerdings nicht

10.2 Darlegung der Ergebnisse der problemzentrierten ...

weiter erörtert: „Nein, das muss ich Ihnen sagen, also wir haben eine Kostenstelle, ganz rudimentäre Kostenstellen-Rechnung. Eine Box, eine Kostenstelle" (Experte 18, Pos. 16). Vielmehr stützen sich die **Einschätzungen** der Experten auf Erfahrungswerte, wonach sowohl die Wäsche als auch die Extrusion mit einem höheren Kostenaufwand verbunden sind als die restlichen Prozessschritte (Experte 05, Pos. 14; Experte 12, Pos. 10- 12; Experte 14, Pos. 18; Experte 15, Pos. 14). Die Ursachen für diese hohen Kosten sehen die Experten im Energieaufwand beider Prozesse: „[K]ostenintensiv ist schon die Extrusion, aber sicherlich hier im Vergleich würde ich sogar tatsächlich auch noch sagen, die Wäsche dadurch, dass wir halt eine Heißwäsche haben" (Experte 15, Pos. 14). Die Einschätzungen darüber, wie sich die Kosten auf die einzelnen Prozesse verteilen, ist in Abbildung 10.14 dargestellt.

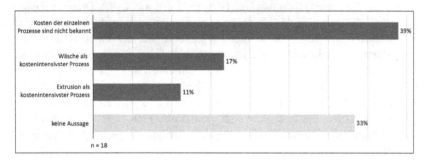

Abbildung 10.14 Kenntnis über die Kostenintensität der Prozesse. (Quelle: Eigene Darstellung)

10.2.4.6 Reifegrad der Prozessstandardisierung (SK4–6)

Zum **Reifegrad der Standardisierung von Prozessen** in der Kunststoffrecycling-Branche stellten die Experten fest, dass es im **Non-PET-Bereich** aktuell noch **wenig standardisierte Prozessabfolgen** gibt, wohingegen diese im **PET-Recycling bereits vorhanden** sind (Experte 09, Pos. 6; Experte 10, Pos. 14, 16). Dies liegt nach Expertenmeinung unter anderem an den frühen Anforderungen im PET-Recycling, was eine Standardisierung nach sich zog, während sich im Non-PET-Bereich erst Tendenzen in diese Richtung, auch aufgrund von größeren Unternehmensgruppen, abzeichneten, die zurzeit auf den Markt kommen (Experte 09, Pos. 6; Experte 12, Pos. 14).

Als weitere Ursachen für die fehlende Standardisierung im Non-PET-Bereich werden die schwankenden Inputflüsse genannt, womit auch die unterschiedlichen Kundenanforderungen an den Output zusammenhängen (Experte 01, Pos. 10, 12; Experte 11, Pos. 6, 8, 10, 12; Experte 13, Pos. 44). Grundsätzlich sieht ein Experte die Automatisierung in diesem Bereich problematisch: „Weil ich finde, gerade im Abfall – und wir sind ja immer noch am Anfang dieser ganzen Prozesse – finde ich, ist das noch diese ganze Industrialisierung und dieses Automatisieren schwierig, weil es für uns sehr oft – ich sage mal – schwankend ist. Unterschiedlich ist. Unterschiedlicher Input, der unterschiedlichen Durchsatz hat. Dann gibt es verschiedene Einflüsse. Also das finde ich schwierig, das mal zu automatisieren" (Experte 13, Pos. 44).

Zudem wird die Kenntnis über eine gewisse Anordnung der Prozesse als **Wettbewerbsvorteil** betrachtet, weshalb die Unternehmen keine detaillierten Prozessabfolgen preisgeben möchten (Experte 16, Pos. 24, 30). Diesen Erkenntnisprozess der Optimierung von Abläufen beschreibt ein Experte wie folgt: „Und es war eine lange Reise, die Aufbereitungsschritte bei der Firma B [anonymisiert] dorthin zu bringen, wo sie jetzt sind. Also wenn Sie einem Mitbewerber etwas Schlimmes antun möchten, geben Sie ihm die ersten Baupläne der Firma B [anonymisiert], wie sie vor 15 Jahren überlegt wurde, wo gesagt wurde: So bauen wir und so funktioniert es. Wenn Sie die Pläne jetzt einem Mitbewerber geben, dann haben Sie fünf Jahre Ruhe und der verbrennt viel Geld, aber wird nicht erfolgreich werden. Also es war ein schwieriger, langer Weg" (Experte 16, Pos. 24).

10.2.5 Prozessdatenerfassung (HK5)

Die Kategorie der **Prozessdatenerfassung** beinhaltet sowohl die Informationen darüber, **welche Daten** und auch **mit welchen Technologien** und in **welchem Zyklus** diese Daten erfasst werden. Zudem enthält dies neben der **Transparenz** auch den **Reifegrad** der **Prozessdatenerfassung** im Unternehmen. Für diese Hauptkategorie erfolgt die Auswertung ebenfalls anhand der Subkategorien.

10.2.5.1 Erfasste Daten (SK5–1)

Zu den erfassten Prozessdaten gehören unter anderem die **Mengenströme**, die von den Unternehmen unterschiedlich dokumentiert werden. Einige der Unternehmen erstellen eine **Massebilanz** aus Input- und Outputmaterial, wobei die Nebenströme wie sonstige Kunststoffe und Abfallmengen ebenfalls berücksichtigt sind (Experte 05, Pos. 20,28; Experte 06, Pos. 14; Experte 11, Pos. 16;

10.2 Darlegung der Ergebnisse der problemzentrierten ... 153

Experte 18, Pos. 18). Darüber hinaus werden nicht nur die produzierten Ballen
gezählt, sondern auch die produzierte Tonnage über Durchschnittsgewichte ermittelt sowie eine flächenmäßige Erfassung der Produktion[7] durchgeführt (Experte
02, Pos. 24; Experte 13, Pos. 26). Einer der Experten wies darauf hin, dass bei
ihm im Betrieb lediglich die angelieferten und die in die Produktion gegebe-
nen Mengen erfasst werden (Experte 07, Pos. 16). Ein weiterer Interviewpartner
gab an, dass sämtliche im Betrieb stattfindenden Materialbewegungen registriert
werden (Experte 01, Pos. 20). Dadurch erhalten die Unternehmen einen Überblick über die Massebilanz, wie ein Experte schildert: „Ich sehe heute [...] für
Kilogramm oder Tonnen Inputmaterial, da gibt es Bandwaagen, da gibt es einfach Verwiegungen am Anfang und hinten weiß man: So viel Tonnen Material
sind im Regranulat gelandet und so viel Tonnen Material oder Kilogramm sind
Verluste. [...] Diese Massenbilanzen gibt es" (Experte 11, Pos. 16).

Bedeutsam ist für viele Unternehmen neben der Erfassung der Mengenströme
auch die **Identifizierung der Ballenware**. Die Granularität beruht hierbei entweder auf einer **batchweisen Verarbeitung und Kennzeichnung** der jeweiligen
Ladung mit den entsprechenden Ballen oder in der **Kennzeichnung eines jeden
Ballens** für die Identifizierung (Experte 01, Pos. 22; Experte 05, Pos. 22–24;
Experte 06, Pos. 20, 26; Experte 07, Pos. 24; Experte 13, Pos. 34–36; Experte
14, Pos. 24; Experte 15, Pos. 20; Experte 18, Pos. 20, 22). Durch die dualen
Systeme sind allgemeine Identifikationsmerkmale festgelegt, wie dieser Experte
erläutert: „[I]m Augenblick hat jeder Ballen einen Ballenanhänger, wie von den
dualen Systemen gefordert. Das heißt, da steht die Anlagennummer darauf, das
Datum, wann es produziert wurde, wer war der Pressenbediener und die Fraktion"
(Experte 07, Pos. 24).

Gleichzeitig muss auch die **Qualität der angelieferten Mengen** ermittelt werden, was zum einen durch eine direkte Verprobung des Materials sowie zum
anderen durch das Zurückrechnen aufgrund des Outputs der Anlage geschieht
(Experte 02, Pos. 16; Experte 06, Pos. 14; Experte 16, Pos. 37; Experte 17,
Pos. 40; Experte 18, Pos. 18). Dabei sind die Unternehmen bei der Qualitäts-
einschätzung vor allem auf bestimmte Mitarbeiter angewiesen: „Also beim Input
ist es so, da bin ich abhängig vom Radladerfahrer. Also, dass der Radladerfahrer
das frühzeitig erkennt, wenn der Lkw abgeladen hat, dass dieser Lkw schlechtes
Material abgeladen hat" (Experte 02, Pos. 16). Bei einem der Technologiezulie-
fererbetriebe für die Kunststoffrecycling-Branche wird unterstützende Software

---

[7] Mit den NIR-Scannern wird die Oberfläche der sortierten Kunststoffe erfasst, daher kann
bei einer Auswertung lediglich die flächenmäßige Darstellung der sortierten Mengen erfolgen (TOMRA System ASA, 2023).

für den Vergleich von Soll- und Ist-Qualitäten bei der Anlieferung angeboten, wenn die Kunden ihre Eingangsmaterialien je Lieferant identifizieren (Experte 09, Pos. 14). Im Umkehrschluss lassen sich dann Qualitätsunterschiede aufschlüsseln, wie ein Experte schildert: „Und auch das ist dann natürlich etwas, was ich in diese Datenerfassung mit hineinnehmen kann und wo man dann definieren kann: Ich habe diese Materialrezepturen da hinterlegt – Eingangsmaterial von der Source A,B,C und wenn ich dann regelmäßig Probleme habe, bei diesem Inputstrom, kann ich wieder den Schritt weiter nach vorne gehen und die Eingangsmaterial-qualitäten oder -parameter dort noch einmal genauer prüfen und eben über diesen Weg versuchen auch Abweichungen festzustellen" (Experte 09, Pos. 14).

Außer den Lieferqualitäten werden ebenfalls die **Produktionsqualitäten** über-wacht, wobei es hier verschiedene Zeitpunkte bzw. Stellen gibt, an denen die Datenerfassung zur Kontrolle der Produktionsqualitäten durchgeführt wird. Zum einen erfolgt die Qualitätskontrolle der Produktion bei einigen Befragten am **Regranulat**, indem eine **stetige Probenentnahme** erfolgt, um die Schwankungen im Input zeitnah durch die Zugabe von Additiven oder Masterbatches ausgleichen zu können (Experte 03, Pos. 28, 30, 32; Experte 04, Pos. 16). Ein weiterer Experte benennt die Option, dass die Produktionsqualität durch gezielte **Zuführung eines homogenen Inputs** sichergestellt wird (Experte 18, Pos. 18). Die Anlagenherstel-ler bieten ihren Kunden **Softwarelösungen** an, um ihre **Prozesse besser bewerten** zu können und auch den Vorgaben der Branche zu entsprechen (was vor allem im Bereich des Recyclings für Lebensmittelverpackungen notwendig ist) (Experte 10, Pos. 26; Experte 11, Pos. 12). Mithilfe solcher Technologien sind **Messungen an unterschiedlichsten Stellen im Prozess** möglich, um die Produktionsqualität zu gewährleisten (Experte 17, Pos. 36). So ist die Qualität nach einem Experten relativ schnell zu bestimmen: „[D]as mit der Qualität ist natürlich sehr einfach, weil jede Produktions-charge, die wir herstellen, wird natürlich homogenisiert und im Labor überprüft" (Experte 03, Pos. 28).

Zusätzlich findet eine Erhebung der **Energie- und Rohstoffverbräuche, Stör- und Wartungszeiten** sowie **Lagermengen** statt (Experte 03, Pos. 28; Experte 05, Pos. 20; Experte 06, Pos. 14; Experte 07, Pos. 16; Experte 09, Pos. 4; Experte 15, Pos. 16). Da es unzählige Problemfelder bei der Verarbeitung geben kann, sind die Unternehmen an der Ermittlung der Störfelder interessiert, wie ein Inter-viewpartner hier ausführt: „[W]ann hatten wir Stillstände, welches Aggregat war verantwortlich für den Stillstand, was war es denn, war es eine Störung, eine technische Störung, hat sich Material verkeilt und uns da am Sortieren gehindert, oder ist ein Mitarbeiter ausgefallen oder irgendetwas in der Richtung" (Experte 07, Pos. 16). In Abbildung 10.15 sind die Daten nach absteigender Häufigkeit

10.2 Darlegung der Ergebnisse der problemzentrierten ...

aufgeführt, die im Prozess des Kunststoffrecyclings nach Auskunft der befragten Experten erhoben werden.

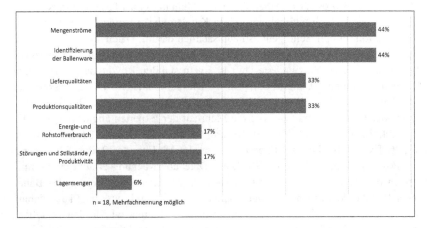

Abbildung 10.15 Erfasste Prozessdaten. (Quelle: Eigene Darstellung)

10.2.5.2 Technologien zur Prozessdatenerfassung (SK5-2)

Neben den erfassten Prozessdaten berichten die Experten ebenfalls über die **Technologien**, die zur **Erfassung der Prozessdaten** genutzt werden. Zu den häufigsten Verfahren der Datenerfassung gehört diejenige an der Anlage und die manuelle Prozessdatenerfassung, wie dies der Abbildung 10.16 zu entnehmen ist.

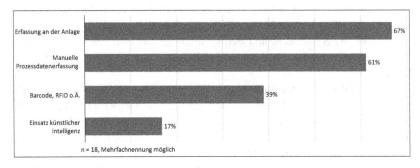

Abbildung 10.16 Technologien zur Prozessdatenerfassung. (Quelle: Eigene Darstellung)

Werden die Prozessdaten an der Anlage erfasst, ermöglicht dies den Kunden der Technologie-Lieferanten der Kunststoffrecycling-Branche eine Bewertung ihrer Prozessabläufe (Experte 08, Pos. 6; Experte 09, Pos. 4; Experte 11, Pos. 12, 18; Experte 18, Pos. 26). Dabei sind nach Meinung eines Experten (aus einem Technologiezuliefererunternehmen) diese Kunden vor allem an Folgendem interessiert: „Von unserer Seite geht es hauptsächlich darum, Daten so zu verknüpfen, dass sie für den Benutzer erst mal eine Grundsicherheit bieten. Nämlich zu sagen: Ok, meine Anlage läuft und sie läuft in einem stabilen Rhythmus und in einem stabilen Verfahren" (Experte 08, Pos. 6). Die automatisierte Datenerfassung an der Anlage speichert dabei multiple Daten wie Mengenströme, Druck, Durchfluss oder Energieverbräuche, wie die Mehrheit der Experten angibt (Experte 02, Pos. 24, 38; Experte 03, Pos. 30; Experte 05, Pos. 20; Experte 06, Pos. 14, 16, 18, 36; Experte 07, Pos. 16; Experte 11, Pos. 16, 18; Experte 12, Pos. 22; Experte 13, Pos. 26; Experte 14, Pos. 20). Diese Datenüberwachung erlaubt es, Störungen in der Anlage zu detektieren: „Das ist alles vollautomatisiert. Jedes Band, jeder Behälter kann man individuell darauf zugreifen und muss man auch darauf zugreifen, falls dort irgendwelche Dinge nicht so laufen, wie sie laufen sollen, um einen gleichmäßig sauberen hohen Durchfluss der Fraktion zu gewährleisten" (Experte 14, Pos. 20).

Falls die automatisierte Datenerfassung an der Anlage noch nicht eingerichtet ist, noch keine Daten liefert oder ergänzende Daten benötigt werden, wird dies in den Unternehmen der befragten Experten **manuell erledigt**, wie die Mehrzahl der Gesprächspartner berichten (Experte 08, Pos. 20; Experte 12, Pos. 22; Experte 15, Pos. 16; Experte 16, Pos. 43; Experte 17, Pos. 42, 49; Experte 18, Pos. 18, 24, 26). Die manuell erfassten Daten werden dann in **Schichtprotokollen** zusammengetragen (Experte 02, Pos. 18, 24; Experte 05, Pos. 20; Experte 06, Pos. 18; Experte 07, Pos. 16; Experte 13, Pos. 26, 38, 40, 44). In der Zusammenschau dieser manuellen Datenerfassung ergibt sich ein Bild über die aktuellen Produktionsabläufe: „Was ich mache ist, ich habe ein Schichtprotokoll. Das heißt die Frühschicht, die Spätschicht und die Nachtschicht hat zum Schluss ein gesammeltes Protokoll und da steht drauf, wie viele Ballen wurden produziert" (Experte 02, Pos. 24).

Zur **Identifikation der Ballenware** benutzen einige Betriebe neben einfachen Ballenanhängern auch Technologien wie Barcode oder RFID, wobei manche Befragte auch angeben, dass diese erst in Zukunft genutzt werden sollen (Experte 01, Pos. 20–22; Experte 05, Pos. 20; Experte 06, Pos. 20, 26; Experte 07, Pos. 24; Experte 14, Pos. 24; Experte 15, Pos. 20; Experte 18, Pos. 22). Ein Experte spricht auch von einer Testphase mit den RFID-Trackern, die nun in die Arbeitsabläufe integriert werden: „Also getestet hatten wir das jetzt die letzten – ich

10.2 Darlegung der Ergebnisse der problemzentrierten ... 157

sage jetzt mal drei, vier Wochen, so genau weiß ich das gar nicht – und zwar bekommen die jetzt so einen RFID-Code. Der wird dann gleich schon zu Beginn hier mit an den Ballen angehängt. Also der Fahrer kommt, dann bekommt der die Etiketten mit, dann wird das entsprechend hinten, wenn der Ballen abgeladen wird, wird das entsprechend gekennzeichnet" (Experte 15, Pos. 20).

Drei Experten erwähnten in diesem Zusammenhang auch die Möglichkeit der **Datenerfassung durch den Einsatz von künstlicher Intelligenz.** Damit sollen bessere Ergebnisse bei der Sortierung erzielt werden, womit Störungen proaktiv vorhergesagt werden, wodurch die Produktionsqualitäten gesteigert werden könnten (Experte 08, Pos. 6; Experte 12, Pos. 20, 22; Experte 18, Pos. 26). Den Vorteil von künstlicher Intelligenz beschreibt ein Experte im Prozessieren einer hohen Anzahl von Daten: „Aber an vielen Stellen sind wir jetzt auch dabei, das automatisiert zu erfassen und ich weiß, dass in zwei Anlagen das Thema KI jetzt eingebaut wurde und dass da dann Datenpunkte gesammelt werden – ich meine, mehrere Tausend in der Minute, wo ich dann auch gedacht habe: Oh weh! Also das ist aber eine Riesendatenmenge, die wir da verarbeiten müssen" (Experte 12, Pos. 22).

10.2.5.3 Zyklus der Datenerhebung (SK5-3)

Die **Datenerfassung** vollzieht sich nach Auskunft von zwei Experten **permanent**, weil alle Prozesse ohne Unterbrechung laufen (Experte 07, Pos. 26; Experte 14, Pos. 26). Der Zyklus der Datenerfassung lässt sich demnach als kontinuierlich beschreiben: „Wir haben – ja permanent erheben wir die Daten. Teilweise werden sie fortgeschrieben, wir haben für jede Schicht ein Schichtprotokoll. Wir haben auch so eine relativ kontinuierliche Aufschreibung" (Experte 07, Pos. 26). Nach einem weiteren Experten existieren jedoch weder **festgelegte Erhebungsintervalle** noch festgeschriebene Regeln dazu, sondern vielmehr beruht die Notwendigkeit einer Datenerfassung auf der Einschätzung der Produktionsmitarbeiter (Experte 03, Pos. 36).

10.2.5.4 Transparenz der Prozessdatenerfassung (SK5-4)

Inwiefern eine **Transparenz über die Prozessdatenerfassung** in den Betrieben besteht, variiert in den Unternehmen. Hierbei reicht die Bandbreite von einer **vollen Transparenz** mit Online-Darstellungen der erfassten Daten bis hin zu einer **Einschränkung der Transparenz je nach Freigabestufe** im Unternehmen (Experte 01, Pos. 22, 24; Experte 03, Pos. 34; Experte 04, Pos. 18, 26; Experte 05, Pos. 30; Experte 06, Pos. 22, 24; Experte 07, Pos. 48; Experte 14, Pos. 22; Experte 17, Pos. 51). Ein Experte betont jedoch das aktuelle Bemühen seines Unternehmens, die erfassten Prozessdaten für alle Mitarbeitende zugänglich zu machen, sodass die Mitarbeiter eigenständig den Recyclingprozess während ihrer Schicht evaluieren können (Experte 15, Pos. 30).

10.2.5.5 Reifegrad der Prozessdatenerfassung (SK5–5)

Neben den Technologien wurden die Experten auch zu ihrer Einschätzung des **Reifegrads der Prozessdatenerfassung** befragt, wobei drei der Experten mit dem Stand zufrieden sind (Experte 01, Pos. 22; Experte 13, Pos. 30; Experte 17, Pos. 36). Die restlichen Experten sehen hier allerdings Nachholbedarf in der Kunststoffrecycling-Branche, denn sie sehen die Datenerfassung dort noch **nicht auf dem aktuellen Stand der Technik**. Zumeist hätten nach Auskunft der Experten viele Unternehmen gerade erst mit der permanenten Erfassung von Prozessdaten begonnen (Experte 06, Pos. 42; Experte 07, Pos. 16; Experte 08, Pos. 6; Experte 09, Pos. 12, 14; Experte 12, Pos. 20; Experte 15, Pos. 16).

Gleichzeitig verweisen die Interviewten auf die **Schwierigkeiten und Chancen** der standardisierten Datenerfassung bei **inhomogenen Inputströmen** (Experte 08, Pos. 24; Experte 13, Pos. 30; Experte 14, Pos. 26). Das Potenzial wurde zwar in vielen Unternehmen erkannt, allerdings fehlt es noch an der flächendeckenden Umsetzung aufgrund des erhöhten Arbeitsaufwandes, wie ein Experte zu bedenken gibt: „Aber da haben wir wirklich auch gerade erst angefangen damit, das ein bisschen zu beobachten. Die sind auch vor ein paar Wochen erst abgenommen worden. Also es ist nicht so, dass wir da jetzt schon viel Erfahrungen mit haben. Aber das können wir da zumindest tun. Am besten ist natürlich, wenn man irgendwie auch hinterher immer automatisch einen Einfluss hat. Wir haben auch Module darin, die so eine künstliche Intelligenz entwickeln, aber das ist natürlich auch ein Riesenaufwand, das tatsächlich dann auch umzusetzen und es muss dann auch am Ende funktionieren" (Experte 13, Pos. 30).

Begleitet wird diese Erkenntnis von den aktuellen Entwicklungen zur Erneuerung der **Technologie in der Prozessdatenerfassung** (Experte 05, Pos. 42; Experte 10, Pos. 20; Experte 14, Pos. 24). Das Alter der Anlagen gestattet derzeit noch keine permanente Datenerfassung, sodass mit dem sukzessiven Ersetzen der Anlagen auch hier die Datenerfassung verbessert wird: „Der Zustand der Technik ist vielleicht auch teilweise dem Anlagenalter geschuldet. Wir haben Anlagen […], die werden jetzt seit fast 20 Jahren betrieben. Die jetzt nach und nach ersetzt werden müssen. Vor 20 Jahren war ein ganz anderer Standard in der Datenerfassung, der dann vielleicht auch etwas angehoben wurde im Laufe der Zeit. Also eine Entwicklung hat stattgefunden. Es sieht aber anders aus, als wenn ich jetzt eine neue Anlage installieren würde. Da würde ich dann auch aufgrund der Kapazitäten der Rechenkapazitäten von den SPS und den PCs würde ich mehr Daten, eine andere Datenerfassung machen, vielleicht intensiver als vor 20 Jahren. Als

10.2 Darlegung der Ergebnisse der problemzentrierten ...   159

begonnen wurde, ja. Also es ist eine zeitabhängige Größe, sagen wir mal so"
(Experte 06, Pos. 42).

Dazu meint allerdings ein anderer Experte, dass der **schleppende Fortschritt
in der Erneuerung** der Technologien zur Prozessdatenerfassung weniger mit den
Anlagen selbst als vielmehr damit zusammenhängt, dass die Kunststoffrecycling-
Branche an **bewährten Methoden festhält**, wodurch Innovationen nur erschwert
Einzug in die Branche finden (Experte 08, Pos. 6, 24). Das Aufbrechen von
bisherigen Prozessabläufen sieht auch ein Experte als das größte Hemmnis zur
Etablierung neuer Techniken in der Branche: „Die Technik liefert sehr viel mehr,
als dass die Branche sich tatsächlich selbst vielleicht auch zumutet. Vielleicht
auch historisch gesehen: Das haben wir schon immer so gemacht, das hat schon
immer funktioniert. Das ist auch nicht ganz einfach, so eine Technik in die
Branche reinzubringen" (Experte 08, Pos. 6).

10.2.6 Kennzahlen (HK6)

Die erfassten **Prozessdaten** werden anschließend in **Kennzahlen** überführt. In
dieser Kategorie der Kennzahlen wurden diejenigen Aussagen der befragten
Experten zusammengefasst, in denen sich die Interviewten zu den bei ihnen im
Unternehmen ermittelten Kennzahlen und dem Reifegrad der Kennzahlenerhe-
bung äußern. Die Auswertung dieser Hauptkategorie erfolgt ebenfalls anhand der
Subkategorien.

10.2.6.1 Erfasste Kennzahlen (SK6–1)

Einen Überblick darüber, welche Kennzahlen in den Unternehmen der Befragten erfasst werden, liefert Abbildung 10.17. Von fast allen Experten werden die
Input- und Output-Mengen als ermittelte Kennzahl erwähnt. Ausgewertet werden dabei sowohl die Hauptprodukte als auch die Nebenprodukte und der Abfall,
wodurch eine Massebilanz darstellbar wird (Experte 01, Pos. 22; Experte 02,
Pos. 26, 28; Experte 03, Pos. 42; Experte 04, Pos. 20; Experte 05, Pos. 32;
Experte 06, Pos. 28, 36; Experte 07, Pos. 36, 48; Experte 09, Pos. 14,22; Experte
12, Pos. 24; Experte 13, Pos. 38; Experte 14, Pos. 44; Experte 15, Pos. 22, 24;
Experte 17, Pos. 55, 57; Experte 18, Pos. 16, 28, 30).

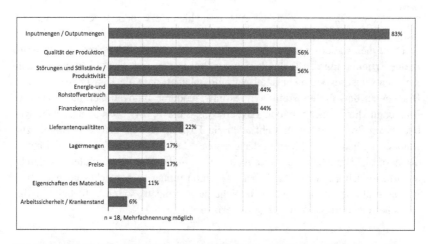

Abbildung 10.17 Ermittelte Kennzahlen im Rahmen des Kunststoffrecyclingprozesses. (Quelle: Eigene Darstellung)

Einer der Experten weist in diesem Zusammenhang darauf hin, dass der **Nachweis der Mengenströme** in den dualen Systemen **verpflichtend** sei, weshalb ein Reporting über Input- und Outputmengen bei allen Unternehmen der Kunststoffrecycling-Branche stattfinden müsste: „Es gibt ja den sogenannten Mengenstromnachweis in den dualen Systemen und den muss man befriedigen, ansonsten ist man irgendwann seinen Vertrag los" (Experte 06, Pos. 28).

Neben der Darstellung der Mengenströme sind Kennzahlen, die in Verbindung mit der **Qualität der Produktion** stehen, ebenfalls relevante Kenngrößen in den Unternehmen der befragten Experten. An diesen wird zum einen erkennbar, wie gut die **Qualität des gewünschten Endproduktes** ist (Experte 01, Pos. 22; Experte 03, Pos. 42; Experte 08, Pos. 16; Experte 18, Pos. 16). Zum anderen lassen sich darüber die Mengen der Nebenprodukte und die **Materialzusammensetzung des Outputs** bestimmen (Experte 02, Pos. 26, 40; Experte 04, Pos. 20; Experte 06, Pos. 36; Experte 07, Pos. 40; Experte 08, Pos. 16). Wie die Betriebe dies berechnen, schildert ein Experte: „Wir wussten, wie groß ist das Lager am Montag, wie groß ist das Lager am Samstag, dann kann man das davon abziehen oder hinzurechnen. Und so wissen wir dann, ob wir mit unserer Recyclingquote über 50 % stehen oder nicht, und auch wie wir in den einzelnen Fraktionen (…)" (Experte 02, Pos. 26).

Bei einigen der Experten ist die **Auswertung der Produktionsqualitäten** noch nicht vollends umgesetzt bzw. wird aktuell noch **nicht oder nur in kleinem**

10.2 Darlegung der Ergebnisse der problemzentrierten ... 161

Umfang durchgeführt, was allerdings **für die Zukunft ausgebaut** werden solle (Experte 07, Pos. 48; Experte 09, Pos. 22; Experte 15, Pos. 22, 24, 28). Insbesondere bei einer durchgängigen Produktion ohne Ruhezeiten braucht es diese Auswertung, wie ein Experte darlegt: „Also ich sage mal, wenn wir mal 24/7 laufen, dann brauchen wir tatsächlich Informationen je Schicht, also wie war der Input? […] Wie war der Output bei der Sortierung? Das gleiche gilt für die Wäsche, das gilt auch für die Extrusion. […] Dann müssen wir wissen: Wie hoch sind unsere Abfälle? Also wie viel Schlamm hatten wir? Wie viel Feinfraktion et cetera. […] Betriebszeit, Produktionszeit, wie viel B-Ware haben wir gefahren? – Was ich hoffe, dass wir das nicht tun, aber ich denke, das wird sicherlich auch immer mal der Fall sein" (Experte 15, Pos. 28).

Neben den Produktionsmengen und -qualitäten werden auch Kennzahlen zu **Störungen und Maschinenstillständen** sowie zur **Produktivität** der Anlage in den Unternehmen der Experten benötigt. Die Produktivität wird dabei vorrangig in **Durchsatz pro Stunde** oder pro Fraktion gemessen (Experte 01, Pos. 22; Experte 07, Pos. 36, 44; Experte 13, Pos. 46; Experte 15, Pos. 24; Experte 17, Pos. 53, 55; Experte 18, Pos. 16). Anhand dieser Zahlenwerte können die Experten bereits die Produktivität und damit den Gewinn einschätzen: „Uns ist wichtig, dass wir den höchsten Throughput haben, das heißt die Produktivität ist entscheidend. Weil die hohe Produktivität heißt, dass ich von Economies of Scale irgendwo profitieren kann[.] […] Das heißt also ich möchte wissen: Das Erste, was wir uns angucken, ist immer gleich am Anfang: Okay, wie viel Tonnen ist die gefahren? Da sehen wir sofort nämlich auch irgendwie, wie ist das Input-Output-Verhältnis, das heißt der Parallelverlust" (Experte 18, Pos. 16).

Für die Auswertung **der Störzeiten und Maschinenstillstände** werden von den Technologie-Lieferanten **Informationssysteme** für die Kunststoffrecycling-Branche zur Verfügung gestellt, wodurch ebenfalls Maßnahmen der vorausschauenden Wartung ermöglicht werden, um damit ungeplante und ungewollt lange Stillstände zu verhindern (Experte 09, Pos. 26; Experte 11, Pos. 24). Dadurch lassen sich auch die Abschaltzeiten von Anlagen verringern, die ein Experte insbesondere bei den regulären Wartungen als vermeidbar bezeichnet: „Und der zweite Punkt, den wir in unseren Anlagen integriert haben, ist Preventive Maintenance, also vorausblickende Wartungsaktionen. Möglichst viele der planbaren Wartungen sind bei uns in der Software hinterlegt und die Software weist den Operator, den User dann proaktiv darauf hin, dass sozusagen diese und jene Tätigkeiten jetzt und heute, bei den kleineren Wartungen im Betrieb, durchzuführen sind und ansonsten bei zum Beispiel vierteljährlicher Wartung muss dann auch die Anlage abgestellt werden" (Experte 09, Pos. 26). Dies wird im Unternehmen eines Experten auch mittels Unterstützung von **künstlicher Intelligenz** umgesetzt: „Also ich weiß, dass wir seit einem Jahr auch künstliche Intelligenz einsetzen, um einfach – ich sage mal – die Verfügbarkeit der Anlagen zu erhöhen. Mittlerweile kann aufgrund von Durchsatzmessungen an verschiedenen Aggregaten, können Störungen vorausgesehen werden" (Experte 12, Pos. 20).

Als weitere Kennzahlen beschreiben die Experten eine **Auswertung der Störzeiten**, was eine dedizierte **Aufsplittung der Ursachen** dieser Störungen ermöglicht (Experte 05, Pos. 54; Experte 07, Pos. 16, 38, 42, 46, 48; Experte 13, Pos. 46; Experte 15, Pos. 22, 24, 28). Gleichzeitig erlaubt eine Auswertung der Störzeiten nach Meinung eines Experten, dass die Anlage **kontinuierlich verbessert** wird (Experte 07, Pos. 38). Dadurch konnten die Laufzeiten der Anlagen signifikant erhöht werden, weil aus den Fehlern gelernt wurde: „Die Verfügbarkeit unserer Anlage, die wir dann daraus berechnen, liegt jetzt mittlerweile konstant über 80 Prozent. [...] Das war auch schon anders. Vor drei Jahren lagen wir da noch bei irgendwie 65 Prozent. Also das war konsequente Auswertung von Fehlern und Problemstellen, und daraus ja Konsequenzen abgeleitet und dann haben wir die abgestellt, der Reihe nach." (Experte 07, Pos. 38).

Zur Auswertung von Kennzahlen der **Energie- und Betriebsstoffverbrauchsmengen** merken einige Experten ebenfalls an, dass dies aktuell noch nicht geschieht, aber geplant sei (Experte 07, Pos. 48; Experte 15, Pos. 28). Ansonsten werten die Unternehmen der Experten neben den **Energieverbräuchen** ebenso Kennzahlen zu **Abwässern, Chemikalien- und Dieselverbräuchen** sowie die **Wasserverbräuche** aus (Experte 02, Pos. 40; Experte 03, Pos. 58; Experte 05, Pos. 20, 32; Experte 06, Pos. 36; Experte 11, Pos. 16, 24; Experte 14, Pos. 28, 32). Dazu listet ein Experte Folgendes auf: „Das andere sind dann Daten wie Stromverbräuche, Chemikalienverbräuche in der Wasseraufbereitung" (Experte 06, Pos. 36).

Des Weiteren werden **Finanzkennzahlen** in den Unternehmen der befragten Experten zur Bewertung der Produktion herangezogen. Hierbei reicht die genannte Spanne von einer **Auswertung der Gewinn- und Verlustrechnung** zur Ermittlung der **Profitabilität** bis hin zur Darstellung der **Kosten je Tonne**, um die Kosten der Aufbereitung der Input-Materialien auswerten zu können, wobei durchaus Unterschiede in der Nennung und Gewichtung der unterschiedlichen Finanzkennzahlen zwischen den Befragten bestehen. So benannten einige Experten die Finanzkennzahlen als relevanteste Kennzahlen für die Steuerung der Prozesse, während andere Experten diese lediglich als Ergänzung zu den restlichen, erhobenen Kennzahlen nutzen (Experte 01, Pos. 22; Experte 02, Pos. 42; Experte 11, Pos. 16, 26; Experte 12, Pos. 24; Experte 13, Pos. 46; Experte 14, Pos. 28, 32; Experte 18, Pos. 16, 30). So gibt ein Experte die Sicht eines Kunden

10.2 Darlegung der Ergebnisse der problemzentrierten ...   163

wieder, der beispielsweise **die Kosten der Aufbereitung** gerne **permanent** ein-
sehen möchte: „Also unsere Branche tickt wirklich so, also wenn unser Kunde
einen Wunsch äußern könnte oder will, gerade jetzt in Richtung Kennzahlen,
dann würde er gerne permanent einen Euro pro Tonnen-Wert sehen. So wie wenn
man im Auto gerade den Liter pro Stunden-Verbrauch sehen will. Das will er
sehen. Das ist unsere Rückmeldung von unseren Umfragen immer oder unseren
Gesprächen draußen" (Experte 11, Pos. 26).

Im Kontrast dazu wird bei einem der befragten Experten die Auffassung
im Unternehmen vertreten, dass die **Auswertung von Finanzkennzahlen** wie
Deckungssummen oder Ähnlichem **keinen Mehrwert** bringt, weshalb keine
Kennzahlen aus diesem Bereich erhoben werden: „Manche mögen vielleicht an
Kennzahlen entscheiden, wie ihre Investition ist und wir entscheiden eben nach
der gefühlten Notwendigkeit, da etwas zu tun" (Experte 03, Pos. 68). „[A]ber es
ist jetzt nicht so, dass wir produktspezifisch genau gucken, was ist jetzt irgendwie – keine Ahnung – die Deckungssumme oder so, weil es uns am Ende auch
nichts nützt" (Experte 03, Pos. 42).

Einen weiteren Kennzahlenbereich bilden die Daten der **Lieferantenquali-
täten**, woran sich erkennen lässt, ob die gelieferten Qualitäten den vertraglich
vereinbarten Qualitätsstandards entsprechen (Experte 05, Pos. 40, 50; Experte
16, Pos. 63; Experte 17, Pos. 53; Experte 18, Pos. 30). Bei **Nonkonformität** der
gelieferten Qualitäten wird bei zwei der befragten Experten zunächst ein **Bericht**
erstellt, um zum einen dem **Lieferanten gegenüber eine Dokumentation** vor-
weisen und zum anderen die **besseren Qualitäten gezielt forcieren** zu können:
„Also insofern ist uns sehr wichtig, dass wir da genau wissen, was wir einkaufen,
damit wir auch entscheiden können: Okay, diese Qualität, die forcieren wir, weil
die ein gutes Preis-Leistungs-Verhältnis hat. Oder wir müssen irgendwelche…
unsere Lieferanten informieren und sagen: Nein, ihr müsst jetzt eben da nach-
arbeiten" (Experte 18, Pos. 30). Generell sei dies in der Branche jedoch aktuell
eher unüblich (Experte 16, Pos. 63; Experte 18, Pos. 30).

Als weitere Kennzahlen benannten die Experten **Lagermengen, Einkaufs-
und Verkaufspreise**, die **Eigenschaften des Materials** und Kennzahlen zu
Arbeitssicherheit und Krankenstand, welche in ihren Betrieben im unterschiedlichen Maße zur Steuerung der Produktion herangezogen werden (Experte 01,
Pos. 22; Experte 02, Pos. 26; Experte 04, Pos. 20; Experte 06, Pos. 14, 28;
Experte 07, Pos. 36; Experte 09, Pos. 26; Experte 11, Pos. 26; Experte 18,
Pos. 16, 30). Als entscheidend erwähnt ein Experte auch die **Preisentwicklung
auf dem Markt**: „Was man noch machen kann, und das wird ja auch, weil ich
die Sachen ja vermarkte, Preisbewegung am Markt. Die werden natürlich auch

nachverfolgt" (Experte 06, Pos. 14). In einem anderen Unternehmen wird vielmehr Wert auf die Ermittlung von personalbezogenen Kennzahlen gelegt: „Das beginnt mit Arbeitssicherheit, […] wie schaut meine Mitarbeitersituation aus, wer ist krank, wer ist nicht krank?" (Experte 01, Pos. 22).

10.2.6.2 Reifegrad bei der Kennzahlenerhebung (SK6–2)

Neben den erfassten Kennzahlen haben sich die Experten ebenfalls zum **Reifegrad der Kennzahlenerhebung** in ihrem Unternehmen im Speziellen und in der Kunststoffrecycling-Branche im Allgemeinen geäußert. Die Mehrzahl der Experten empfindet das aktuell vorhandene Set an Kennzahlen als absolut **befriedigend für die Steuerung der Prozesse** im Unternehmen und zeigt sich mit dem Status quo zufrieden (Experte 03, Pos. 58; Experte 05, Pos. 44; Experte 06, Pos. 44; Experte 07, Pos. 48, 52; Experte 12, Pos. 34; Experte 13, Pos. 46; Experte 14, Pos. 39–42; Experte 17, Pos. 65; Experte 18, Pos. 30, 36, 38, 40).

Zwei Experten erachten dabei die **manuelle Erfassung** der Kennzahlen für die benötigten Zwecke als **ausreichend** (Experte 05, Pos. 38; Experte 18, Pos. 38). „Also ganz ehrlich. Wir leben eigentlich mit dem, was wir hier haben und kommen ganz gut zurecht" (Experte 13, Pos. 46). Bei der Kennzahlenerhebung zur Steuerung der Produktion sehen einige dieser Experten ihr Unternehmen sogar **im Branchenvergleich als Vorreiter** (Experte 03, Pos. 58; Experte 07, Pos. 48, 52; Experte 12, Pos. 34; Experte 17, Pos. 65). Demnach wird die Kennzahlenerhebung in der Kunststoffrecycling-Branche insgesamt noch als ausbaufähig eingestuft: „Ich glaube, wenn ich mir die Branche angucke, dann sind wir schon sehr weit. Also ich glaube, da sind wir Vorreiter in der Branche" (Experte 12, Pos. 34).

Die andere Hälfte der befragten Experten sieht sowohl ihr Unternehmen als auch die Kunststoffrecycling-Branche insgesamt als noch simpel aufgestellt, was insbesondere die Erfassung von Kennzahlen zur Steuerung der Produktion betrifft (Experte 01, Pos. 28; Experte 04, Pos. 28; Experte 09, Pos. 18; Experte 10, Pos. 26; Experte 11, Pos. 16, 20; Experte 12, Pos. 34; Experte 15, Pos. 26; Experte 16, Pos. 66, 68). Einer der Experten spricht sogar von einer „**Blackbox**" beim Produktionsprozess: „Wenn man […] das als Blackbox sieht: Das geht rein, das kann ich verwerten und das Delta dazwischen ist mein Abfall, den muss ich selbst wieder entsorgen" (Experte 11, Pos. 16). Dies führt der Experte auf die ausschließliche Orientierung an der Wirtschaftlichkeit in der Kunststoffrecycling-Branche zurück, wohingegen die Erfassung von weiterführenden Kennzahlen im Recyclingprozess ausgeblieben ist (Experte 11, Pos. 20).

In diesem Zusammenhang haben die Experten einen **Vergleich zu anderen Branchen** gezogen, wie der Kunststoffneuware-Industrie oder zu dem Bereich

10.2 Darlegung der Ergebnisse der problemzentrierten ... 165

der Kunststoffrecycling-Branche, der auf die Verarbeitung von Produktionsabfällen spezialisiert ist.[8] Dabei haben sie festgestellt, dass diese Branchen in der Erfassung von Kennzahlen zur Steuerung des Produktionsprozesses bereits **weiter vorangeschritten** sind als der eigene Industriezweig (Experte 01, Pos. 28; Experte 04, Pos. 28; Experte 09, Pos. 18; Experte 12, Pos. 34).

Ein Experte konkretisiert den Entwicklungsgrad anhand eines Rankings: „Nichtsdestotrotz verglichen mit einer Prozessindustrie wir auf einer Skala von 0 bis 10 auf Stufe 4 oder 5 sind und die weiteren 5 Stufen erklimmen müssen" (Experte 01, Pos. 28). Für einen der Experten sind die **Führungskräfte** für diesen Rückstand in den Unternehmen der Kunststoffrecycling-Branche verantwortlich, da diese es in der Vergangenheit **nicht als Notwendigkeit** erachtet haben, in Technologien zur Kennzahlenerfassung zu investieren (Experte 12, Pos. 34). Den Mentalitätswandel in den Köpfen der Führungsriege der Unternehmen beschreibt er hier metaphorisch: „Wenn ich aber das mit anderen Branchen vergleiche, dann sind wir kurz hinter der Steinzeit. Also unsere Branche ist einfach extrem tradiert und da sitzen auch noch viele Führungskräfte in entscheidenden Positionen, die das nicht für so wichtig erachten, die so ein unternehmerisches Gefühl haben. Also so ein bisschen wie dieser Spruch: Ein gutes Flugzeug oder ein guter Pilot steuert sein Flugzeug mit dem Hintern, indem er fühlt, ob das gerade ist und wie die Geschwindigkeit ist, aber es ist schon besser ein paar Kontrollinstrumente zu haben und ablesen zu können, ob das Flugzeug in der Waagrechten ist oder schnell oder langsam. Und ich sage jetzt mal in der Branche hat man das nie für notwendig erachtet. Die Notwendigkeit ist aber jetzt nach und nach den Leuten aufgegangen und wir sind aber, ich würde mal sagen, im Gegensatz zum Beispiel zu Automotives, sind wir 20 Jahre hintendran" (Experte 12, Pos. 34).

10.2.7 Reporting (HK7)

Thematisch sind die befragten Experten beim Reporting neben Anforderungen an das Reporting auch auf ihre Reporting-Methode, den Turnus, in dem das Reporting durchgeführt wird, und die Form der Visualisierung eingegangen.

---

[8] Die Verarbeitung von Produktionsabfällen ist auch als Post-Industrial Recycling bekannt (Teil II – 7.4.2 Arten der Verwertung von Kunststoffabfällen).

10.2.7.1 Anforderungen an das Reporting (SK7–1)

Für das Reporting wurden von den befragten Experten unterschiedliche **Anforderungen** erläutert, die sich zum einen aus der **Gesetzgebung** oder den **Kundenanfragen** ergeben, zum anderen aus der **Motivation im Unternehmen**, die Prozesse zu verstehen. Neben dem **Status quo** wurden ebenfalls Aussagen zu **künftig gewünschten Entwicklungen** getroffen. Für die Unternehmen mit Verträgen mit den dualen Systemen besteht beispielsweise eine Pflicht zum Reporting der Mengenströme, weshalb diese Auswertungen erstellt werden müssen (Experte 02, Pos. 34; Experte 06, Pos. 14, 28; Experte 07, Pos. 40). Die Konsequenzen einer Vertragsverletzung erläutert ein Experte so: „Es gibt ja den sogenannten Mengenstromnachweis in den dualen Systemen und den muss man befriedigen, ansonsten ist man irgendwann seinen Vertrag los" (Experte 06, Pos. 28). Bei Unternehmen in der Herstellung von **Regranulaten** existieren häufig zudem **Anforderungen durch die Kunden**, bestimmte Kennzahlen darzulegen (Experte 04, Pos. 16; Experte 10, Pos. 20). Spezifische Kundenerwartungen an das Reporting formuliert ein Experte wie folgt: „Zusätzlich kommt dann noch, wenn wir wissen, dass der Kunde unsere Ware im Verpackungsbereich einsetzen möchte, die Kontrolle des Schwermetallgehaltes" (Experte 04, Pos. 16).

Neben den Kundenbedürfnissen besteht auch vom **Gesetzgeber** eine Nachweispflicht, beispielsweise für **Abwasserwerte**, **Schadstoffnachweise** oder **Energiemanagementdaten** (Experte 03, Pos. 38; Experte 04, Pos. 16; Experte 06, Pos. 14; Experte 10, Pos. 26). Einzelne Verordnungen müssen dementsprechend standardisiert von den Unternehmen umgesetzt werden wie z. B.: „Dann haben wir natürlich ein normiertes Energiemanagement, weil es geht da um die EEG-Umlage" (Experte 03, Pos. 38).

Einer der befragten Experten spricht sich hier auch für eine **Zertifizierung** der Betriebe der Kunststoffrecycling-Branche aus, weil damit sichergestellt werden könnte, dass die Recyclingprozesse überall gleich ablaufen und die gleichen Qualitätsanforderungen erfüllen: „Und genau das hat auch die Europäische Union auf dem Schirm und dementsprechend ist die Forderung nach OEZ-Plast Zertifizierungen entsprechend groß und OEZ-Plast Zertifizierungen sind – wie soll ich sagen? – ich würde es bezeichnen als: ein Teil der ISO 9001 wird herausgenommen und für den Recycler angepasst. Und über diesen Wegen, also diese Zertifizierungen gehen auch mit Audits einher, mit jährlichen, wird dann entsprechend gewährleistet, dass die Materialbilanzen dargestellt sind und korrekt sind und wirklich Post-Consumer Material verarbeitet wurde und nicht irgendwelche Produktionsabfälle oder vielleicht etwas beigemengt wird" (Experte 09, Pos. 14).

Gemäß den Kundenanforderungen bieten die befragten **Lieferanten von Technologie** für die Kunststoffrecycling-Branche Tools an, die allerdings noch **nicht**

10.2 Darlegung der Ergebnisse der problemzentrierten ...   167

in standardisierter Form in der Kunststoffrecycling-Branche vorhanden sind (Experte 10, Pos. 34, 36; Experte 11, Pos. 18). So erläutert ein Experte, wonach sich die angebotenen Instrumente ausrichten: „[E]s ist noch keine Standardisierung erkennbar. Das ist noch sehr individuell. In Abhängigkeit des jeweiligen Anbieters von den Maschinen bis hin, was der Betreiber erfordert" (Experte 10, Pos. 36).

Einige der Experten wünschen sich für ihr Reporting in Zukunft einen **höheren Automatisierungsgrad**, um **täglich aktuelle Daten** ohne größeren manuellen Aufwand verfügbar zu haben. Gleichzeitig sollen mögliche **Eingabefehler durch manuelle Arbeitsschritte** vermieden werden (Experte 02, Pos. 46, 48; Experte 07, Pos. 50; Experte 12, Pos. 36; Experte 15, Pos. 30). Von einer Automatisierung erhofft sich ein Experte beispielsweise eine sinkende Fehleranfälligkeit: „Ja, also ich würde jetzt gar nicht noch weitere Kennzahlen haben wollen. Ich würde sie automatisiert haben wollen. Weil das haben wir auch gelernt, dass überall, wo das manuell geschieht, auch Fehler passieren können" (Experte 12, Pos. 36).

Eine weitere Anforderung der Experten an das Reporting ist die **Proaktivität**, die sie hierdurch erreichen wollen (Experte 05, Pos. 48; Experte 09, Pos. 20, 26; Experte 18, Pos. 16, 40). In diesem Zusammenhang hebt einer der Experten hervor, dass bei einer nachträglichen Betrachtung der Kennzahlen zum Monatsabschluss keine korrigierenden Schritte mehr eingeleitet werden können: „[W]enn der Monatsabschluss rum ist, kann ich mir dann vorstellen, wenn die Produktivität hoch war, gucke ich als Erstes, wie war der Einsatz? Wie war die Instandhaltung? Wenn die einigermaßen ist, okay. Haben wir einigermaßen gute Prozesskosten. Und wenn nicht, okay, habe ich halt höhere Prozesskosten, aber okay ich kann es dann auch nicht mehr ändern" (Experte 18, Pos. 16). Da das Reporting bei den Recyclern im Post-Consumer-Bereich nach Einschätzung eines Experten zum Großteil eine **Nachbetrachtung** im monatlichen Reporting sei, könne ein Unternehmen mit dieser **späten** Art des Reporting **nicht mehr zeitnah auf Probleme in der Produktion reagieren** (Experte 09, Pos. 20, 26). Mit dieser Nachbetrachtung lässt sich allerdings nicht mehr proaktiv handeln, was dieser Experte bemängelt: „Die Masse der kleineren Recycler im Post-Consumer Bereich macht das wirklich genau so, dass die ihre Produktionsplanung haben und wenn am Ende der Woche, am Ende des Monats die Daten oder die Zahlen abweichen, dann prüfen sie mal, woran es liegen könnte und stellen das eigentlich zum späten Zeitpunkt fest" (Experte 09, Pos. 20).

10.2.7.2 Reporting-Methode (SK7–2)

Das Reporting erfolgt nach den befragten Experten mit verschiedenen Methoden in den Unternehmen, welche auch in Kombination dort auftreten. Welche

Reporting-Methoden am häufigsten genutzt werden, ist in Abbildung 10.18 visualisiert.

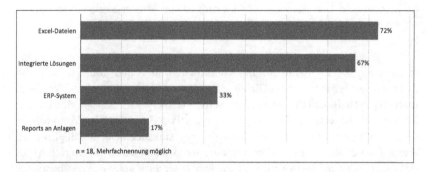

Abbildung 10.18 Nutzung der Reporting-Methoden in den Unternehmen. (Quelle: Eigene Darstellung)

Weit verbreitet sind nach wie vor **Excel-Dateien** für das Reporting, die **manuell aktualisiert** werden müssen (Experte 02, Pos. 32; Experte 04, Pos. 26; Experte 05, Pos. 36; Experte 06, Pos. 34; Experte 07, Pos. 50; Experte 08, Pos. 20; Experte 09, Pos. 22; Experte 10, Pos. 32, 34; Experte 12, Pos. 32; Experte 13, Pos. 26, 38; Experte 15, Pos. 30; Experte 17, Pos. 59; Experte 18, Pos. 34). Allerdings wurden diese Excel-Tabellen an die unternehmerischen Bedürfnisse angepasst: „Also wir haben da auch viel mit Excel-Tabellen gearbeitet und haben uns dann irgendwie Formeln hinterlegt" (Experte 15, Pos. 30). Die Technologie-Lieferanten tragen der Nutzung dieser Reporting-Methode Rechnung, indem sie in ihren Systemen die Möglichkeit des **Downloads von Excel-Dateien** zur Verfügung stellen (Experte 10, Pos. 32).

Zwar sei anfangs nach vielfacher Experteneinschätzung der **Aufwand der erstmaligen Erstellung der Datei relativ hoch**, allerdings gestalte sich die **regelmäßige Aktualisierung** dadurch **weniger aufwendig** (Experte 05, Pos. 52; Experte 15, Pos. 30). Wie sich der Arbeitsaufwand verteilt, schildert ein Experte: „Gut, also die Excel-Tabellen sind vorbereitet. Das sind ja Dinge, die macht man einmal. Da hat man dann vielleicht auch mal irgendwann Zeit investiert, um vorne eine Grundtabelle zu füllen und mit Makros dann hinterher weiterarbeitet und dann spuckt der einem das eben ein bisschen schneller aus [...], ja dann braucht es aber schon doch noch drei Stunden bestimmt" (Experte 05, Pos. 52). Aufgrund dieser zeitintensiven Arbeit mit Excel ist im Unternehmen eines Experten **ein Mitarbeiter** ausschließlich für das Erstellen der manuellen

10.2 Darlegung der Ergebnisse der problemzentrierten ... 169

Auswertungen zuständig (Experte 07, Pos. 50). Sein Aufgabengebiet liegt vor allem in der visuellen Datenaufbereitung: „Und der Mitarbeiter, der diese Daten aggregiert, bearbeitet, zusammenstellt, Auswertungen generiert, ist halt ein absoluter Crack mit Pivot-Tabellen und der wertet das in Form von Pivot-Tabellen aus und erstellt dann diese Übersichten und Grafiken" (Experte 07, Pos. 50).

Neben Excel-Dateien werden für das Reporting ebenso **integrierte Lösungen** genutzt. Diese Systeme werden teilweise von den Anlagenherstellern in Form von Online-Reports, Apps oder E-Mail-Berichten bereitgestellt (Experte 02, Pos. 38; Experte 06, Pos. 32; Experte 09, Pos. 4, 16; Experte 10, Pos. 32, 34; Experte 11, Pos. 22, 24; Experte 13, Pos. 30). Einer der Experten erläutert die Funktionen eines solchen Programms: „Es gibt von Tomra auch ein Programm, wo man dann die Sachen auslesen kann[.] [...] [Man kann] dann ganz genau sehen, ok ich habe da jetzt 80 % rausgeschossen von XYZ [anonymisiert] und sagen wir mal ok 80 % ist das Ziel, dann stimmt das" (Experte 02, Pos. 38).

Neben den Systemen der Anlagenhersteller werden bei einer Reihe von Experten ebenfalls **eigene Softwarelösungen** genutzt (Experte 01, Pos. 20, 26; Experte 02, Pos. 32; Experte 05, Pos. 20; Experte 07, Pos. 16; Experte 16, Pos. 61; Experte 17, Pos. 62). Solche Instrumente dienen zumeist der Überwachung des Materialstroms: „Also da haben wir eigens ein Tool, eine eigene Datenbank eigentlich für die Analysierung und Qualifizierung der Wareneingangsmenge, Wareneingangsprüfung" (Experte 17, Pos. 62).

In einem Betrieb eines Experten gibt es dafür sogar eine **eigene Leitstelle**, in der **sämtliche Reports zusammengetragen und ausgewertet** werden: „Es gibt eine Leitstelle innerhalb der Firma A [anonymisiert], wo an riesigen Dashboards die Prozesse überwacht werden können" (Experte 04, Pos. 12). Bei einem anderen Experten befindet sich das Unternehmen aktuell in einem Prozess der **Transformation des Reporting von Excel-Dateien zu integrierten Systemen**: „Und das ist unser Thema vorhin gewesen, wo wir gesagt haben, da gibt es auch professionelle Software, die das kann, wo ich mir die Reports zusammenstelle und dann so mache, wie ich das möchte, aber wir mussten mit Excel anfangen, weil das gab es noch nicht, als wir damit angefangen haben. Also zumindest noch nicht für unsere Branche und unsere Anlagensteuerung" (Experte 07, Pos. 50).

Ein großer Teil der Experten nutzt das unternehmensinterne **ERP-System** zur Erstellung von Reports. Dies setzt allerdings voraus, dass die Daten im System im laufenden Reporting-Zeitraum entsprechend angereichert wurden (Experte 03, Pos. 28, 46; Experte 05, Pos. 54, 58; Experte 07, Pos. 16, 46; Experte 14, Pos. 38; Experte 17, Pos. 59; Experte 18, Pos. 18, 34). Für einen Experten stellt dieses ERP-System einen Glücksfall aufgrund der zahlreichen Auswertungsmöglichkeiten dar: „Also, wie gesagt, in diesem Programm – wenn man es ordentlich füttert natürlich – kann man hinterher so viele verschiedene Dinge auswerten, also da muss ich ganz ehrlich sagen: das gefunden zu haben, da bin ich schon sehr froh und da suche ich auch im Moment nichts anderes" (Experte 05, Pos. 54).

Eine weitere erwähnte Reporting-Methode war das **Auslesen der Reports an den Anlagen** selbst, wobei dazu ein Rundgang durch die Anlage und die Kenntnis der Sollwerte erforderlich ist (Experte 02, Pos. 38; Experte 09, Pos. 4; Experte 11, Pos. 22). Als hilfreich empfindet ein Experte dieses Auslesen der Werte an den Anlagen selbst, um sich einen Überblick über die Maschinenproduktivität und die Qualität der Sortierung zu verschaffen: „Die Auswertung wird beim morgendlichen Rundgang von meinem Anlagenleiter gemacht, der einfach guckt, ob die Maschinen alle so laufen, wie sie laufen sollen. Auf dem Display können sie ganz einfach sehen, da steht dann grün: Was wurde ausgeschossen? und rot: Was wurde fallengelassen? Und dadurch, dass er jetzt jeden Morgen das macht, dann weiß er ganz genau, wie viel Prozent muss bei welcher Anlage stehen. Also das wäre einfach nur etwas Optisches, was hier passiert" (Experte 02, Pos. 38).

10.2.7.3 Reporting-Turnus (SK7–3)

Das Reporting erfolgt mit unterschiedlicher Regelmäßigkeit in den Unternehmen der befragten Experten. Dabei findet bei einigen Unternehmen eine **Aggregation** der kurzfristigeren Reporting-Zyklen auf längerfristige Reporting-Zyklen statt (Experte 01, Pos. 24; Experte 02, Pos. 26, 30, 34, 38, 40; Experte 07, Pos. 16, 26; Experte 13, Pos. 38). Der tägliche Turnus dieses Reporting fließt dann auch in Berichte mit einem zeitlich größeren Abstand ein: „Man hat das Shopfloor Meeting und das Ganze wird verdichtet in einem Wochenmeeting, das Ganze wird dann verdichtet in einem Monatsmeeting. Und das Ganze wird dann wiederum verdichtet in unserer Aufsichtsratssitzung" (Experte 01, Pos. 24). Die Reporting-Zeiträume verteilen sich in den Unternehmen, wie in Abbildung 10.19 dargestellt.

10.2 Darlegung der Ergebnisse der problemzentrierten ...

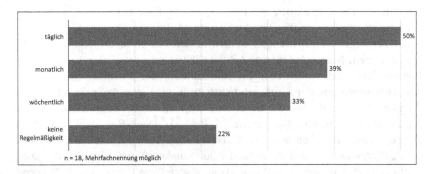

Abbildung 10.19 Turnus des Reporting im Unternehmenssample. (Quelle: Eigene Darstellung)

Je nach Turnus des Reporting beinhalten diese auch teils unterschiedliche Inhalte: Bei einem **täglichen Reporting** werden in den Unternehmen der befragten Experten vorrangig **produkt- und prozessbezogene Kennzahlen** ausgewertet (Experte 01, Pos. 22; Experte 02, Pos. 38; Experte 03, Pos. 38; Experte 04, Pos. 24; Experte 12, Pos. 28 – 30; Experte 13, Pos. 38; Experte 15, Pos. 22; Experte 17, Pos. 57; Experte 18, Pos. 32). Mit diesem täglichen Bericht erlangen die Unternehmen einen Überblick über die Gesamtleistung der Anlage: „Und wir machen halt jeden Tag eine Auswertung über diesen Anlagenbericht, wo dann halt eben der Input aufgeführt ist, die einzelnen Mengen der Fraktionen und die Durchsätze der Anlage. Und da sehen wir dann, daraus errechnet sich dann bei uns die Wertschöpfung. Und das machen wir jeden Tag fortfolgend" (Experte 13, Pos. 38).

Das **wöchentliche Reporting** dient in den Unternehmen der befragten Experten zur Einschätzung der operativen Performance der vergangenen Woche (Experte 01, Pos. 24; Experte 02, Pos. 26, 30; Experte 06, Pos. 28; Experte 07, Pos. 16, 26; Experte 09, Pos. 20; Experte 13, Pos. 38). Mit diesen Darstellungen gewinnen die Experten ein umfassendes Bild der aktuellen Produktionssituation: „[D]ie Standardauswertung kriege ich wöchentlich abgeschlossen, also dass ich immer praktisch eine Kalenderwoche habe, das sind dann 19 Seiten – steht eigentlich alles, was ich wissen will" (Experte 07, Pos. 26).

Im **monatlichen Reporting** werden unter anderem Soll-Ist-Vergleiche durchgeführt, indem die Wochenberichte zusammengeführt und aggregiert werden. Dazu werden Finanzkennzahlen ermittelt, wie eine Vielzahl der Experten angibt

(Experte 01, Pos. 24; Experte 02, Pos. 26, 34, 40; Experte 05, Pos. 34; Experte 06, Pos. 28, 40; Experte 09, Pos. 20; Experte 14, Pos. 34; Experte 18, Pos. 16). Zu den regelmäßigen Reports werden in den Unternehmen Reports erstellt, die zu **keinem festgeschriebenen Zyklus** wiederholt werden. Der Turnus dieser Reports richtet sich hierbei nach der **Einschätzung der jeweiligen Mitarbeiter**, **Anforderungen aus der Unternehmensleitung** oder den **Anforderungen des Kunden** (Experte 01, Pos. 24; Experte 03, Pos. 34, 38, 40; Experte 04, Pos. 20, 22, 24; Experte 09, Pos. 14; Experte 15, Pos. 22). Diese Reports werden dann zu spezifischen Zwecken angefertigt und fallen deshalb auch meist detaillierter aus: „[D]ann auch ab und zu, entweder auf Kundenwunsch oder weil das auch intern genutzt wird, immer mal eine etwas ausgefeiltere Datenanalyse" (Experte 04, Pos. 20).

10.2.7.4 Visualisierung (SK7–4)

Zur **Form der Visualisierung** in den Reports äußerten sich lediglich fünf der befragten Experten, wobei zwei davon erklärten, dass die Reports zumeist in **Tabellenform** umgesetzt werden (Experte 07, Pos. 48; Experte 14, Pos. 36): „[D]as geschieht dann in einer Tabellenform" (Experte 07, Pos. 48). Vier Interviewpartner gaben an, dass ihre Reports mit **Grafiken** visuell aufbereitet werden (Experte 02, Pos. 30; Experte 07, Pos. 44; Experte 11, Pos. 24; Experte 13, Pos. 30). Diese grafischen Aufbereitungen in Form von Diagrammen empfindet ein Experte optisch ansprechender und verständlicher als Zahlenreihen: „Jo, dann neben den ganzen Zahlenauswertungen haben wir, bin ich ein visueller Mensch, ich möchte dann auch so ein paar Balken sehen und Balkengrafiken und Kuchendiagramme" (Experte 07, Pos. 44). Erwähnt wurden auch **interaktive Grafiken**, die allerdings vom Anlagenhersteller zur Verfügung gestellt werden (Experte 02, Pos. 30; Experte 13, Pos. 30).

10.2.8 Aktuelle Entwicklungen in der Kunststoffrecycling-Branche (HK8)

Neben den derzeitigen Abläufen in ihren Unternehmen haben sich die Interviewten ebenfalls zu **aktuellen und künftig erwarteten Entwicklungen** in der Kunststoffrecycling-Branche geäußert. Zur Sprache kamen dabei die Themenfelder

- Automatisierung und Integration,
- Wettbewerbssituation,

10.2 Darlegung der Ergebnisse der problemzentrierten ... 173

- Kundenanforderungen,
- Qualitätsansprüche und
- Erhöhung der Recyclingquoten.

Festgehalten wurde, dass die Sortieranlagen eine hohe **Automatisierung in den Prozessen** in den letzten Jahren erfahren haben, wobei dieser technologische Fortschritt allerdings noch nicht bei allen Unternehmen angekommen sei (Experte 01, Pos. 28; Experte 10, Pos. 28). So sieht ein Experte erhebliche Fortschritte in der Robotisierung bei Sortiervorgängen, wodurch die menschliche Arbeitskraft bereits größtenteils ausgetauscht wurde, wobei sich dieser Trend noch fortsetzen wird: „Wenn Sie sich heute eine Sortieranlage anschauen, dann ist in den letzten Jahren ein sehr hoher Automatisierungsgrad vollzogen worden, dass nun auch monotone und sehr den jeweiligen fordernde Manpower quasi durch Sortierroboter ersetzt worden ist. Also in der Vorsortierung oder generellen Sortierung von Kunststoffabfällen und Kunststoffzwischenprodukten ist ein sehr hoher Automatisierungsgrad erreicht worden. [...] [G]esamt gesehen auf komplexe Aufbereitungsanlagen ist es noch nicht durchweg, wird sich hier aber in den kommenden Jahren dort auch verstärkt durchsetzen" (Experte 10, Pos. 28).

Bei der **Automatisierung und Integration** des Berichtswesens sehen die Experten allerdings eine geringere Notwendigkeit, da sie hier **direkt kein großes Kosteneinsparungs- und Verbesserungspotenzial** erkennen können (Experte 03, Pos. 58, 66; Experte 04, Pos. 28; Experte 12, Pos. 34). Die Unternehmen betreiben somit keine Digitalisierung um der Digitalisierung willen, d. h. wenn es sich für diese nicht rechnet: „Solange das alles funktioniert und die Digitalisierung nicht irgendwo Kosten einspart, wird es sie nicht geben" (Experte 04, Pos. 28). Dennoch erwarten die Experten zukünftig eine Entwicklungstendenz **in Richtung Digitalisierung und Automatisierung** in diesem Bereich (Experte 12, Pos. 34; Experte 18, Pos. 26). Dies geschieht allerdings nur, wenn sich hier Optimierungspotenzial für die Unternehmen abzeichnet: „Meiner Meinung nach ist das, was kommen muss und es gibt einfach eben dann Möglichkeiten da irgendwie Analysen zu machen, die einfach zu einer Erkenntnis führen, wo ich dann vielleicht meine Prozesse besser optimieren kann, wie auch immer. Also so ist jedenfalls, so besteht jedenfalls der Traum von denjenigen, der so eine Anlage betreibt" (Experte 18, Pos. 26).

Die **Wettbewerbssituation** verändert sich in der Kunststoffrecycling-Branche ebenfalls, denn die bisher vorrangig **familiengeführten Unternehmen** werden zunehmend durch **Großgruppen** verdrängt. Dadurch findet eine **Konsolidierung** statt, die für die kleineren Unternehmen sowohl als Chance als auch als Bedrohung für dieselben betrachtet wird (Experte 01, Pos. 28, 30; Experte 03, Pos. 36;

Experte 11, Pos. 6). Aber nicht nur die fehlenden Technologien führen zu einer verschärften Wettbewerbssituation, bei der womöglich kleinere Betriebe nicht mehr mithalten können: „Das heißt, ich glaube, dass dieser Paradigmenwandel, den wir heute sehen, sich beschleunigt und zur Folge hat, dass viele, die nicht die Technologie kennen, kurz- bis mittelfristig auf der Straße bleiben werden. Es wird zu einem Verdrängungswettbewerb auf der einen Seite auf Rohmaterial-Basis kommen und auf der anderen Seite aufgrund der Technologie, die eingesetzt wird" (Experte 01, Pos. 28).

Ein anderer Experte sieht aber durchaus auch Vorteile für einen mittelständischen Betrieb mit flacheren Hierarchien und schnelleren Reaktionszeiten auf Veränderungen: „In der Großindustrie bleibt ihnen gar nichts anderes übrig. Sie müssen diesen Riesenladen irgendwie organisieren. Und das ist durchaus die Stärke eines Mittelstandes, dass man diese Strukturen eben gar nicht braucht, sondern viel schneller und viel direkter reagieren kann" (Experte 03, Pos. 36).

Derzeit agierten die Betriebe der Kunststoffrecycling-Branche eher mit qualitativ minderwertigerem Output aufgrund der **mangelnden Prozessüberwachung**, als an den Prozessen zu arbeiten, wobei die Unternehmen sich in dieser Hinsicht stark auf das Personal verlassen (Experte 11, Pos. 14). Dies führt zu einer geringeren Outputqualität, sodass der recycelte Kunststoff nur noch zu bestimmten Endprodukten verarbeitet werden kann: „Jetzt gibt es Kunststoffrecycling-Betriebe, die haben 20 Jahre Erfahrung. Die wissen, wie sie was machen müssen, um gewisse Qualitäten einfach zu halten [...]. Man nimmt in Kauf heute, dass man solche Schwankungen in der Qualität hat, weil man einfach wenig im Prozess beeinflussen kann und weil der Verschmutzungsgrad einmal so, einmal so sein kann; vom Input nimmt man in Kauf, dass man eigentlich – das will jetzt der Verwerter wahrscheinlich nicht hören – aber eher Qualitäten im unteren Bereich hat. Und heute der übliche Weg heute ist, dass man aus einem Regranulat Müllbeutel macht, wo die Qualitätsanforderungen sehr gering sind, wo auch egal ist, ob der Müllbeutel noch etwas riecht. Es kommt sowieso Abfall rein, oder diverse Gartenmöbel macht, die dann draußen stehen. So ist heute der übliche Weg" (Experte 11, Pos. 14).

Aufgrund verschiedener Entwicklungen haben sich nicht nur die **Anforderungen der Kunden und des Gesetzgebers** geändert, sondern auch die Wettbewerbssituation an sich (Experte 04, Pos. 28, 30; Experte 06, Pos. 12). Es wird mehr Material[9] auf dem Markt geben, wobei die Qualität mitunter schlechter sein könnte als zurzeit (Experte 04, Pos. 30). Zudem werden die **Nebenprodukte**

---

[9] Als *Material* bezeichnete der Experte in diesem Zusammenhang das Inputmaterial für das Kunststoffrecycling.

10.2 Darlegung der Ergebnisse der problemzentrierten ...   175

in Zukunft immer wichtiger für die Recyclingbetriebe, da man mit diesen inzwischen ebenfalls nennenswerte Erträge erwirtschaften kann (Experte 06, Pos. 14; Experte 14, Pos. 44).

Bei den **Kundenanforderungen** sehen die Experten einen Anstieg in der Anfrage nach **hochwertigen Rezyklaten**, um auch im Verpackungsbereich Recyclingware nutzen zu können. Dadurch steigen **die Anforderungen an Datenerhebung und Reporting**, um Nachweise über die Prozesse zu erbringen (Experte 01, Pos. 4, 30; Experte 02, Pos. 50; Experte 04, Pos. 30; Experte 08, Pos. 22). Da der Anteil an recyceltem Verpackungsmaterial auch zukünftig noch wachsen wird, braucht es dazu Anlagen, die mit denselben Technologien arbeiten: „Und dort muss ich überall hinkommen, dass ich über redundante Standorte das produziere. Das heißt der Standort A, B oder C muss austauschbar sein, ich muss mit gleichen Rezepturen, mit gleichen Technologien arbeiten. Daher ist auch das Thema Industrialisierung, Digitalisierung, Standardisierung extrem wichtig" (Experte 01, Pos. 4).

Obwohl sich diese veränderte Kundennachfrage abzeichnet, haben die **mittelständischen Unternehmen** diese **Notwendigkeit** eines Ausbaus der Datenerhebung und des Reporting und den damit einhergehenden erforderlichen größeren Umfang und Detaillierungsgrad nach Einschätzung eines Experten noch **nicht erkannt**: „Alles in allem wünschen wir uns natürlich schon, dass dieses Thema mehr von der Branche gesehen wird und vielleicht auch mehr befeuert und getrieben wird. Weil das sicherlich ein Punkt ist, der sollte an dieser Branche auch nicht vorbeigehen" (Experte 08, Pos. 22). Die Relevanz dieser Thematik wird durch einen weiteren Experten unterstrichen, der hier den Gesetzgeber in der Pflicht sieht, um die Rahmenbedingungen zu schaffen: „Es könnte, wenn es gesetzliche Anforderungen gibt[.] […] Ja, dann müsste man vielleicht zusätzliche Erfassung, müsste man zusätzliches Messinstrument reinbringen, zusätzlichen Stromzähler, um die Sachen zu erfassen. Das sind dann auch Sachen, die in der Entwicklung bedingt sind und die vielleicht auch vom Gesetzgeber her gefordert werden, ja" (Experte 06, Pos. 46).

Die erhöhten **Anforderungen an die Qualität der Rezyklate** wurden hier ebenfalls von den Experten thematisiert, wobei dies im Widerspruch zu den noch **wenigen Standards und Anforderungen** an die Kunststoffrecycling-Branche steht, was sich künftig nach mehrheitlicher Experteneinschätzung wohl ändern wird (Experte 07, Pos. 8, 18; Experte 09, Pos. 8, 10, 14; Experte 10, Pos. 12; Experte 11, Pos. 8, 10). Da gesetzlich wenig Vorgaben bestehen, richtet sich die Kunststoffrecycling-Branche derzeit an den Wünschen der verarbeitenden Unternehmen aus: „Und da ist es so, dass wir über Zusammenarbeit mit verschiedenen

Stakeholdern in dem ganzen Prozess, das heißt Verarbeitern, Recyclern, eben versuchen, Qualitätskriterien dingfest zu machen. Meistens von hinten nach vorne, das heißt man hat sozusagen immer die Frage, was das Ende des Kreislaufes oder Beginn des Kreislaufes ist, aber natürlich ist es für uns immer das Ziel im Idealfall eine Qualität zu erreichen, die 100 Prozent Regranulat Einsatz ermöglicht, weil Abstriche kann ich dann immer noch machen" (Experte 09, Pos. 8).

Einer der Experten weist in diesem Zusammenhang auf eine **kürzlich veröffentlichte DIN-Norm**[10] hin, in der **Qualitätsparameter für Rezyklate** festgelegt sind (Experte 11, Pos. 8, 10). Zumeist dauert die Ausarbeitung solcher Standards sehr lange, aber die Branche wartet auf solche verbindlichen Qualitätskriterien für ihre Anlage, wie ein Experte berichtet: „Es ist erst vor Kurzem eine eigene deutsche DIN-Norm entstanden für die Rezyklate. [...] Das ist alles jetzt in den letzten Monaten eigentlich passiert. Klar, an der Norm arbeitet man schon länger. Das ist einmal der erste Startschuss, dass man Qualitätsparameter, die wir jetzt als Anlagenbauer, Maschinenbauer (...) an die wir uns eigentlich halten können. [...] So geht es aber der gesamten Branche gerade" (Experte 11, Pos. 8–10).

Neben den Kundenansprüchen hat auch der **Gesetzesgeber** Anforderungen an die Akteure der Kunststoffrecycling-Branche formuliert, die zum einem die **höhere Zirkularität** der Kunststoffe als auch die Forderung nach **höherwertigen Rezyklaten** betreffen (Experte 04, Pos. 30; Experte 16, Pos. 70; Experte 18, Pos. 4). Dazu gibt es europaweit zeitliche Zielvorgaben für eine Erhöhung der Kunststoffrecyclingquote, welche die Unternehmen einhalten müssen: „Denn 2025 müssen aus der *Packaging and Packaging Waste Directive* höhere Kunststoffrecycling-, deutlich höhere Kunststoffrecyclingquoten erfüllt werden. Das wird sämtliche Mitgliedstaaten in die Erfassung, Sortierung und auch Verwertung sämtlicher Kunststoffverpackungen zwingen" (Experte 04, Pos. 30). Nach Auskunft von zwei Experten arbeitet die Kunststoffrecycling-Branche an der **Erhöhung der Zirkularität**, um aus einer Kunststoffverpackung wieder eine Kunststoffverpackung werden zu lassen und folglich den Kreislauf zu schließen (Experte 10, Pos. 10; Experte 12, Pos. 4).

---

[10] Die angesprochene DIN-Norm ist DIN SPEC 91446 (DIN SPEC 91446, S. 6).

Diskussion, Interpretation und Konklusion 11

Nachdem nunmehr die Ergebnisse der empirischen Studie dargelegt wurden, folgt die Diskussion der Ergebnisse, indem sie mit den Erkenntnissen aus der Theorie verglichen werden. Anschließend wird auf die Güte der empirischen Untersuchung eingegangen. Daraufhin findet die Beantwortung der empiriegeleiteten Fragestellungen sowie eine Ableitung der gestaltungsgeleiteten Fragestellungen statt.

11.1 Diskussion und Interpretation der Ergebnisse

Die Ergebnispräsentation orientiert sich an den acht Hauptkategorien[1], wobei die ersten drei Hauptkategorien in einer Kategorie zusammengefasst werden, weil sie lediglich die Angaben zu den befragten Unternehmen enthalten und ansonsten inhaltliche Überschneidungen entstehen.

11.1.1 Struktur der Kunststoffrecycling-Branche

Die Kunststoffrecycling-Branche ist überwiegend durch kleine und mittelständische Unternehmen geprägt, was die befragten Experten ebenfalls mit der Darstellung ihrer jährlichen Kapazitäten bestätigen (Amrhein et al., 2020, S. 11; Abbildung 10.7). Lediglich bei einem Fünftel der befragten Experten lagen die Kapazitäten oberhalb des Durchschnitts aller befragten Experten.

---

[1] Für die detaillierte Darstellung der acht Hauptkategorien siehe Tabelle 10.1

© Der/die Autor(en), exklusiv lizenziert an Springer Fachmedien Wiesbaden GmbH, ein Teil von Springer Nature 2024
C. Berbalk, *Prozesscontrolling in der Kunststoffrecycling-Branche*,
https://doi.org/10.1007/978-3-658-45985-7_11

In den Input- und Outputmaterialien spiegelt sich die **Bandbreite der Kunststoffrecycling-Branche** wider, die auch Luijsterburg und Goossens (2014) in ihrer Studie feststellten. So findet etwa die **Vorsortierung der Kunststoffe in die Hauptfraktionen** anhand der Spezifikationen der dualen Systeme statt, allerdings gibt es auch Unternehmen in der Branche, die den kompletten Sortier- und Recyclingprozess in einem Haus durchführen, ohne dass eine Übergabe von Zwischenprodukten an andere Unternehmen stattfindet (Experte 03, Pos. 12, 18–20; Experte 06, Pos. 2; Experte 12, Pos. 2, 8; Experte 17, Pos. 2; Faraca et al., 2019, S. 301; Meys et al., 2020, S. 1). Die Bandbreite der Kunststoffrecycling-Branche zeigt sich auch an den Verarbeitern vorsortierter Kunststoffe, da hier die unterschiedlichen Fraktionen je nach Bedarf und gewünschtem Outputmaterial aufbereitet werden (siehe Abbildung 10.9).

Im Output der einzelnen Unternehmen wird ebenfalls das Spektrum der Kunststoffrecycling-Branche erkennbar. Bei den **Sortieranlagen** besteht der Output vorrangig aus der **Ballenware für die weitere Verarbeitung in den Waschanlagen,** wobei ebenfalls Nebenprodukte wie Aluminium oder Papierfraktionen anfallen (Experte 02, Pos. 2, 4; Experte 07, Pos. 4; Experte 12, Pos. 2; Prognos AG et al., 2020, S. 123; Ragaert et al., 2017, S. 29–32; Ragaert et al., 2020, S. 1). Der Output der **Aufbereitungsanlagen** nach der Wäsche wird gemäß den Aussagen der Experten **anhand der Anforderungen ihrer Kunden eingesetzt,** wobei sowohl ein Open-Loop-Recycling als auch ein Closed-Loop-Recycling möglich ist (Experte 02, Pos. 4; Experte 04, Pos. 4; Experte 09, Pos. 8; Experte 13, Pos. 4; Experte 14, Pos. 4; Experte 15, Pos. 4; Experte 17, Pos. 10–12). In der Theorie wird kaum auf diese Abhängigkeit der Entscheidung für ein Open- oder Closed-Loop-Recycling von den Kundenanforderungen eingegangen (Huysveld et al., 2019, S. 1–2; Ragaert et al., 2017, S. 29). Der Einsatz der Kunststoffrezyklate im ursprünglichen Anwendungsgebiet ist allerdings aktuell aufgrund von Qualitätsvorschriften lediglich für Non-Food-Verpackungen und PET-Flaschen möglich (Experte 02, Pos. 4; Experte 04, Pos. 4; Experte 09, Pos. 8; Experte 13, Pos. 4; Experte 14, Pos. 4; Experte 15, Pos. 4; Experte 17, Pos. 10–12; Amrhein et al., 2020, S. 10).

In diesem Zusammenhang besteht nach Meinung der Befragten ein Unterschied zwischen den Kunststoffarten, denn standardisierte Qualitätskriterien gelten aktuell nur für den PET-Bereich, wohingegen im Non-PET-Bereich stets die Kundenanforderungen ausschlaggebend für den Recyclingprozess seien (Experte 01, Pos. 4; Experte 09, Pos. 6). Vonseiten der Forschung wird aktuell bereits an branchenweiten Standards für die Kunststoffrecycling-Branche gearbeitet, die Ende 2021 durch die Veröffentlichung einer **DIN-Norm zur Klassifizierung von Kunststoff-Rezyklaten** führte (DIN SPEC 91446, S. 6).

11.1 Diskussion und Interpretation der Ergebnisse 179

11.1.2 Prozessschritte

Die Experten bestätigen die in der Forschung dargestellte **Heterogenität** in den Prozessen der Kunststoffrecycling-Branche (Abbildung 10.11; Luijsterburg & Goossens, 2014, S. 88). Für die Experten beginnt der Recyclingprozess bereits bei der Sammlung der Verpackungsabfälle als vorgelagertem Schritt, da das Trennverhalten der Haushalte einen hohen Einfluss auf die Recyclingquoten hat. Dies ist auch der Grund für die Initiativen zur Erhöhung des Verbraucherbewusstseins (Experte 01, Pos. 6; Experte 03, Pos. 68; Experte 07, Pos. 10; Experte 12, Pos. 8; PlasticsEurope Deutschland e. V., 2021; Prognos AG et al., 2020, S. 51).

Die bisherige Klassifizierung der Forschung hinsichtlich der Sortierung konkretisierten die befragten Experten, indem sie zwischen einer Sortierung anhand der Spezifikationen der dualen Systeme in den Sortieranlagen und anhand der Kundenanforderungen in den Waschanlagen differenzierten (Experte 01, Pos. 6; Experte 03, Pos. 18–20; Experte 06, Pos. 2, 10; Experte 12, Pos. 8; Experte 15, Pos. 12; Experte 17, Pos. 2; Meys et al., 2020, S. 1). Zur Sortierung der einzelnen Stoffströme kommen in der Praxis die in der Forschung ermittelten Technologien zum Einsatz, wie NIR oder Metallseparation (Abbildung 10.12; Faraca et al., 2019, S. 301–302; Gent et al., 2011, S. 474; Luijsterburg & Goossens, 2014, S. 88; Ragaert et al., 2017, S. 29–32). Bei einem Experten werden jedoch keine gängigen Verfahren genutzt, da in diesem Unternehmen der Fokus auf der Maximierung des Recyclinganteils liege und nicht in der Einhaltung der Richtlinien der dualen Systeme (Experte 03, Pos. 26).

Bei den Waschverfahren existieren nach Expertenmeinung entgegen den Darstellungen in der Forschung beide Verfahren gleichermaßen, denn je nach Anspruch des Output-Produktes wird sowohl die Kalt- als auch die Heißwäsche eingesetzt (Experte 01, Pos. 6–8; Experte 06, Pos. 10; Experte 16, Pos. 28; Demets et al., 2020, S. 1–2; Gent et al., 2011, S. 474). Da dieser Prozess nach Einschätzung der Experten einen hohen Einfluss auf die Prozesskosten im Recycling hat, ist die Entscheidung für den weniger kostenintensiven Prozess der Kaltwäsche bei niedrigeren qualitativen Anforderungen zur Erhöhung der Marge nachvollziehbar (Experte 01, Pos. 8; Experte 06, Pos. 12; Abbildung 10.14).

Nach der Wäsche benennen die Experten ebenfalls die Trocknung und Extrusion der getrockneten Flakes als nachgelagerte Prozesse, sodass als Endprodukt ein Regranulat entsteht (Experte 01, Pos. 6; Experte 04, Pos. 8; Experte 05, Pos. 12; Experte 06, Pos. 10; Experte 09, Pos. 2; Experte 12, Pos. 8; Experte 15, Pos. 12; Prognos AG et al., 2020, S. 124; Ragaert et al., 2017, S. 30–32). Auch dieser Prozessschritt zählt nach Experteneinschätzung zu einem der kostenintensivsten Schritte des Recyclingprozesses, was auch die Forschungsergebnisse von Larrain et al. (2021, S. 9) stützen. Danach gehört die Extrusion zu den Prozessschritten mit dem höchsten Energiebedarf (Experte 05, Pos. 14; Experte 12, Pos. 10–12; Experte 14, Pos. 18; Experte 15, Pos. 14). Wie Faraca et al. (2019) bereits in ihrer Studie belegen, ist der Recyclingprozess weitestgehend automatisiert, was auch die Experten bestätigen (Experte 03, Pos. 10; Experte 05, Pos. 6; Experte 07, Pos. 6; Experte 15, Pos. 6; Experte 17, Pos. 7; Experte 18, Pos. 6, 8, 10). Aufgrund der automatisierten Prozesse steht allerdings noch eine Automatisierung in der Datenerfassung aus, die nach überwiegender Forscheransicht einfach umsetzbar sei, da lediglich die Maschinendaten ausgelesen werden müssten (Babiceanu & Seker, 2016, S. 131; Centea et al., 2020, S. 543; Schmelting, 2020, S. 10; Wegener et al., 2016, S. 29–30).

Gemäß den Darstellungen der Forschung existieren aktuell keine branchenweiten Standards für die Prozesse und Prozessabfolgen in der Kunststoffrecycling-Branche im Non-PET-Bereich, was unter anderem auf die **Heterogenität der Inputmaterialien** zurückzuführen ist (Luijsterburg & Goossens, 2014, S. 88). In der Praxis werden nach Expertenmeinung die **fehlenden Vorgaben im Non-PET-Bereich** als ein Hindernis der Standardisierung in den Prozessen wahrgenommen, wobei sich auch hier Entwicklungen wie die neu veröffentlichte DIN-Norm abzeichnen (DIN SPEC 91446).

Des Weiteren sehen die Experten in der branchenweiten Standardisierung der Prozesse einen **Wettbewerbsvorteil,** den sie sich durch ihre Prozessabfolgen erarbeitet haben, was Larrain et al. (2021, S. 2) unterstreichen. Explizit spricht diese Thematik tatsächlich nur ein Experte an, die anderen Experten hielten sich mit detaillierten Darstellungen ihrer Prozessabfolgen zurück, um nicht unbedacht wettbewerbsrelevantes Know-how zu den Prozessen preiszugeben (Experte 16, Pos. 24, 30).

Das **allgemeine Prozessschaubild,** welches aufgrund der theoretischen Erkenntnisse entwickelt wurde,[2] kann demnach aufgrund der empirischen Erkenntnisse wie in Abbildung 11.1 dargestellt, **erweitert** werden. Die farbig hervorgehobenen Prozessschritte wurden im Vergleich zum ursprünglichen Prozessschaubild angepasst.

---

[2] Für das aus den theoretischen Erkenntnissen entwickelte Prozessschaubild siehe Abbildung 7.6.

11.1 Diskussion und Interpretation der Ergebnisse

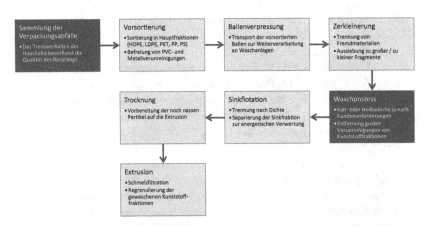

Abbildung 11.1 Erweitertes modellhaftes Prozessschaubild zum mechanischen Recycling. (Quelle: Eigene Darstellung basierend auf den dargelegten theoretischen und empirischen Erkenntnissen)

11.1.3 Prozessdatenerfassung

Da es keine fundierten wissenschaftlichen Grundlagen für die Erfassung von Prozessdaten in der Kunststoffrecycling-Branche gibt,[3] werden die Aussagen der Experten in Bezug auf die allgemeinen Produktionsprozesse diskutiert.

Vorrangig erheben die Unternehmen der befragten Experten **Mengenströme** und **Daten zur Identifikation der einzelnen Kunststoffballen**. Daneben werden auch – allerdings nur von einem geringen Anteil der befragten Experten – noch einige qualitäts- sowie produktivitätsbezogene Daten erfasst (Teil III – 10.2.5.1 Erfasste Daten; Abbildung 10.15).

Anhand der Datenerfassung lässt sich feststellen, dass die Kunststoffrecycling-Branche bislang nicht auf dem aktuellen Stand der Technik angekommen ist, da weiterhin mehr als die Hälfte der befragten Experten angab, ihre **Prozessdaten manuell** zu erfassen (Teil III – 10.2.5.2 Technologien zur Prozessdatenerfassung; Abbildung 10.16). Aufgrund des hohen Automatisierungsgrads der Prozesse in der Kunststoffrecycling-Branche bietet sich allerdings auch hier eine automatisierte Prozessdatenerfassung an, wie sie beispielsweise Niehues et al. (2017) vorstellen.

---

[3] Für eine ausführliche Darlegung siehe Teil II – 6.2 Forschungslücke.

Die Experten nutzen teilweise die durch die Hersteller der Anlagen bereitgestellten Optionen der **Datenerfassung an den Anlagen**, wie sie von Cura et al. (2021, S. 2) dargestellt wurden (Experte 02, Pos. 24, 38; Experte 03, Pos. 30; Experte 05, Pos. 20; Experte 06, Pos. 14, 16, 18, 36; Experte 07, Pos. 16; Experte 11, Pos. 16, 18; Experte 12, Pos. 22; Experte 13, Pos. 26; Experte 14, Pos. 20).

Die **Identifikation der Ballenware** geschieht bereits mittels moderner Technologien wie Barcodes oder RFID-Tags, was sich allerdings bisher nicht branchenweit durchgesetzt hat (Experte 01, Pos. 20–22; Experte 05, Pos. 20; Experte 06, Pos. 20, 26; Experte 07, Pos. 24; Experte 14, Pos. 24; Experte 15, Pos. 20; Experte 18, Pos. 22). Bei den meisten Unternehmen der befragten Experten endet das Tracking der Prozessdaten mit der Aufgabe der Ballen auf die Sortieranlagen. Lediglich drei Experten erwähnen den Einsatz von künstlicher Intelligenz bei möglichen Störungen, worauf dann proaktiv reagiert werden kann.

Dabei stellen die Experten in Bezug auf den **Reifegrad der Datenerfassung** selbst fest, dass in der Kunststoffrecycling-Branche bislang nicht der aktuelle Stand der Technik genutzt wird, weil man selbst erst mit der permanenten Erfassung von Prozessdaten begonnen hätte (Experte 06, Pos. 42; Experte 07, Pos. 16; Experte 08, Pos. 6; Experte 09, Pos. 12, 14; Experte 12, Pos. 20; Experte 15, Pos. 16). Dieses Umdenken spiegelt sich ebenfalls im **Index zur Verbreitung von Begriffen zur Digitalisierung** in der Kunststoffrecycling-Branche wider, welcher bei 2,18 und somit über dem Durchschnitt in Deutschland liegt, woraus sich ein hohes Interesse für die Digitalisierung in der Kunststoffrecycling-Branche ableiten lässt (Prognos AG et al., 2020, S. 139). Die Aussagen der Experten zur **Reife der Technologie** und **aktuellen Erneuerung** legen ebenfalls nahe, dass sich in der Kunststoffrecycling-Branche aktuell ein Wandel hin zu einer **permanenten Datenerfassung und Transparenz** vollzieht, wodurch mehr Kontrolle über die Produktionsprozesse erlangt werden kann (Experte 05, Pos. 42; Experte 10, Pos. 20; Experte 14, Pos. 24; Babiceanu & Seker, 2016, S. 128).

11.1.4 Kennzahlen

Analog zu den erfassten Daten zählten die Experten noch verschiedene ermittelte Kennzahlen auf, wie die Input- und Output-Mengen, die Qualität der Produktion, die Produktivität oder Energie- und Rohstoffverbräuche (Teil III – 10.2.6.1 Erfasste Kennzahlen; Abbildung 10.17). Von den Kennzahlen, die aktuell in der Forschung im Kunststoffrecycling genannt werden, wird lediglich in den Sortieranlagen eine abweichende **Netto-Sammelausbeute** aufgrund von gesetzlichen Vorgaben ermittelt (Experte 02, Pos. 40; Brouwer et al., 2019, S. 114). Ansonsten

11.1 Diskussion und Interpretation der Ergebnisse 183

erwähnten die Befragten keine Kennzahlen zur Ermittlung der **Prozesseffizienz,** wie sie von Sinsel (2020) und Jammernegg et al. (2019) empfohlen werden. Stattdessen kamen Finanzkennzahlen in den Interviews im Zusammenhang mit Kennzahlen zur Bewertung von Prozessen zur Sprache, auch wenn diese im engeren Sinne sich nicht zur Überwachung von Produktionsprozessen eignen, da Finanzkennzahlen in der Regel monatlich erhoben werden, sodass die Auswertung einen Zeitverzug aufweist (Experte 01, Pos. 22; Experte 02, Pos. 42; Experte 11, Pos. 16, 26; Experte 12, Pos. 24; Experte 13, Pos. 46; Experte 14, Pos. 28, 32; Experte 18, Pos. 16, 30; Matzke, 2018, S. 221; Schmitt, 2012, S. 137).

Die Ursache für diese spärlichen Prozesskennzahlen ist in der Einschätzung der Experten zum **Reifegrad der Kennzahlenerhebung** in ihrem Unternehmen ersichtlich. Dabei schätzen sie das vorhandene Kennzahlenset als ausreichend für die gezielte Steuerung der Prozesse im Unternehmen ein, weshalb ihrer Ansicht nach kein weiterer Bedarf an zusätzlichen Kennzahlen besteht (Experte 03, Pos. 58; Experte 05, Pos. 44; Experte 06, Pos. 44; Experte 07, Pos. 48, 52; Experte 12, Pos. 34; Experte 13, Pos. 46; Experte 14, Pos. 39–42; Experte 17, Pos. 65; Experte 18, Pos. 30, 36, 38, 40). Dies manifestiert sich in der Behauptung einiger Experten, sie seien bei der Kennzahlenerhebung **Vorreiter** im Branchenvergleich (Experte 03, Pos. 58; Experte 07, Pos. 48, 52; Experte 12, Pos. 34; Experte 17, Pos. 65).

Bei der vertieften Auseinandersetzung mit den Interviewaussagen lässt sich allerdings erkennen, dass die Experten **im Vergleich zu anderen Branchen durchaus Verbesserungspotenzial und -bedarf** in der Erfassung von prozessbezogenen Kennzahlen in der Kunststoffrecycling-Branche sehen (Experte 01, Pos. 28; Experte 04, Pos. 28; Experte 09, Pos. 18; Experte 10, Pos. 26; Experte 11, Pos. 16, 20; Experte 12, Pos. 34; Experte 15, Pos. 26; Experte 16, Pos. 66, 68). Ebenso verdeutlicht die Bezeichnung des **Produktionsprozesses als eine** *Blackbox* von einem der Experten, wie wenig ausgereift die Kennzahlenerhebung in Produktionsprozessen der Kunststoffrecycling-Branche tatsächlich ist (Experte 11, Pos. 16). Dabei stellen verschiedene Studien klar, dass die Kenntnis der Prozesse und zugehöriger Kennzahlen ausschlaggebend für den unternehmerischen Erfolg sei, weil sie zum Wettbewerbsvorteil verhelfen kann (Brouwer et al., 2019, S. 113–114; Kirchherr et al., 2018, S. 268–269; Mor et al., 2019, S. 901; Parmenter, 2001, S. 100–101, 2020, S. 87; Schäfermeyer et al., 2012, S. 251).

Bei der **Kennzahlenerfassung** sind die Expertenmeinungen gespalten: Während zwar einige Experten hier für ein Umdenken in der Kunststoffrecycling-Branche plädieren, argumentiert einer der Experten sogar, dass kein Controlling in seinem Unternehmen notwendig sei, weil das Unternehmen nicht primär auf Profite ausgerichtet sei (Experte 01, Pos. 25; Experte 03, Pos. 42; Experte

12, Pos. 34). Angesichts des strukturellen Wandels in der Branche und unter Berücksichtigung der Aussagen von Experten, nach denen die Kunststoffneuware-Industrie in der Erfassung von Prozesskennzahlen weiter vorangeschritten sei, ist den Unternehmen zwecks Wettbewerbsfähigkeit anzuraten, die technologischen Möglichkeiten zur standardisierten und automatisierten Kennzahlenerhebung zu nutzen (Experte 01, Pos. 28; Experte 04, Pos. 28; Experte 09, Pos. 18; Experte 12, Pos. 34; Amrhein et al., 2020, S. 11–13; Mor et al., 2019, S. 901; Nogués & Valladares, 2017, S. 1).

Anhand der Diskussionsergebnisse lässt sich feststellen, dass die befragten Unternehmen durchaus einzelne der aufgrund der theoretischen Erkenntnisse empfohlenen Kennzahlen erheben, dies allerdings weder durchgängig eingesetzt noch automatisiert geschieht. Abbildung 11.2 liefert die Gegenüberstellung der theoretischen und empirischen Erkenntnisse.

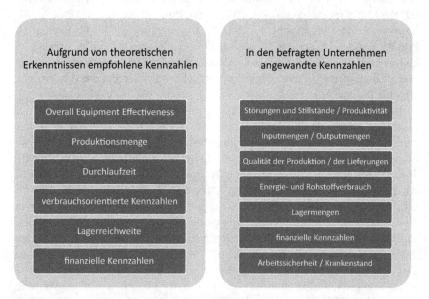

Abbildung 11.2 Zusammenfassung der Ergebnisse in Bezug auf die Erhebung von Kennzahlen in der Kunststoffrecycling-Branche. (Quelle: Eigene Darstellung)

11.1 Diskussion und Interpretation der Ergebnisse

11.1.5 Reporting

Das Reporting wird anhand verschiedenster Anforderungen in den Unternehmen durchgeführt, wie die Experten schildern. So fordern die **Kunden** zunehmend **Nachweise zur Qualität des Regranulates** und den damit verbundenen Prozessen (Experte 04, Ps. 16; Experte 10, Pos. 20). Zugleich werden die **Reporting-Vorgaben durch den Gesetzgeber** auch im Rahmen des Green Deals der EU immer strikter, was einen zusätzlichen Aufwand im Reporting für die Unternehmen der Kunststoffrecycling-Branche bedeutet (Experte 03, Pos. 38; Experte 04, Pos. 16; Experte 06, Pos. 14; Experte 10, Pos. 26; Europäische Kommission, 2019b, S. 2; Prognos AG et al., 2020, S. 9). Sofern ein Betrieb zusätzliche **Zertifizierungen** anstrebt, fallen in diesem Zusammenhang weitere geforderte Berichte an (Experte 09, Pos. 14). Da das Reporting aktuell weitestgehend über Excel-Dateien durchgeführt wird, entsteht für die Unternehmen der Kunststoffrecycling-Branche ein zusätzlicher hoher Aufwand aufgrund der zahlreichen Anforderungen (Teil III – 10.2.7.2 Reporting-Methode; Abbildung 10.18).

Demnach ist es nachvollziehbar, dass sich die Experten für die Zukunft einen **höheren Automatisierungsgrad im Reporting** erhoffen, um täglich aktuelle Daten zur Verfügung sowie weniger Eingabefehler durch manuelle Arbeitsschritte zu haben. Darüber hinaus gibt ihnen die zeitgerechte Aufdeckung negativer Tendenzen die Möglichkeit zum proaktiven Handeln (Experte 02, Pos. 46, 48; Experte 05, Pos. 48; Experte 07, Pos. 50; Experte 09, Pos. 20, 26; Experte 12, Pos. 36; Experte 15, Pos. 30; Experte 18, Pos. 16, 40). Wie die Lieferanten von Technologie für die Kunststoffrecycling-Branche dargestellt haben, bieten sie ihren Kunden bereits automatisierte Tools an, allerdings gibt es hier noch keine standardisierten Lösungen (Experte 10, Pos. 34, 36; Experte 11, Pos. 18). Durch den Einsatz **bereits vorhandener Lösungen im BI-Bereich** könnten die Anforderungen der Kunststoffrecycling-Branche mit bereits existierender Technologie auf einfache Weise erfüllt werden (Nogués & Valladares, 2017, S. 1; Sahay & Ranjan, 2008, S. 44). Bei der Nutzung von BI-Lösungen ließen sich sogar die verschiedenen Systeme, aus denen aktuell die Informationen für das Reporting gezogen werden (Excel-Dateien, ERP-System, Reports an den Anlagen), durch eine standardisierte und automatisierte Lösung ersetzen (Teil III – 10.2.7.2 Reporting-Methode; Cura et al., 2021, S. 2; Nogués & Valladares, 2017, S. 4–5; Sahay & Ranjan, 2008, S. 44).

Der Einsatz solch standardisierter Software hätte ebenfalls einen positiven Einfluss auf die Visualisierung der Daten sowie auf den **Reporting-Turnus**, welcher

186   11 Diskussion, Interpretation und Konklusion

durch die Experten als unregelmäßig zwischen täglich, wöchentlich und monatlich je nach Kennzahl und Reporting beschrieben wird (Experte 01, Pos. 24;
Experte 02, Pos. 26, 30, 34, 38, 40; Experte 07, Pos. 16, 26; Experte 13, Pos. 38;
Bayr, 2018, S. 166; Nogués & Valladares, 2017, S. 8–10, 2017, S. 5–7; Pfeifer,
2021, S. 75; Sahay & Ranjan, 2008, S. 29).

11.1.6 Aktuelle Entwicklungen in der Kunststoffrecycling-Branche

Die fortschreitende **Automatisierung in den Prozessen** des Kunststoffrecyclings geht nach Experteneinschätzung mit einer weiteren Reduzierung manueller
Arbeitsgänge im Prozess und der allgemeinen Tendenz zur Automatisierung einher (Experte 01, Pos. 25; Experte 02, Pos. 8; Experte 06, Pos. 4; Experte 10,
Pos. 28; Experte 13, Pos. 8; Experte 14, Pos. 8, 14; Experte 16, Pos. 8; Chavez
et al., 2022, S. 57; Wegener et al., 2016, S. 29–30).

In der **Automatisierung und Integration des Berichtswesens** sehen die
Experten aktuell kein unausgeschöpftes Potenzial durch eine Anpassung des
Berichtswesens. Dies unterstreicht, dass die Experten nicht wissen, welche **Mög-
lichkeiten und Chancen** sich durch ein transparentes, standardisiertes und vor
allem automatisiertes Reporting auftun (Experte 03, Pos. 58, 66; Experte 04,
Pos. 28; Experte 12, Pos. 34; Experte 18, Pos. 26; Nogués & Valladares, 2017,
S. 8–10).

Dass diese **Potenziale zur Aufdeckung der kritischen Erfolgsfaktoren** künftig von Unternehmen nicht ungenutzt bleiben dürfen, zeigen die aktuellen
Entwicklungen im Wettbewerbsumfeld der Kunststoffrecycling-Branche, da die
kleinen und mittelständischen Unternehmen der Branche sich hier zukünftig
mit **Großgruppen aus der chemischen Industrie** messen müssen (Experte 01,
Pos. 28, 30; Experte 03, Pos. 36; Experte 11, Pos. 6; Amrhein et al., 2020, S. 11–
13; Parmenter, 2020, S. XV). Die Experten betonten in diesem Zusammenhang
allerdings, dass sich diese Branchen-Struktur aktuell im Wandel befinde, was
mit einer Konsolidierung und Verdrängung der kleineren Marktteilnehmer ein-
herginge (Experte 01, Pos. 28, 30; Experte 03, Pos. 36; Experte 11, Pos. 6).
Diese Entwicklung erwähnten bereits Amrhein et al. (2020, S. 11–13), die den
wachsenden Druck, ausgelöst durch größere Konzerne der chemischen Industrie,
beispielhaft an den Aktivitäten der BASF AG und der Borealis AG darlegen. Die
bedingt, dass das **Prozesscontrolling** eine **absolute Notwendigkeit** für die Unternehmen der Kunststoffrecycling-Branche darstellen wird, um weiterhin am Markt

11.2 Gütekriterien und methodische Abgrenzung 187

aktiv mitwirken zu können, wie ein Experte prognostiziert (Experte 11, Pos. 14; Buchholz, 2013, S. 26; Gladen, 2014, S. 10; Parmenter, 2020, S. 87).

Die wachsenden **Kundenanforderungen** nach **hochwertigen Rezyklaten** und die Dokumentation der Prozesse verdeutlichen ebenfalls, wie relevant ein ausgeprägtes Controlling der einzelnen Prozesse für ein erfolgreiches Agieren in der Kunststoffrecycling-Branche sein wird, was einige Experten explizit angesprochen haben (Experte 01, Pos. 4, 30; Experte 02, Pos. 50; Experte 04, Pos. 30; Experte 06, Pos. 46; Experte 08, Pos. 22).

Außer den Kunden werden in den kommenden Jahren auch die **gesetzlichen Vorgaben** für das Kunststoffrecycling anspruchsvoller, da höhere Recyclingquoten gefordert werden und zugleich neue Qualitätsstandards, wie die neue **DIN-Norm** zur Klassifizierung von Rezyklaten, eingeführt werden. Zudem erhöhen weitere Gesetze wie beispielsweise das deutsche Lieferkettensorgfaltspflichtengesetz den Druck auf die Ökologie der Prozesse im Kunststoffrecycling (Wahidi, 2022, S. 465–466). Deshalb muss die Prozessqualität erhöht werden, um diesen Anforderungen gerecht zu werden und die Zielsetzungen umsetzen zu können (Experte 04, Pos. 30; Experte 07, Pos. 8, 18; Experte 09, Pos. 8, 10, 14; Experte 10, Pos. 10, 12; Experte 11, Pos. 8, 10; Experte 12, Pos. 4; Experte 16, Pos. 70; Experte 18, Pos. 4; Europäische Kommission, 2019b, S. 2; DIN SPEC 91446, S. 6; Prognos AG et al., 2020, S. 45–46).

11.2 Gütekriterien und methodische Abgrenzung

Mit der Diskussion über die **Güte der Forschung** schließt die qualitative Studie, indem die Einhaltung der Gütekriterien beurteilt wird (Baumgarth et al., 2009, S. 20; Wrona, 2018, S. 8). Die Anwendung von Gütekriterien stellt sicher, dass die Standards der Wissenschaftlichkeit erfüllt und die Ergebnisse der Forschung belastbar sind (Baumgarth et al., 2009, S. 7–8; Döring & Bortz, 2016, S. 92–93; Eisenhardt, 1989, S. 532).

Die klassischen Gütekriterien quantitativer Forschung sind

- **Objektivität** (Wird das gleiche Ergebnis erreicht, wenn verschiedene Personen die Untersuchung durchführen?),
- **Reliabilität** (Wird das gleiche Ergebnis bei wiederholter Durchführung erreicht?) und
- **Validität** (Misst die Untersuchung das, was sie messen soll?) (Kuckartz & Rädiker, 2022, S. 235; Steinke, 2007, S. 177; Wichmann, 2019, S. 40).

Bei der Beurteilung der Güte qualitativer Studien ist zu berücksichtigen, dass die klassischen Gütekriterien quantitativer Forschung nicht einfach auf die qualitative Forschung übertragbar sind, da deren Beurteilung auf die standardisierten Vorgehensweisen der quantitativen Forschung ausgelegt ist (Kuckartz & Rädiker, 2022, S. 235; Lamnek & Krell, 2016, S. 141). Da die qualitative Forschung sehr vielfältig in ihren möglichen Ausprägungen ist und sich durch die Orientierung am Forschungsgegenstand auszeichnet, lassen sich **keine allgemeingültigen Gütekriterien** für jegliche qualitative Forschung formulieren (Eisewicht & Grenz, 2018, S. 367–368; Flick, 1987, S. 260, 2007, S. 192; Thomas, 2019, S. 54; Wrona, 2018, S. 8). Thomas (2019, S. 54) weist darauf hin, dass die Gütekriterien eher als Reflexionsinstrumente anzusehen sind, mit denen die im Forschungsprozess getroffenen Entscheidungen und Ergebnisse begründet werden können. Diese Ansicht teilt auch Mayring (2016, S. 140), der die **argumentative Begründbarkeit** der im Forschungsprozess getroffenen Entscheidungen in den Vordergrund stellt. Generell ist festzustellen, dass sich in der qualitativen Sozialforschung drei Positionen in Bezug auf die Anwendung von Gütekriterien entwickelt haben:

- die Anwendung der **klassischen Gütekriterien angepasst an die Besonderheiten qualitativer Forschung,**
- die Anwendung **eigener Kriterien** zur Bewertung der Güte qualitativer Forschung im Rahmen eines weiter gefassten Konzeptes und
- die **postmoderne Ablehnung von Kriterien** (Flick, 2014, S. 411; Gibbs, 2018, S. 128; Kuckartz & Rädiker, 2022, S. 235; Mayring & Brunner, 2009, S. 677–678; Mayring, 2015, S. 125; Steinke, 2007, S. 187, 2012, S. 319–321).

Konsens all dieser ist allerdings, dass die Gütekriterien zur Bewertung qualitativer Forschung ebenso wie das gesamte Forschungsdesign **an den Forschungsgegenstand angepasst** sein sollten (Flick, 1987, S. 247; Kuckartz & Rädiker, 2022, S. 235; Steinke, 2007, S. 187). Nach diesem Prinzip wurde die Beurteilung der Güte des vorliegenden Forschungsvorhabens geprüft, indem die klassischen Gütekriterien auf die qualitative Sozialforschung durch Kuckartz und Rädiker (2022, S. 235) übertragen wurden sowie die Auslegung der Gütekriterien nach Hussy et al. (2013, S. 276–279), Mayring (2015, S. 125) und Steinke (2012, S. 320–321) erfolgte, um eine umfangreiche Bewertung der Güte der Studie zu erhalten. In Abbildung 11.3 sind die Gütekriterien und die Maßnahmen zur Umsetzung für das vorliegende Forschungsvorhaben dargestellt.

11.2 Gütekriterien und methodische Abgrenzung

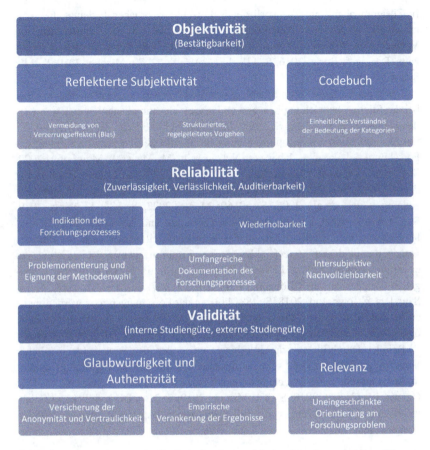

Abbildung 11.3 Angewandte Gütekriterien der empirischen Forschung und deren Umsetzung im Forschungsvorhaben. (Quelle: Eigene Darstellung in Anlehnung an Hussy et al., 2013, S. 276-279; Kuckartz & Rädiker, 2022, S. 235; Mayring, 2015, S. 125; Steinke, 2012, S. 320-321)

Die **Objektivität** im klassischen Sinne beschreibt, inwieweit die Forschungsergebnisse unabhängig vom Forschenden erhoben wurden, das heißt, ob bei erneuter Durchführung durch einen anderen Forscher die gleichen Ergebnisse zustande kämen (Lamnek & Krell, 2016, S. 168; Wichmann, 2019, S. 40). Übertragen auf die qualitative Forschung kann dieses Kriterium auf die **Bestätigbarkeit** der Ergebnisse bezogen werden (Kuckartz & Rädiker, 2022, S. 235).

In Zusammenhang auf das vorliegende Forschungsvorhaben bedeutet dies vorrangig die Wahrung der **reflektierten Subjektivität**, was die **Vermeidung von Verzerrungseffekten** und ein **strukturiertes, regelgeleitetes Vorgehen** impliziert (Döring & Bortz, 2016, S. 118–119, 2016, S. 72–79; Misoch, 2019, S. 248; Scholl, 2016, S. 27).

Um typische Bias[4] beim Sampling der Stichprobe zu vermeiden, sollten diese bei der Stichprobenziehung beachtet und gezielt Gegenmaßnahmen ergriffen werden (Mauksch et al., 2020, S. 3; Przyborski & Wohlrab-Sahr, 2019, S. 114–115). Eine Kombination aus Sampling-Methoden und die stete Vergegenwärtigung des Forschungsziels können dabei von Nutzen sein (M. Meyer & Mayrhofer, 2022, S. 274; Przyborski & Wohlrab-Sahr, 2019, S. 114–115). Zudem dient das Konzept der **theoretischen Sättigung** der Festlegung eines Endpunktes der Stichprobenziehung (Guest et al., 2006, S. 59–60; Morse, 2022, S. 384; Strübing, 2019, S. 533; Szabo, 2009, S. 118). Dabei heben Saunders und Townsend (2018, S. 490) hervor, dass die benötigte Anzahl der Forschungsteilnehmer vom Forschungsvorhaben und dessen Zweck abhängig ist. Erfahrungsgemäß ist allerdings zu erwarten, dass nach etwa **12 Interviews** eine theoretische Sättigung bei homogenen Gruppen eintritt (Blöbaum et al., 2016, S. 187; Guest et al., 2006, S. 74; Saunders & Townsend, 2018, S. 488–489). In der Forschungspraxis werden meist etwas mehr Fälle erfasst, um sicherzustellen, dass die Anzahl der erhobenen Fälle ohne Zweifel ausreichend ist (Flick, 2018c, S. 82; Schreier, 2020, S. 27–28).

Bei der Durchführung der Interviews muss sich der Forschende möglicher Verzerrungseffekte bewusst sein, da diese nicht vermieden, sondern lediglich kontrolliert und reflektiert betrachtet werden können (Abels & Behrens, 2002, S. 173; Hayward & Cassell, 2018, S. 361; Misoch, 2019, S. 214). Die möglichen Effekte, die bei der Durchführung von problemzentrierten Experteninterviews auftreten können, sind

- der **Eisbergeffekt** (der Experte hält Informationen aufgrund von Misstrauen oder Desinteresse zurück),
- der **Paternalismuseffekt** (der Experte dominiert die Kommunikationssituation und stellt die Kompetenz des Interviewers infrage),
- der **Rückkopplungseffekt** (der Experte kehrt die Frage-Antwort-Situation um) und

---

[4] Gemäß Mauksch et al. (2020, S. 3) sind typische Bias bei der Ziehung qualitativer Stichproben der Framing Bias, der Anchoring Bias, der Desirability Bias, der Groupthink Bias und der Belief Perserverance Bias.

11.2 Gütekriterien und methodische Abgrenzung

191

- der **Karthasiseffekt** (der Experte nutzt die Interviewsituation zur Selbstdarstellung) (Abels & Behrens, 2002, S. 181–185; Bogner et al., 2014, S. 57; Kaiser, 2021, S. 95; Leitner & Wroblewski, 2002, S. 251).

Zudem können das Geschlecht, das Alter und die durch den Experten wahrgenommene Kompetenz des Interviewers einen Einfluss auf den Verlauf und die Auskunftsbereitschaft des Experten haben, wessen sich der Interviewer stets bewusst sein muss (Abels & Behrens, 2002, S. 177; Bogner & Menz, 2002b, S. 62; Bogner et al., 2014, S. 57; Helfferich, 2019, S. 684; Hurrle & Kieser, 2005, S. 589–590). Der Interviewer sollte sich dementsprechend auf die Interviews vorbereiten, um bei auftretenden Verzerrungseffekten im Interview entsprechend reagieren zu können. Dabei ist die Rolle des Interviewers vorrangig die des interessierten und informierten Laien, der mit seinen Fragen dafür sorgt, dass der Experte die Informationen wahrheitsgemäß preisgibt (Abels & Behrens, 2002, S. 177; Gläser & Laudel, 2010, S. 177, 2010, S. 112; Wrona, 2018, S. 7).

Durch die Orientierung an den Regeln der jeweiligen gewählten Methoden wird ein **strukturiertes** und **regelgeleitetes Vorgehen** sichergestellt, was ebenfalls zur Wahrung der Bestätigbarkeit der empirischen Studie beiträgt (Döring & Bortz, 2016, S. 97–99; Flick, 2018a, S. 75–76; Lamnek & Krell, 2016, S. 168; Tracy, 2010, S. 839). Ein weiteres wichtiges Element der Bestätigbarkeit ist das **Codebuch**, das im Rahmen der inhaltlich-strukturierenden qualitativen Inhaltsanalyse erstellt wurde, da dieses die Genauigkeit des Analysevorgehens dokumentiert (Kuckartz, 2018, S. 40). Mit dem Codebuch wird ein einheitliches Verständnis der Bedeutung von Kategorien gewährleistet, wodurch es eine besondere Bedeutung im Rahmen der inhaltlich-strukturierenden qualitativen Inhaltsanalyse erhält (Baumgarth & Koch, 2009, S. 143; Bücker, 2020, S. 20; Kuckartz, 2018, S. 40; Mayring, 2015, S. 14; Mayring & Fenzl, 2019, S. 641; Saldaña, 2016, S. 27–28).

In der quantitativen Forschung versteht man unter der **Reliabilität**, dass man bei wiederholter Ausführung der empirischen Studie zu den gleichen Ergebnissen kommt (Gibbs, 2018, S. 128; Kuckartz & Rädiker, 2022, S. 235; Wichmann, 2019, S. 40). Für die qualitative Forschung kann dieser Anspruch nicht erfüllt werden, da die empirischen Daten nicht in einem vergleichbar starren und standardisierten Prozedere erfasst werden (Reinecke, 2019, S. 717; Wichmann, 2019, S. 11). Daher spricht man in dieser Hinsicht in der qualitativen Forschung eher von der **Zuverlässigkeit, Verlässlichkeit** und **Auditierbarkeit** zur Bewertung der Studiengüte (Kuckartz & Rädiker, 2022, S. 235).

Eines der Elemente, mit denen die Bewertung der Reliabilität in der qualitativen Forschung gemessen werden kann, ist die **Indikation des Forschungsprozesses** (Döring & Bortz, 2016, S. 118–119; Flick, 2018a, S. 75–76; Steinke, 2007, S. 181–186). Diese beschreibt die Problemorientierung und Eignung der gewählten Methoden für das Forschungsvorhaben zur Beantwortung der Forschungsfragen (Flick, 2018a, S. 75–76; Steinke, 2007, S. 181–183). Bei einer **reflektierten** und **begründeten Auswahl** der Methoden in Hinblick auf das Forschungsvorhaben ist die Indikation gewährleistet (Steinke, 2007, S. 182–183). Für das vorliegende Forschungsvorhaben wurde die Reflexion und Begründung für die Auswahl der Methoden in Hinblick auf den Forschungsgegenstand in Teil III – 9 Forschungsdesign dargelegt und argumentiert.

Ein weiteres Merkmal der Reliabilität im Sinne der qualitativen Forschung ist die **Wiederholbarkeit**, welche ebenfalls im Sinne der qualitativen Forschung zu interpretieren ist (Hussy et al., 2013, S. 276–279). Hierbei geht es nicht um die tatsächliche Wiederholung der empirischen Forschung, sondern vielmehr um die **transparente** und **umfangreiche Dokumentation** des Forschungsprozesses und die **intersubjektive Nachvollziehbarkeit**, sodass die einzelnen Schritte zur Entwicklung der Ergebnisse von anderen Forschern plausibel nachvollzogen werden können (Bogner et al., 2014, S. 93; Flick, 2018c, S. 29; Meyen et al., 2018, S. 41; C. Meyer & Meier zu Verl, 2019, S. 276; Morse, 2022, S. 387; Reinhardt et al., 2018, S. 523).

Rechnerisch kann die Prüfung der intersubjektiven Nachvollziehbarkeit mittels Anwendung der **Intercoder-Übereinstimmung** in der qualitativen Inhaltsanalyse geprüft werden, indem die Übereinstimmungsquote der Codierungen zweier Forscher ermittelt wird (Gibbs, 2018, S. 136–138; Kühlmeyer et al., 2020, S. 19; Rädiker & Kuckartz, 2019, S. 288). Die **Intercoder-Übereinstimmung** gilt als eines der bekanntesten Gütekriterien qualitativer Inhaltsanalyse (Kuckartz & Rädiker, 2022, S. 239).

Im Verständnis der quantitativen Forschung beschreibt die **Validität**, ob das gemessen wird, was gemessen werden soll (Gibbs, 2018, S. 128; Mayring, 2016, S. 140; Wichmann, 2019, S. 40). Übertragen auf die qualitative Forschung wird hierunter die interne und externe Studiengüte verstanden, welche in Form von **Glaubwürdigkeit, Authentizität** und **Relevanz** vorliegt (Flick, 2018c, S. 29–30; Kuckartz & Rädiker, 2022, S. 236–237; Steinke, 2007, S. 187). Die Versicherung der **Anonymität** gegenüber den interviewten Experten kann die Aussagequalität und Glaubwürdigkeit steigern, indem hierdurch authentischere Antworten zu erwarten sind, da sich die Interviewteilnehmer geschützt fühlen (Bogner et al., 2014, S. 89; Fuß & Karbach, 2019, S. 97–98; C. Meyer & Meier zu Verl, 2019,

11.2 Gütekriterien und methodische Abgrenzung 193

S. 285). Durch die Anwendung der DSGVO wird den Studienteilnehmern dieser Schutz gewährt (Dresing & Pehl, 2020, S. 850). Zur Anonymisierung in den Interview-Transkripten kann entweder eine **Schwärzung** der entsprechenden Inhalte oder die **Anwendung von Pseudonymen** vorgenommen werden (C. Meyer & Meier zu Verl, 2019, S. 285). Für die vorliegende Arbeit wurden Pseudonyme wie *„Stadt A"* oder *„Unternehmen B"* zur Anonymisierung der Interview-Transkripte genutzt.

Die sogenannte **empirische Verankerung** trägt ebenfalls zur Verlässlichkeit und Authentizität einer empirischen Studie bei, da die Inbezugnahme auf Belege aus den Interviews garantiert, dass die Ergebnisse auf Basis einer fundierten Grundlage entstanden sind (Döring & Bortz, 2016, S. 118–119; Steinke, 2007, S. 181–186).

Die **Relevanz** einer empirischen Studie begründet sich im Forschungsproblem, welches bei der Planung, Durchführung und Analyse der empirischen Studie stets berücksichtigt werden sollte (Baumgarth et al., 2009, S. 8–9; Döring & Bortz, 2016, S. 97–99; Flick, 2018c, S. 105; Krebs & Menold, 2019, S. 500–502). Aufgrund der Aktualität der vorliegenden Problemstellung und der Bedeutung für Wirtschaft und Forschung kann von einer hohen Relevanz der vorliegenden empirischen Studie ausgegangen werden.

Obwohl die Anwendung der beschriebenen Gütekriterien eine hohe Qualität für das Forschungsvorhaben verspricht, bedarf es hier dennoch einer kritischen Reflexion der Güte der vorliegenden Studie. Zwar wurde die **theoretische Sättigung bei 14 durchgeführten Interviews erreicht**, die Rekrutierung der Experten nahm allerdings wesentlich mehr Zeit in Anspruch als ursprünglich geplant, da einige Experten sich erst nach mehrfacher Kontaktaufnahme mit einigen Wochen Verzögerung meldeten. Nach Erreichen der theoretischen Sättigung wurden daher noch drei zusätzliche Interviews durchgeführt.

Bei der Durchführung der Interviews war die Forscherin in den ersten Interviews zunächst zurückhaltender mit Ad-hoc-Fragen, um die Haltung als informierter und interessierter Laie beizubehalten. Hierdurch hätten wohlmöglich weitere Erkenntnisse bereits in den ersten Interviews generiert werden können, was im Nachgang per telefonischer Nachfrage aber nachgeholt wurde. Diese erbrachte jedoch keine weiteren Erkenntnisse. Zudem ließ sich bei den Interviews mit den männlichen Experten der **Paternalismuseffekt** feststellen, weshalb die Fragestellungen durch die Forscherin leicht adaptiert wurden, um die eigene Kompetenz im Forschungsfeld zu verdeutlichen. Wie Abels und Behrens (2002, S. 177–178) anmerken, tritt der Paternalismuseffekt häufig in männerdominierten Berufsfeldern und Branchen auf, wenn die Experten von weiblichen Personen interviewt werden. Durch die leichte Anpassung einiger Fragestellungen konnte

194 11 Diskussion, Interpretation und Konklusion

die Forscherin den Effekt abschwächen und wertvolle Erkenntnisse von den Interviewpartnern erlangen.

Zwecks Überprüfung der **intersubjektiven Nachvollziehbarkeit** mittels der Berechnung eines Koeffizienten nach Brennan und Prediger ist darauf hinzuweisen, dass die Prüfung der Intercoder-Übereinstimmung in der qualitativen Forschung durchaus kritisch gesehen wird (Kuckartz & Rädiker, 2022, S. 243–244). Während Ritsert (1972, S. 70) die Aussagekraft der Intercoder-Übereinstimmung bei komplexeren Kategoriensystemen als unzuverlässig bezeichnet, schlagen Kuckartz und Rädiker (2022, S. 66) ein ausführlich geschriebenes Codebuch vor, mit dem sich eine hohe Intercoder-Übereinstimmung erreichen ließe. Da die Kategorien im Codebuch umfangreich mit Definitionen und Ankerbeispielen beschrieben wurden, kann von einer hohen Aussagekraft der Koeffizienten ausgegangen werden. Zudem wurde das Kategoriensystem durch die Diskussion mit den beiden Prüfern[5] validiert und fortwährend verbessert (Döring & Bortz, 2016, S. 346; Kuckartz & Rädiker, 2022, S. 137).

Obgleich die vorliegende Forschungsarbeit einen Beitrag zur aktuellen Forschung liefert, kann sie aufgrund ihres qualitativen Forschungsdesigns nicht als allgemeingültig für die gesamte Kunststoffrecycling-Branche betrachtet werden (Lamnek & Krell, 2016, S. 16; Winter, 2014, S. 121). Dazu ist eine Anschlussstudie vonnöten, welche die gesamte Kunststoffrecycling-Branche in einer repräsentativen Studie berücksichtigt (Mayring, 2007, S. 6–8, 2016, S. 38). Zudem wurde das entwickelte Modell bisher nicht in der Praxis getestet, weshalb sich eine Einzelfallstudie zur praxisorientierten Validierung anbietet (Eisenhardt, 1989, S. 532; Strübing, 2019, S. 528).

11.3 Konklusion und Beantwortung der empiriegeleiteten Fragestellung

Im Rahmen der Befragung der Experten hat sich herausgestellt, dass der Kunststoffrecycling-Sektor als KMU-geprägte Branche aktuell durch größere Konzerne unter Druck gerät und folglich Handlungsbedarf besteht, um wettbewerbsfähig zu bleiben.

---

[5] Eine ausführliche Darstellung des Vorgehens der Prüfung der Intercoder-Übereinstimmung ist in Teil III – 10.1 Auswertung der Ergebnisse der problemzentrierten Experteninterviews sowie in Anlage XIII – Protokoll zum Vorgehen der Prüfung der Intercoder-Übereinstimmung ersichtlich.

11.3.1 Prozessstandardisierung

Einer **generellen Standardisierung der Prozesse** innerhalb der Branche stehen einige Faktoren entgegen:

- die **Heterogenität** der in den Unternehmen stattfindenden **Teilprozesse** des Kunststoffrecyclings,
- die **Heterogenität der verarbeiteten Kunststoffabfälle** beziehungsweise Kunststofffraktionen und
- die Interpretation der eigenen **Prozessabfolgen** als **Vorteil gegenüber Wettbewerbern**.

Aufgrund der **Heterogenität** der in den Unternehmen **stattfindenden Teilprozesse des Kunststoffrecyclings** lässt sich eine pauschale Aussage zur Standardisierung für alle Unternehmen der Branche schwer treffen, da einige Unternehmen den kompletten Prozessfluss, andere hingegen lediglich die Vorsortierung oder die Wäsche mit beziehungsweise ohne abschließende Extrusion abbilden. Zudem konnte kein Best Practice der Gesamtprozessabfolge aufgrund der Aussagen der befragten Experten ermittelt werden, da die Reihenfolge der einzelnen Prozessschritte in den Unternehmen individuell angepasst ist. Dennoch wird deutlich, dass gewisse Prozessschritte,[6] unabhängig von der individuellen Reihenfolge in den Unternehmen, vermehrt eingesetzt werden. Für diese Prozessschritte wäre es somit denkbar, eine branchenweite Standardisierung anzustreben und in den Unternehmen umzusetzen, sofern der betreffende Prozessschritt innerhalb des Recyclingprozesses im Unternehmen vorkommt.

Bei der Standardisierung einzelner Prozessschritte im Recyclingprozess sollte die **Heterogenität der verarbeiteten Kunststoffabfälle oder auch Kunststofffraktionen**[7] nicht unbeachtet bleiben. Sofern die Prozessschritte unabhängig von der verarbeiteten Kunststofffraktion durchgeführt werden, bedarf es keiner Anpassung. Andernfalls müssten die Prozessschritte zudem auf die verarbeitete Kunststofffraktion adaptiert werden, wie durch die befragten Experten dargelegt wurde.

Um valide Aussagen zur **Wirksamkeit von Standardisierungen** innerhalb von Prozessen treffen zu können, braucht es eine **quantitative Erhebung** von

---

[6] Dazu gehören beispielsweise die Zerkleinerung der Kunststoffabfälle oder die Separation von Metallteilen.

[7] Dies ist abhängig davon, ob das Unternehmen den Gelben Sack oder vorsortierte Ballenware als Inputmaterial nutzt.

196   11 Diskussion, Interpretation und Konklusion

detaillierten Darstellungen der Prozessabfolgen und einzelnen Prozessschritten. Im Rahmen der Standardisierung einzelner Prozessschritte können durch die Erfahrungen der Akteure der Kunststoffrecycling-Branche die am besten geeigneten Maschinen für den jeweiligen Prozessschritt sowie der generelle Einsatz eines Prozessschrittes im spezifischen Recyclingprozess identifiziert werden. Es ist zu beachten, dass die befragten Experten in diesem Zusammenhang darlegten, dass sie ihre genauen Prozessabfolgen und -schritte als **Wettbewerbsvorteil** betrachten. Folglich bleibt offen, inwieweit eine quantitative Erhebung zu repräsentativen Ergebnissen führen würde. Die Standardisierung in den Prozessschritten kann allerdings ebenso über die Einführung neuer Technologien durch die Hersteller der Anlagen etabliert werden.

Unabhängig davon, gibt es aktuelle Entwicklungen in der Kunststoffrecycling-Branche zur **Automatisierung** und **Standardisierung der Datenerhebung**. Diese Entwicklungen können die kleinen und mittleren Unternehmen der Kunststoffrecycling-Branche darin unterstützen, ihre Prozesse im Rahmen eines standardisierten Reporting kontinuierlich zu verbessern, um zum einen wettbewerbsfähig gegenüber den zunehmend in der Branche dominierenden Großgruppen zu bleiben und zum anderen eine Annäherung der Preise der Rezyklate an die der Neukunststoffe zu erreichen.

11.3.2 Prozessdatenerfassung und Reporting

Bei der Betrachtung des **Reifegrades der Prozessstandardisierung** innerhalb der Kunststoffrecycling-Branche stellten die Experten klar, dass es hier einer Unterscheidung zwischen PET-Bereich und Non-PET-Bereich bedarf, da es im PET-Recycling schon seit Längerem einen geschlossenen Kreislauf mit hohen Qualitätsanforderungen gebe und die Input-Materialien sehr homogen seien, wodurch sich dieser Bereich des Kunststoffrecyclings rascher in Richtung eines geschlossenen Kreislaufs mit standardisierten Prozessschritten entwickeln konnte. Der Fokus der vorliegenden Arbeit liegt somit nicht auf dem PET-Bereich des Kunststoffrecyclings, sondern auf dem Non-PET-Bereich, um die dort vorhandenen Potenziale nutzbar zu machen.

Bei der Betrachtung der Prozessschritte wurde bereits deutlich, dass hier wenig **Transparenz** in Bezug auf die einzelnen Prozessschritte innerhalb der Unternehmen herrscht. Die befragten Experten erläuterten mehrheitlich, dass ihnen die **Kosten der einzelnen Prozessschritte** beispielsweise **nicht bekannt** seien, sodass sie lediglich aufgrund einer persönlichen Einschätzung sagen könnten, welcher Prozessschritt die höchsten Kosten verursachen würde. Somit ist es auch nicht

11.3 Konklusion und Beantwortung der empiriegeleiteten Fragestellung   197

verwunderlich, dass sich die erfassten Kennzahlen[8] entweder auf den **gesamten Prozess** beziehen (wie beispielsweise bei den Input- und Outputmengen oder der Qualität der Produktion) oder **finanzielle Kennzahlen** erhoben werden, die nur in einem monatlichen Rhythmus auf Unternehmensebene zu betrachten sind.

Die Möglichkeiten zur **automatisierten Erfassung prozessbezogener Daten**[9] sind in der Kunststoffrecycling-Branche allerdings vorhanden oder werden aktuell im Rahmen der Modernisierung der Anlagen implementiert, wie die Experten feststellten. Somit müssten diese Daten lediglich auf einfache Weise zugänglich und auswertbar gemacht werden, damit die Unternehmen der Kunststoffrecycling-Branche von den sich daraus ergebenden Erkenntnissen profitieren könnten. Eine automatisierte Bereitstellung der Daten würde zudem dazu beitragen, die **Reportingstrukturen** von manuellen Excel-Berichten[10], welche aktuell noch vorrangig in den befragten Unternehmen genutzt werden, **zu automatisierten Berichten zu transformieren**.

Die **aktuellen Entwicklungen** in der Kunststoffrecycling-Branche angesichts der veränderten **Wettbewerbssituation** unterstreichen die Relevanz der Nutzung eines Reportings, das zur **Aufdeckung der kritischen Erfolgsfaktoren** des Unternehmens beitragen kann. Dazu müsste zum einen ein **Prozesscontrolling** etabliert werden, welches eine **höhere Granularität in der Auswertung** bietet und zudem eine **zeitnahe** (oder sogar proaktive) **Entscheidungsfindung** bei auftretenden Problemen unterstützt. Zudem könnten hierdurch ebenfalls die steigenden Kundenanforderungen nach hochwertigen Rezyklaten bedient werden, weil ein Unternehmen der Kunststoffrecycling-Branche qualitativ hochwertigeren Output generieren kann, wenn es seine Prozesse unter Kontrolle hat. Des Weiteren unterstützen transparente Prozesse und damit verbundene erhobene Kennzahlen die Unternehmen der Kunststoffrecycling-Branche in Hinblick auf die **steigenden Anforderungen des Gesetzgebers** hinsichtlich der Erreichung von Recyclingquoten und Qualitätsstandards.

In Tabelle 11.1 ist eine Zusammenfassung der durch die befragten Experten genannten, in ihrem Unternehmen erfassten Prozessdaten und ermittelten Kennzahlen dargestellt. Sofern ein Feld leer ist, wurden in diesem Bereich keine Daten erfasst oder keine Kennzahlen ermittelt. Bei der Gegenüberstellung dieser Informationen wird deutlich, dass nicht alle erfassten Prozessdaten in eine Kennzahl

---

[8] Für die Darstellung der Trends zu ermittelten Kennzahlen siehe Abbildung 10.17.

[9] Für die Darstellung der Trends zu erfassten Prozessdaten siehe Abbildung 10.15.

[10] Für die Darstellung der Trends zur Nutzung der Reporting-Methoden in den befragten Unternehmen siehe Abbildung 10.18.

198 11 Diskussion, Interpretation und Konklusion

überführt werden und nicht alle erhobenen Kennzahlen auf Prozessdaten des eigenen Unternehmens basieren. Gleichzeitig zeigt sich eine größere Vielfalt in den Reporting-Methoden als zu Beginn der empirischen Erhebung angenommen. Aus den Befragungen ergibt sich zudem, dass die theoretischen Erkenntnisse geringer im Vergleich zum Fortschritt in der Praxis sind. Dort ist die Umsetzung bereits vorangeschritten. Folglich ist im nachfolgenden Abschnitt zu klären, inwieweit die Erkenntnisse aus Theorie und Empirie zusammengeführt werden können.

Tabelle 11.1 Zusammenfassung der erfassten Prozessdaten und erhobenen Kennzahlen in den befragten Unternehmen (Sortierung in alphabetischer Reihenfolge). (Quelle: Eigene Darstellung)

Erfasste Prozessdaten	Erhobene Kennzahlen
	Arbeitssicherheit / Krankenstand
Energie- und Rohstoffverbrauch	Energie- und Rohstoffverbrauch
	Finanzkennzahlen
Identifizierung von Ballenware	
Lagermengen	Lagermengen
Lieferqualitäten	Lieferqualitäten
Mengenströme	Inputmengen / Outputmengen
	Preise
Produktionsqualitäten	Eigenschaften des Materials Qualität der Produktion
Störungen und Stillstände / Produktivität	Störungen und Stillstände / Produktivität

Reportingmethoden:
ERP-System I Excel-Dateien I Integrierte Lösungen I Reports an Anlagen

11.4 Gestaltungsgeleitete Fragestellungen

Anhand der empirischen Erhebung wurde deutlich, dass die aktuelle Situation in den Unternehmen zum Stand der Datenerhebung, Operationalisierung und dem Reporting der Prozesse in der Kunststoffrecycling-Branche und damit die Praxis in dieser Hinsicht sogar weiter vorangeschritten ist als die Forschung. Daher bedarf es nachfolgend einer Zusammenführung der Ergebnisse beider Bereiche, wodurch die gestaltungsgeleiteten Fragestellungen beantwortet werden:

11.4 Gestaltungsgeleitete Fragestellungen

- Wie können die **Datenerfassung und Operationalisierung** der Prozesse im Kunststoffrecycling **standardisiert** abgebildet werden?
- Welche **Kennzahlen** sollten im Rahmen der Operationalisierung der Prozesse im Kunststoffrecycling erhoben werden, um dem Management den **geforderten Informationsgehalt** bereitzustellen?
- Wie kann ein **Controlling-Konzept** für die Kunststoffrecycling-Branche gestaltet werden, um die Anforderungen entsprechend umzusetzen?
- Welche **Implikationen und Lösungsansätze** ergeben sich aus den Erkenntnissen der Forschungsarbeit für Praxis und Forschung?

Teil IV
Gestaltungsteil

Handlungsempfehlungen für die Forschung 12

Das Kunststoffrecycling stellt einen wichtigen Teil der **Kreislaufwirtschaft** dar und ist somit von **hoher Relevanz für den ressourcenschonenden Umgang mit Primärrohstoffen**. Da die aktuellen politischen Entwicklungen vermehrt Anstrengungen zur **Schließung des Kreislaufes** fördern, werden aktuell neue Methoden des Kunststoffrecyclings und Maßstäbe zur Bewertung der Recyclingfähigkeit von Produkten erforscht. Dabei bleibt die **Prozessebene** in den Unternehmen der Kunststoffrecycling-Branche **weitestgehend unbeachtet**, worin sich auch die Forschungslücke der vorliegenden Forschungsarbeit begründet (Abbildung 6.3). Jüngste Entwicklungen zeigen zwar einen leichten Trend hinsichtlich der Prozessebene mit der Veröffentlichung einer **DIN-Spezifikation**, mit der eine standardisierte Herangehensweise zur Bewertung des Outputs von Recyclingprozessen angestrebt wird. Allerdings haben diese einzelnen Initiativen noch keine Verbreitung in der allgemeinen Forschung zum Kunststoffrecycling gefunden.[1]

Aufgrund der systematischen Literaturrecherche und der empirischen Befunde ergeben sich für die Forschung **drei Handlungsempfehlungen**, welche nachfolgend ausgeführt werden und in Abbildung 12.1 zusammenfassend dargestellt sind.

---

[1] Detaillierte Ausführungen zu den Darlegungen sind in Teil II – Theoretischer Teil ersichtlich.

© Der/die Autor(en), exklusiv lizenziert an Springer Fachmedien Wiesbaden GmbH, ein Teil von Springer Nature 2024
C. Berbalk, *Prozesscontrolling in der Kunststoffrecycling-Branche*,
https://doi.org/10.1007/978-3-658-45985-7_12

Abbildung 12.1
Übersicht der Handlungsempfehlungen für die Forschung. (Quelle: Eigene Darstellung)

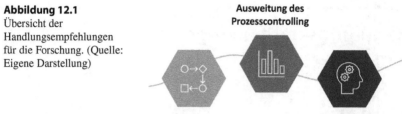

Handlungsempfehlung 1 für die Forschung: Standardisierung auf Prozessebene

Verglichen mit dem PET-Bereich des Kunststoffrecyclings sind die Prozesse im Non-PET-Bereich zu einem geringeren Grad standardisiert und erforscht. Um die **Prozessstandardisierung** in diesem Bereich weiter voranzubringen und infolgedessen die Qualität der Rezyklate zu erhöhen, wie es im PET-Bereich des Kunststoffrecyclings der Fall ist, bedarf es Anstrengungen seitens der **Forschung und der Politik**.

Die **Forschung** kann die Anstrengungen zur **Steigerung der Standardisierung der Prozesse** mit **Untersuchungen auf Prozessebene** des Kunststoffrecyclings unterstützen. Dabei gilt es, sowohl den Recyclingprozess als Gesamtheit als auch insbesondere die einzelnen Prozessschritte in vollem Umfang zu untersuchen. Die **Politik** hat weitere **gesetzliche Rahmenbedingungen** zu schaffen, um das Kunststoffrecycling noch mehr zu fördern und die Entwicklungen in der Kunststoffrecycling-Branche in Richtung einer geschlossenen Kreislaufwirtschaft zu lenken.[2]

Handlungsempfehlung 2 für die Forschung: Ausweitung des Prozesscontrolling

Neben der Standardisierung der Prozesse ist die Steigerung der Transparenz der einzelnen Abläufe in den Unternehmen der Kunststoffrecycling-Branche ein wichtiger Aspekt, an dem die Forschung teilhaben kann, indem sie die **Prozesskennzahlen und deren effektives Reporting erforscht**.

Wie in Teil II – 6.2.1 Beschreibung des Forschungsstands dargestellt, gibt es zwar zahlreiche Studien auf der **Mikroebene** (Produkt, Unternehmen, Prozesse) des Kunststoffrecyclings, allerdings beinhalten diese meist nur eine **grobe**

---

[2] Eine bereits angewandte Initiative ist die EU-Plastiksteuer, wodurch die Mitgliedsländer pro Kilogramm nicht recycelten Kunststoffs eine Abgabe von 80 Cent an die EU zahlen müssen (Wenzel, 2020b, S. 64).

12 Handlungsempfehlungen für die Forschung

Gliederung der Prozessschritte oder **allgemeine Konstrukte zur Recyclingfähigkeit** oder zum **Lebenszyklus**. Es liegt in den Studien folglich **kein Fokus auf Prozesskennzahlen**. Durch die Konzentration auf **Prozesskennzahlen** und einfache Möglichkeiten für deren **Reporting** bei der Erforschung der Prozesse im Kunststoffrecycling wird die aktuell vorherrschende **Lücke in diesem Bereich geschlossen** und den Unternehmen der Kunststoffrecycling-Branche werden weitere Möglichkeiten eröffnet, um die inhomogenen **Prozessströme transparent** darzustellen und **Entscheidungen datenbasiert** zu treffen.

Von diesen Erkenntnissen profitieren hauptsächlich die kleinen und mittleren Unternehmen der Kunststoffrecycling-Branche, da eine standardisierte Erhebung von standardisierten Kennzahlen in ihren Prozessen folgende Vorteile bietet:

- die **Unternehmensführung** erhält **wichtige Hinweise zur gezielten Steuerung,**

- die **Effizienz** des Kunststoffrecyclings erhöht sich durch die gezielte Steuerung der Prozesse und

- das Unternehmen kann **negative Trends zeitgerecht aufdecken,** wodurch die Unternehmensführung befähigt wird, frühzeitig Gegenmaßnahmen einzuleiten.

Handlungsempfehlung 3 für die Forschung: Änderung des Mindset der Branche
Nach der empirischen Studie ist ein **Umdenken der Akteure der Kunststoffrecycling-Branche** unabdingbar, um die *Blackbox* der Produktionsprozesse weiter aufzubrechen und somit den Entscheidungsträgern mehr **Transparenz** für die Steuerung der Prozessabläufe zu bieten.

Die Forschung kann an diesem Punkt ansetzen, indem wissenschaftliche Projekte systematisch die Implementierung von Kennzahlensystemen in der Kunststoffrecycling-Branche im Rahmen von **Fallstudien** begleiten und die Resultate der Implementierung veröffentlicht werden. Hierdurch können weitere Akteure der Kunststoffrecycling-Branche von den Vorteilen der Implementierung eines umfangreichen Prozesscontrolling überzeugt werden.

Handlungsempfehlungen für die Praxis 13

Die Relevanz der **Weiterentwicklung von Prozessen und deren Operationalisierung** im Kunststoffrecycling endet jedoch nicht im Forschungsumfeld, sondern ist auch auf der unternehmerischen Ebene von hoher Relevanz. Dabei liegt die Macht zur Umsetzung von Veränderungen bei den Unternehmen der Kunststoffrecycling-Branche selbst. Zur Unterstützung der Unternehmen, die Möglichkeiten und Chancen von Standardisierung und Tool-Support auszuschöpfen und diese zu operationalisieren, werden nachfolgend Handlungsempfehlungen für die Praxis entwickelt.

Eine Übersicht der Handlungsempfehlungen für die Praxis sind in Abbildung 13.1 dargestellt.

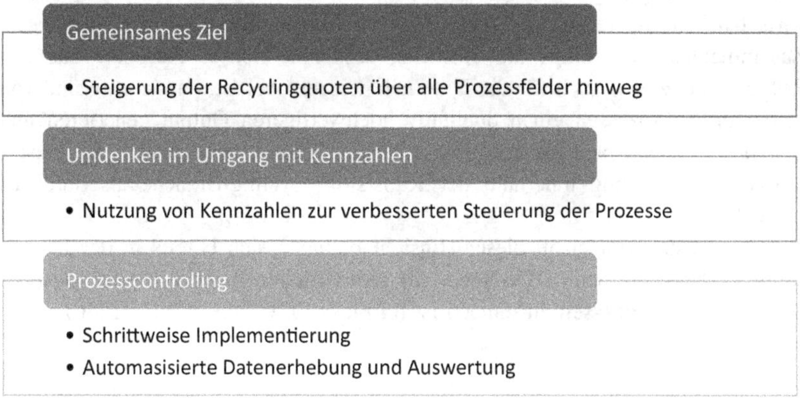

Gemeinsames Ziel

- Steigerung der Recyclingquoten über alle Prozessfelder hinweg

Umdenken im Umgang mit Kennzahlen

- Nutzung von Kennzahlen zur verbesserten Steuerung der Prozesse

Prozesscontrolling

- Schrittweise Implementierung
- Automasisierte Datenerhebung und Auswertung

Abbildung 13.1 Übersicht Handlungsempfehlungen für die Praxis. (Quelle: Eigene Darstellung)

© Der/die Autor(en), exklusiv lizenziert an Springer Fachmedien Wiesbaden GmbH, ein Teil von Springer Nature 2024
C. Berbalk, *Prozesscontrolling in der Kunststoffrecycling-Branche*,
https://doi.org/10.1007/978-3-658-45985-7_13

13.1 Handlungsempfehlung 1 für die Praxis: Gemeinsames Ziel

Bei der Befragung wurde deutlich, dass die Experten aktuell sehr restriktiv mit der Bereitstellung von Informationen in Bezug auf die **spezifische Reihenfolge ihrer Prozessschritte** sind, da dies in den Unternehmen der Kunststoffrecycling-Branche als **Wettbewerbsvorteil** angesehen wird. Dieses protektive Verhalten führt zugleich dazu, dass innovative Veränderungen im Prozess des Kunststoffrecyclings langsamer die gesamte Branche erreichen (Koch, 2023, S. 159–160). Vor dem Hintergrund der aktuellen Herausforderungen im Wettbewerbsumfeld mit Konzernen, die in die KMU-geprägte Kunststoffrecycling-Branche eintreten, kann ein gegenseitiger Austausch der Unternehmen der Kunststoffrecycling-Branche dazu führen, dass sie gegenseitig von den bereits vorhandenen Innovationen innerhalb der Unternehmen profitieren können, um so global wettbewerbsfähiger zu bleiben.

Bevor es zu einer solchen Zusammenarbeit kommt, bedarf es einer Neuorientierung der Unternehmen der Kunststoffrecycling-Branche. Das Ziel sollte nicht mehr ausschließlich die **Sicherung von Wettbewerbsvorteilen** gegenüber anderen Unternehmen der Branche sein und dem damit verbundenem Protektionismus in Bezug auf die eigenen Prozessabläufe. Vielmehr müsste eine **Steigerung des Anteils der recycelten Kunststoffe** angestrebt werden, um den Kreislauf weiter zu schließen und somit endliche Ressourcen zu schonen.

Zunächst mag dies als altruistisches Ziel erscheinen, welches sich für betriebswirtschaftlich agierende Unternehmen nicht lohnt. Bedenkt man in diesem Zusammenhang allerdings die Tatsache, dass eine höhere Ausbeute aus den Recyclingprozessen auch für die Unternehmen rentabel ist, da sie aufgrund von verbesserten Prozessen einen qualitativ hochwertigeren Output generieren und sich preislich den Neu-Kunststoffen annähern können, erweist sich die gegenseitige Unterstützung innerhalb der Kunststoffrecycling-Branche als durchaus sinnvoll.

Erste Anstrengungen in dieser Hinsicht befinden sich bereits in der Umsetzung, wodurch die neue **DIN-Norm zur einheitlichen Bewertung des Outputs von Recyclingprozessen** entstanden ist (cirplus, 2021; DIN SPEC 91446).

13.2 Handlungsempfehlung 2 für die Praxis: Umdenken im Umgang mit Kennzahlen

Neben der Anpassung des Umgangs mit Wettbewerbern in der Kunststoffrecycling-Branche muss auch ein **Umdenken** in Bezug auf den **Umgang mit Kennzahlen** innerhalb der Unternehmen der Kunststoffrecycling-Branche stattfinden. Laut Befragung[1] sind die Experten in den Unternehmen tendenziell davon überzeugt, **Vorreiter im Bereich der Kennzahlenerhebung** zu sein. Diese Fehleinschätzung wird allerdings ebenso von einigen wenigen anderen Experten[2] erkannt und muss auch anhand des aktuellen Forschungsstands[3] relativiert werden. Einige kritische Experten merken an, dass die Kunststoffrecycling-Branche im **Vergleich zu anderen Branchen** Kennzahlen noch auf eine sehr rudimentäre Art und Weise erfasst und auswertet, wohingegen in anderen Sektoren der Fokus bereits auf Prozessen liegt. Einige kritische Stimmen sehen hier durchaus Verbesserungspotenzial. Diese Einschätzung wird durch die in nur geringem Maße vorhandenen Kennzahlen auf der Prozessebene des Kunststoffrecyclings in der Forschung unterstützt.

Um die Kunststoffrecycling-Branche bei der Erfassung und Auswertung von Kennzahlen weiter voranzubringen und dem Management somit die Option der datenbasierten Entscheidung und gezielten Steuerung zu bieten, ist ein neuer Umgang mit der Erfassung und Auswertung von Kennzahlen erforderlich. Die aktuellen, vorwiegend manuellen Methoden der Datenerfassung sind zu zeitverzögert, zu langsam und zu personalintensiv, um in einem Umfeld der wachsenden Konkurrenz mit Konzernen, die in die Kunststoffrecycling-Branche drängen, weiterhin erfolgreich zu agieren. Sobald die Entscheidungsträger in der Kunststoffrecycling-Branche den Handlungsbedarf erkennen, können sie entsprechende Gegenmaßnahmen einleiten. Dazu gilt es, das Potenzial zu erkennen und auszuschöpfen, das sich durch transparent operationalisierte Prozesse ergibt, um weiterhin erfolgreich in der Kunststoffrecycling-Branche zu agieren.

Ein solch tiefgreifendes Umdenken erfolgt allerdings nicht von selbst und vor allem nicht bei den bereits tief verwurzelten (falschen) Annahmen, die bei den

---

[1] Für eine weiterführende Darstellung der Ergebnisse der empirischen Untersuchung siehe Teil III – 10.2 Darlegung der Ergebnisse der problemzentrierten Experteninterviews

[2] Diese Experten kamen vorrangig aus den Technologiezuliefererunternehmen für die Kunststoffrecycling-Branche und haben folglich einen externen Überblick über die Situation in der Kunststoffrecycling-Branche.

[3] Für eine weiterführende Darstellung des aktuellen Forschungsstands siehe Teil II – 6.2 Forschungslücke

210   13 Handlungsempfehlungen für die Praxis

Akteuren der Kunststoffrecycling-Branche zur Reife ihres eigenen Reporting existieren. Hier müsste zunächst die Handlungsempfehlung 1 für die Praxis[4] zum
gemeinsamen Handeln umgesetzt werden. Unternehmen der Kunststoffrecycling-
Branche, die bereit sind, ihre Kennzahlenerfassung und -auswertung zu moderni-
sieren, müsste sich mit anderen Unternehmen über die Ergebnisse austauschen,
um so durch die positiven Resultate eine Motivation zur Umstellung zu wecken.
Dieser Austausch könnte beispielsweise über einen Branchen-Verband stattfinden
und gefördert werden.

Hierbei können auch die Zulieferer von Technologie für die
Kunststoffrecycling-Branche ihren Teil beitragen, indem sie den Unternehmen beim Aufbau neuer Anlagen von den Möglichkeiten und Chancen berichten,
die etwa ein automatisiertes Reporting bieten kann, um ihnen ebenso Best
Practices an die Hand zu geben. Dieser Prozess wird einige Zeit in Anspruch
nehmen, aber letztlich Anreize für die Kunststoffrecycling-Branche schaffen,
damit die Recyclingquoten weiter steigen. Nur in transparenten Prozessen können
auch gezielte Verbesserungsmaßnahmen eingebracht werden (Amrhein et al.,
2020, S. 14; Briem et al., 2018, S. 247).

13.3 Handlungsempfehlung 3 für die Praxis: Implementierung des Prozesscontrolling

Neben den notwendigen Änderungen im Umgang mit Wettbewerbern sowie
mit Kennzahlen gilt es, die konkreten Schritte zur Implementierung des Prozesscontrolling in den Unternehmen der Kunststoffrecycling-Branche festzulegen
sowie die zu implementierenden Kennzahlen zu definieren, denn die anderen beiden Handlungsempfehlungen für die Praxis beinhalten dazu noch keine
konkreten Anweisungen. Die Zielsetzung in diesem Rahmen ist es, eine konkrete, schrittweise **Handlungsempfehlung** für die Praxis zu entwickeln, sodass
die Unternehmen der Kunststoffrecycling-Branche sich daran orientieren können, womit sie ihre **Prozesse transparenter** und **gezielter steuern** können. Die
Handlungsempfehlung setzt sich aus drei größeren Themenblöcken zusammen,
welche aus den vorliegenden Forschungsergebnissen identifiziert wurden und
nachfolgend ausführlich dargelegt werden:

- **Datenerhebung,**
- **Kennzahlen** und

---

[4] Teil IV – 13.1 Handlungsempfehlung Praxis 1: Gemeinsames Ziel

13.3 Handlungsempfehlung 3 für die Praxis: Implementierung ...   211

• **Visualisierung.**

Insgesamt sollte der **Prozess der Implementierung schrittweise** in den Unternehmen erfolgen, um zunächst die Prozesse mit einer geringen Komplexität zu etablieren und anschließend sukzessive den Detaillierungs- und Komplexitätsgrad der zu erhebenden Kennzahlen zu erhöhen. Durch dieses Vorgehen lässt sich die Implementierung der ersten Kennzahlen relativ schnell in die betrieblichen Abläufe integrieren, wodurch bereits in einer frühen Phase der Umsetzung erste Erfolge sichtbar werden, was die weitere Realisierung positiv beeinflussen kann.

13.3.1 Handlungsempfehlung 3–1 für die Praxis: Datenerhebung

Wie sowohl die theoretischen Ausführungen[5] als auch die empirische Untersuchung[6] belegen, sind die Anlagen, die im Rahmen des Kunststoffrecyclings genutzt werden, technologisch bereits so weit ausgereift, dass hier **eine automatisierte und permanente Datenerhebung** möglich ist. Somit kann bereits ein Teil der in den Prozessen des Kunststoffrecyclings entstehenden Daten **ohne tiefgreifende Anpassungen** innerhalb des Prozesses erfasst werden.

Für eine eindeutige **Identifikation der einzelnen Kunststoffballen** lässt sich die **RFID-Technologie** einsetzen, da diese Technologie sowohl aus einer gewissen Reichweite als auch ohne direkten visuellen Kontakt zuverlässig funktioniert. Dies ist vorwiegend in der Verarbeitung bereits vorsortierter Kunststoffballen von Vorteil, da diese zur weiteren Verarbeitung geöffnet werden,[7] sodass im ersten Prozessschritt eine visuelle Identifikation, wie sie beispielsweise bei QR-Codes oder Barcodes erforderlich ist, nicht immer gewährleistet werden kann.

Sofern **weitere Daten** benötigt werden, können diese digital erfasst werden. In einfachster Form wäre dies beispielsweise über **Excel-Dateien** möglich. Sofern fortschrittlichere und weniger fehleranfällige Methoden bevorzugt werden, eignen sich hierfür Programme mit geringem Programmieraufwand, beispielsweise

---

[5] Teil II – 7.4 Einordnung des Kunststoffrecyclings im Rahmen der Kreislaufwirtschaft

[6] Teil III – 10.2 Darlegung der Ergebnisse der problemzentrierten Experteninterivews

[7] Ausführlich dargestellt sind die einzelnen Prozessschritte im Kunststoffrecycling sowohl in Teil II – 7.4 Einordnung des Kunststoffrecyclings im Rahmen der Kreislaufwirtschaft als auch in Teil III – 10.2 Darlegung der Ergebnisse der problemzentrierten Experteninterviews.

aus dem Microsoft-Universum.[8] Die digitalisierte Erfassung zusätzlicher Daten begünstigt eine zeitgerechtere Auswertung als die Registrierung auf Zetteln, welche erst nachträglich digitalisiert und ausgewertet werden können, womit auch noch eine erhebliche Fehlerrate riskiert wird.

Mit der **Digitalisierung der Datenströme** im Unternehmen ergibt sich zudem die Möglichkeit, die Daten **regelmäßiger** und vor allem auch **automatisiert auszuwerten**, was aktuell in den Unternehmen der Kunststoffrecycling-Branche eher unregelmäßig und vorwiegend manuell stattfindet. Diese regelmäßigere und automatisierte Auswertung der Daten kann letztlich dazu führen, dass eine **höhere Transparenz** in den Prozessen entsteht, wodurch **gezieltere Steuerungsmaßnahmen** der betrieblichen Abläufe ermöglicht werden.

Der erste Teil dieser Handlungsempfehlung besteht folglich darin, die Datenerhebung in den Prozessen des Kunststoffrecyclings zu **detaillieren**, zu **automatisieren** und zu **digitalisieren**, um dadurch den **Auswertungsprozess zu beschleunigen** und die **Transparenz** in den Prozessen des Kunststoffrecyclings zu **erhöhen**.

13.3.2 Handlungsempfehlung 3–2 für die Praxis: Kennzahlen

Neben der Anpassung in der Datenerhebung sind ebenfalls die daraus abzuleitenden **Kennzahlen** zu definieren. Dabei bietet sich eine **schrittweise Steigerung der Komplexität** der erhobenen Kennzahlen an, um zunächst die notwendige Validierung der Kennzahlen durch eine angepasste Datenerhebung auf einem überschaubaren Level zu halten, was den Einstieg in diese Technologie erleichtert.

Eine Implementierung sollte in **drei Phasen** erfolgen, sodass der Fokus zunächst auf wenigen Kennzahlen liegt, die relativ einfach mit den verfügbaren Daten zu erfassen sind. Aus den Ergebnissen des theoretischen Teils[9] und der empirischen Untersuchung[10] bieten sich als geeignete Kennzahlen für die **erste Phase** die **Overall Equipment Effectiveness** und die **Produktionsmenge**

---

[8] Hierbei würden sich vor allem **SharePoint Listen** oder **PowerApps** anbieten, da diese eine gewisse Fehlervalidierung erlauben, zugleich dafür aber kein hoher Programmieraufwand oder Kenntnisse einer gewissen Programmiersprache erforderlich sind (Microsoft, 2023a, 2023b).

[9] Zur detaillierteren Ausführung der Ergebnisse siehe Teil II – 8.1 Konklusion und Beantwortung der theoriegeleiteten Fragestellung

[10] Eine detaillierte Ausführung der Ergebnisse findet sich in Teil III – 11 Diskussion, Interpretation und Konklusion

13.3 Handlungsempfehlung 3 für die Praxis: Implementierung ...   213

an, deren Bedeutung in diesem Zusammenhang und die genauere Ausprägung nachfolgend weiter beschrieben werden.[11] In jeder Phase der Implementierung sind die Kennzahlen zu validieren, sodass das automatisierte Reporting nach einer ersten Testphase ohne Probleme genutzt werden kann.

Mit der Implementierung der **Overall Equipment Effectiveness** erhalten die Unternehmen der Kunststoffrecycling-Branche eine Kennzahl, welche die Betrachtung der stattfindenden Prozesse von verschiedenen Blickwinkeln[12] ermöglicht und somit eine **Steigerung in der Transparenz** der Prozesse ermöglicht. Durch die **Aufgliederung** der Kennzahl in die drei untergeordneten Kennzahlen des **Nutzungs-, Leistungs-** und **Qualitätsgrads** werden die einzelnen Einflussgrößen auf den Gesamtprozess separat auswertbar. Somit können Störungen des Recyclingprozesses gezielt angegangen werden. Die Daten hierfür liefern zum einen die Maschinen an sich mit den Informationen über die **Anlagenverfügbarkeit,** während die **produzierte Menge** über das ERP-System abgefragt werden kann. Die **Qualität** der sortierten Kunststoffe ist sowohl über die Anlagendaten ablesbar als auch über die **Auswertung der Produktionsmenge.**

Bei dieser Auswertung der produzierten Menge ist sowohl die Gutmenge als auch der restliche Produktionsoutput zu berücksichtigen, um hierdurch **Rückschlüsse auf die Qualität und Zusammensetzung des Inputs** ziehen zu können. Aufgrund der **inhomogenen Inputströme** im Kunststoffrecycling ist dies eine höchst aufschlussreiche Auswertung für die Unternehmen der Kunststoffrecycling-Branche.[13] So können insbesondere Schwankungen in der Qualität des Inputs durch einen gezielten Einsatz von Inputmengen unterschiedlicher Lieferanten den Prozess stabilisieren, wodurch sich die **Qualität des Output** ebenfalls steuern lässt.

Für die **zweite Phase** der Implementierung lassen sich weitere **verbrauchsorientierte Kennzahlen** hinzuziehen, wie **Energieverbräuche oder der Verbrauch an Hilfsstoffen.** Besonders für Unternehmen mit einem hohen Energiebedarf spielt dies in Zeiten wie heute eine erhebliche Rolle, weil die Energiepreise auf einem sehr hohen Niveau liegen. Die Kunststoffrecycling-Branche verbraucht viel Energie aufgrund des Drucklufteinsatzes in der Sortierung, dem Heißwasser-Einsatz in der Wäsche und dem Wärmebedarf in der Extrusion (Bantle &

---

[11] Entgegen der Auffassung im theoretischen Teil, dass die Durchlaufzeit eine der drei Kennzahlen für die erste Phase der Implementierung sein sollte, bestätigt sich dies jedoch in der empirischen Untersuchung nicht, weshalb die Durchlaufzeit ausgeblendet wird.

[12] Diese wären die Sicht der Anlagenverfügbarkeit, die Sicht der Maschinenauslastung und die Sicht der Produktionsqualität (Schnell, 2018b, S. 190).

[13] Dies legen ebenso die Ergebnisse der empirischen Untersuchung nahe (Teil III – 10.2 Darlegung der Ergebnisse der problemzentrierten Experteninterviews).

Schwencke, 2023, S. 6; Larrain et al., 2021, S. 9). Zudem ist in dieser Phase der Implementierung ebenfalls die **Lagerreichweite** als Kennzahl zu berücksichtigen, um gezielter gegen Engpässe in Lager oder Produktion vorzugehen.

Für die **dritte und finale Phase** der Implementierung sind **finanzielle Kennzahlen** hinzuzuziehen, was neben der operativen Bewertung der Produktionsprozesse auch eine Einschätzung der Wirtschaftlichkeit ermöglicht. Da die finanziellen Kennzahlen aufgrund ihres monatsbezogenen Charakters eher verzögerte Informationen liefern, eignen sie sich weniger für das tägliche operative Reporting. Deshalb sind sie als letzte Kennzahlenart in der Implementierung vorgesehen. Mit den ergänzenden finanziellen Daten lassen sich sehr kostenintensive Prozesse identifizieren, die anschließend gezielt beobachtet und verbessert werden können.

13.3.3 Handlungsempfehlung 3–3 für die Praxis: Darstellungsformen und Visualisierung

Zuletzt sind für das Prozesscontrolling die **Darstellungsform** und die Visualisierung der ausgewählten Kennzahlen zu bestimmen. Die Wahl der Kennzahlen orientiert sich analog zu den Erkenntnissen aus den theoretischen Ausführungen[14] am **Wertstrom** der Prozesse des Kunststoffrecyclings, weshalb diese Art des Kennzahlensystems für die Praxis als geeignet erachtet wird.

Für die Visualisierung empfiehlt sich ein **BI-System** wie Microsoft PowerBI, da dies eine nutzerfreundliche Anwendungsform auch bei großen Datenmengen darstellt. Damit sind die automatisiert erhobenen Daten einfacher und automatisierter zu verarbeiten als mit einem Standard-Reporting-Programm wie Microsoft Excel.

Die Visualisierung der Kennzahlen sollte sowohl eine Übersicht der wichtigsten Kennzahlen auf einen Blick ermöglichen als auch die Möglichkeit für detaillierte Analysen. Beispiele für ein solches Dashboard zur Übersicht sowie dazugehörige Detailseiten über die jeweiligen Kennzahlen sind in den nachfolgenden Abbildungen dargestellt. Die abgebildeten Werte sind dabei als Beispielwerte anzusehen, weshalb unrealistisch hohe Abweichungen vorkommen können. Die Darstellung in den Abbildungen bezieht sich auf eine komplette Anlage, es besteht allerdings immer die Möglichkeit den Detaillierungsgrad auf die einzelnen Maschinen zu erhöhen.

---

[14] Für eine weiterführende Darstellung siehe Teil II – 7.2 Anwendung von Kennzahlensystemen in Produktionsabläufen.

13.3 Handlungsempfehlung 3 für die Praxis: Implementierung ...

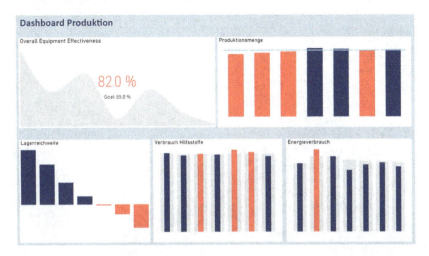

Abbildung 13.2 Mögliche Visualisierung des Dashboards zur Übersicht. (Quelle: Screenshot aus Microsoft PowerBI)

Abbildung 13.3 Mögliche Visualisierung der Detailseite zur OEE. (Quelle: Screenshot aus Microsoft PowerBI)

Zusammenfassung und Konklusion 14

In diesem Kapitel werden die Erkenntnisse des Gestaltungsteils zusammengefasst, indem die mögliche Implementierung einer standardisierten Datenerfassung und eines standardisierten Reporting in der Kunststoffrecycling-Branche abschließend diskutiert wird. Anschließend wird erörtert, inwieweit die gestaltungsgeleiteten Fragestellungen zur standardisierten Operationalisierung von Prozessen im Kunststoffrecycling beantwortet sind.

14.1 Erkenntnisse des Gestaltungsteils

Die Kunststoffrecycling-Branche befindet sich hinsichtlich ihrer Standardisierung beziehungsweise der standardisierten Operationalisierung ihrer Prozesse noch am Anfang. Um die **Möglichkeiten und Chancen** der Implementierung standardisierter Methoden und der Anwendung entsprechender Tools im Rahmen eines **Prozesscontrollings** auszuschöpfen, bedarf es sowohl seitens der Forschung als auch der Praxis verschiedener Aktivitäten, wie sie in den vorangegangenen Kapiteln[1] beschrieben wurden.

Die Forschung kann dabei die Bemühungen der Praxis unterstützen, indem sie **empirische Belege** liefert, inwiefern die Implementierung eines möglichst standardisierten und automatisierten Prozesscontrolling positive Effekte für das Unternehmen nach sich zieht. Dies erleichtert die Einführung der automatisierten Datenerfassung der Prozesse in den Unternehmen der Kunststoffrecycling-Branche. Dies setzt einen anderen Umgang mit Kennzahlen sowie ein verändertes

---

[1] Teil IV – 12 Handlungsempfehlungen für die Forschung und Teil IV – 13 Handlungsempfehlungen für die Praxis

© Der/die Autor(en), exklusiv lizenziert an Springer Fachmedien Wiesbaden GmbH, ein Teil von Springer Nature 2024
C. Berbalk, *Prozesscontrolling in der Kunststoffrecycling-Branche*,
https://doi.org/10.1007/978-3-658-45985-7_14

217

Mindset der Branche voraus, um im aktuellen Wettbewerbsumfeld fortwährend wirtschaftlich zu agieren.

Dazu bedarf es neben der verstärkten Erforschung der Prozesse des Kunststoff-recyclings und des Prozesscontrollings auch Initiativen durch die Unternehmen, um die **Transparenz in den Prozessen** des Kunststoffrecyclings zu steigern. Dadurch lassen sich die Prozesse besser steuern, was nicht nur eine Steige-rung der Recyclingquoten und der Qualität der produzierten Rezyklate und eine Senkung der Produktionskosten nach sich zieht, sondern den Kunststoffrecycling-Unternehmen die Chance gibt, dass sie auch erfolgreicher im Marktumfeld agieren können.

Hierfür besteht die Notwendigkeit des **Umdenkens** in den Unternehmen der Kunststoffrecycling-Branche, um zum einen am gemeinsamen Ziel der **Steige-rung der Zirkularität** der Kunststoffe zu arbeiten und zum anderen **Kennzahlen** gezielter **zur Steuerung der Prozesse** im Kunststoffrecycling einzusetzen.

Ferner bedarf es der **Implementierung** eines umfangreichen und weitest-gehend automatisierten **Echtzeit-Prozesscontrolling**, sodass die Prozesse mit relativ geringem Aufwand und ohne große zeitliche Verzögerungen bewertet und gesteuert werden können. Dazu muss zum einen die Datenerhebung möglichst automatisiert und kontinuierlich stattfinden, ein ausgewähltes Set an Kennzah-len in stufenweiser Abfolge implementiert und eine Visualisierungsform gewählt werden, die sowohl einen raschen Überblick als auch detailliertere Auswertungen ermöglicht.

Mit den entwickelten Handlungsempfehlungen lässt sich an ebendiesen Punk-ten ansetzen, denn sie geben einen Überblick über die notwendigen durchzu-führenden Schritte. Durch die Umsetzung der Handlungsempfehlungen in der Forschung und in der Kunststoffrecycling-Branche lässt sich die **Standardisie-rung der Prozesse und ihre standardisierte Operationalisierung** der Prozesse im Kunststoffrecycling forcieren. Das vorgeschlagene Controlling-Konzept mit automatisierten Reports, entsprechenden **Prozesskennzahlen** und der Visuali-sierung über eine Software wie Microsoft PowerBI bietet dem Management den geforderten Informationsgehalt, um fundierte Entscheidungen auf Basis von validen Daten zu treffen.

14.2 Beantwortung der gestaltungsgeleiteten Fragestellungen

Die gestaltungsgeleiteten Fragestellungen wurden durch die Entwicklung von Handlungsempfehlungen für Forschung und Praxis beantwortet. Die Ergebnisse sind in der Übersicht in Abbildung 14.1 dargestellt.

Abbildung 14.1 Übersicht der Handlungsempfehlungen für Forschung und Praxis. (Quelle: Eigene Darstellung)

Die **dritte Handlungsempfehlung für die Praxis** bildet dabei die umfangreichste der Handlungsempfehlungen, die zum einen Vorschläge zur **standardisierten Datenerfassung und Operationalisierungen** der Prozesse umfasst. Zum anderen werden die **Kennzahlen** dargelegt, welche im Rahmen der Operationalisierung der Prozesse im Kunststoffrecycling erhoben werden sollten, um dem Management den **geforderten Informationsgehalt** bereitzustellen. Den abschließenden Punkt dieser Handlungsempfehlung bilden die Darstellungsformen und die Visualisierung, was das **Controlling-Konzept** vervollständigt.

Die weiteren Handlungsempfehlungen beziehen sich auf die **Implikationen und Lösungsansätze** für die Forschung und Praxis, die sich aus den Erkenntnissen der Forschungsarbeit ergeben.

Teil V
Schlussteil

Zusammenfassung und Fazit 15

Ziel der vorliegenden Arbeit war es, **Handlungsempfehlungen** für die Kunststoffrecycling-Branche zu entwickeln, die auf einer umfangreichen Analyse des aktuellen Forschungsstands und einer empirischen Untersuchung basieren. Diese sollen Unternehmen befähigen, die **Möglichkeiten und Chancen von Standardisierung und Tool-Support** auszuschöpfen und ihre Prozesse zu operationalisieren. Gleichzeitig führen die Ergebnisse der Handlungsempfehlungen dazu, dass das Management die Möglichkeit erhält, Trends auf einfache und gezielte Weise zu erkennen, um die Prozesse entsprechend anzupassen, zu steuern und somit die Effizienz zu steigern. Dadurch lassen sich die Produktionskosten senken, womit die Preise der Rezyklate sich denen der Neukunststoffe annähern.

Nach der systematischen Literaturrecherche besteht bei bisherigen Studien **kein Fokus auf den Prozessen** (Sortieren, Zerkleinern, Waschen, Extrudieren oder Compoundieren) **im mechanischen Recycling,** deren **Abfolge** und **Operationalisierungen,** womit sich eine Forschungslücke in ebendiesem Bereich bei Unternehmen der Kunststoffrecycling-Branche offenbart.

Mittels der **theoretischen Ausführungen** wurden die theoriegeleiteten Fragestellungen beantwortet und festgestellt, dass es im mechanischen Recycling zwar eine **grobe Prozessabfolge** in der stofflichen Verwertung von Post-Consumer-Abfällen gibt. Allerdings sind die einzelnen Prozessschritte innerhalb dieser groben Abfolge **nicht branchenweit standardisiert,** weshalb sie womöglich auch kaum im erforderlichen Detaillierungsgrad erforscht wurden. Aktuell gibt es Bemühungen, die Standardisierung in diesem Bereich zu beschleunigen, sodass der Output des Kunststoffrecyclings standardisiert vergleichbar wird, wie die Ende 2021 veröffentlichte DIN-Norm verdeutlicht (DIN SPEC 91446).

Hinsichtlich der **Operationalisierung von Prozessen** in der Kunststoffrecycling-Branche finden sich in der Literatur hierzu kaum Kennzahlen zu den Prozessen im Kunststoffrecycling, weshalb generelle Konzepte zur

© Der/die Autor(en), exklusiv lizenziert an Springer Fachmedien Wiesbaden GmbH, ein Teil von Springer Nature 2024
C. Berbalk, *Prozesscontrolling in der Kunststoffrecycling-Branche,*
https://doi.org/10.1007/978-3-658-45985-7_15

224   15 Zusammenfassung und Fazit

Operationalisierung von Prozessen betrachtet und diskutiert wurden. Ebenso verhält es sich mit den **Darstellungsformen für eine fortwährende Überwachung**
der Prozesskennzahlen. Für die Kunststoffrecycling-Branche eignet sich ein am
Wertstrom des Unternehmens orientiertes Kennzahlensystem, da die klassischen
Kennzahlensysteme vorrangig auf den Finanzbereich ausgelegt sind, weshalb die
Eignung für prozessbezogene Kennzahlen eher fragwürdig ist.

Für die **Datenerfassung im Produktionsumfeld** können zum einen die
Maschinen in der Kunststoffrecycling-Branche zum Einsatz kommen, da diese
Daten in Echtzeit liefern können. Zum anderen wurden verschiedene **moderne
Identifikationstechnologien** wie **RFID** oder **Barcodes** dahin gehend untersucht,
inwiefern sie sich für den Einsatz im Rahmen der Prozessdatenerfassung im
Kunststoffrecycling eignen.

Die Erkenntnisse aus dem theoretischen Teil wurden anschließend den
Ergebnissen der problemzentrierten Experteninterviews, welche im Rahmen
der empirischen Untersuchung erhoben wurden, in einer Diskussion gegenübergestellt. Demnach ist die fehlende Standardisierung der Prozesse in der
Kunststoffrecycling-Branche vorwiegend auf die in der Branche vorherrschende
Heterogenität in der Struktur der Unternehmen zurückzuführen. Gleichzeitig
liegt dies auch an der Verarbeitung der äußerst heterogenen Kunststofffraktionen
sowie dem **protektionistischen Verhalten** der Unternehmen gegenüber anderen Unternehmen der Kunststoffrecycling-Branche, was einen branchenweiten
Austausch verhindert.

Als ein weiterer hinderlicher Faktor stellten sich im Rahmen der empirischen
Untersuchung die Rahmenbedingungen des Kunststoffrecyclings und die Reife
der Prozesse heraus. Während das PET-Recycling als ein Bereich des Kunststoffrecyclings in dieser Hinsicht schon sehr weit fortgeschritten ist, weshalb man dort
von einem geschlossenen Kreislauf sprechen kann, bleibt die Entwicklung im
Non-PET-Bereich zurück. Aufgrund der Heterogenität im Non-PET-Bereich und
den fehlenden Rahmenbedingungen sind die Prozesse hier wesentlich weniger
ausgereift.

Gleichzeitig variieren die Vorstellungen über die aktuellen **Reportingstrukturen**. Während einige Experten mit den bestehenden Verhältnissen von voller
Zufriedenheit sprechen, schätzen andere die Strukturen noch sehr rudimentär ein.
Obwohl die Rahmenbedingungen für eine automatisierte, echtzeitnahe Datenerfassung gegeben wären, wird sie tendenziell noch manuell durchgeführt und die
vorhandenen Möglichkeiten an den Maschinen werden eher selten genutzt.

Im Rahmen des Gestaltungsteils wurden die Erkenntnisse aus Theorie und
Empirie letztlich zusammengefasst und in **jeweils drei Handlungsempfehlungen für Forschung und Praxis** überführt. Die Handlungsempfehlungen für die

15 Zusammenfassung und Fazit

Forschung beziehen sich dabei auf notwendige zukünftige Studien, die durch die Forschung durchgeführt werden sollten, um die Kunststoffrecycling-Branche bei der Nutzung der Möglichkeiten und Chancen durch Standardisierung und Tool-Support entsprechend zu unterstützen.

Die **Handlungsempfehlungen für die Praxis** bestehen aus den aktiven Bemühungen der Unternehmen zur Verringerung des Protektionismus in Bezug auf die Prozessabfolgen in den Unternehmen sowie aus dem Umdenken im Umgang mit Kennzahlen und deren Reporting. Beides dient dazu, Innovationen innerhalb der Kunststoffrecycling-Branche schneller zu verbreiten. Weiterhin beschleunigt sich damit die Einführung eines transparenten Prozesscontrollings, welches nur dann umgesetzt wird, wenn die Unternehmen der Kunststoffrecycling-Branche Verbesserungspotenziale in ihren aktuellen Reportingstrukturen erkennen.

Zusätzlich liefern die Handlungsempfehlungen konkrete Hinweise, wie ein **Prozesscontrolling** in den Betrieben implementiert werden sollte, um mit möglichst **geringem Reportingaufwand permanent Erkenntnisse** über die betrieblichen Prozesse zu gewinnen. Dabei werden zum einen die möglichen Methoden zur digitalisierten Datenerhebung aufgezeigt, welche von der automatisierten Datenerhebung der Anlagen über die Erfassung von Warenflüssen beziehungsweise internen Logistikdaten durch RFID-Technologie bis hin zur manuellen Eingabe in digitale Formate reichen, und zum anderen werden Stellen benannt, wo eine automatisierte Erfassung (noch) nicht möglich ist.

Weiter sind in den Handlungsempfehlungen Beispiele für **auszuwertende Kennzahlen** aufgeführt sowie ein stufenweiser Plan zur Implementierung dieser Kennzahlen, um eine schrittweise Verbesserung im Prozesscontrolling zu erzielen. Dabei liegt der Fokus auf Prozesskennzahlen, die für das tägliche operative Reporting und die gezielte Steuerung der Prozesse notwendig sind. Die finanzorientierten Kennzahlen werden erst in der letzten Phase ergänzend hinzugezogen, um eine monetäre Bewertung der Prozesse zu ermöglichen, worauf allerdings nicht der Fokus des vorgeschlagenen Prozesscontrollings liegen soll.

Als letzter Punkt ist in den Handlungsempfehlungen für die Praxis die **Darstellungsform und die Visualisierung** aufgeführt, wobei hier verdeutlicht wird, dass sich das Prozesscontrolling am Wertstrom der Prozesse des Kunststoffrecyclings im Unternehmen orientieren sollte. Zudem wird die **Visualisierung** über eine **BI-Software** wie Microsoft PowerBI empfohlen, was zum einen schnellen Überblick und zum anderen eine detailliertere Analyse ermöglicht.

Diese Handlungsempfehlungen zielen darauf ab, den Unternehmen der Kunststoffrecycling-Branche Möglichkeiten zu bieten, um

- der **Unternehmensführung wichtige Hinweise zur gezielten Steuerung** der Unternehmensprozesse **zu geben,**
- die **Effizienz** des Kunststoffrecyclings durch gezielte Steuerung der Prozesse zu erhöhen und
- für das Unternehmen **negative Trends zeitgerecht aufzudecken,** wodurch die Unternehmensführung befähigt wird, frühzeitig Gegenmaßnahmen einzuleiten.

Mit diesen Maßnahmen lässt sich die aktuelle Problemstellung beheben, sodass eine **kontinuierliche und fortwährende Verbesserung** der betrachteten Geschäftsprozesse erreicht wird, wodurch **Ineffizienzen und Probleme in der Verarbeitung der Kunststoffabfälle,** wie sie beispielsweise durch schwankende Input-Qualitäten hervorgerufen werden, **zeitnah aufgedeckt** und behoben werden können. Die vorliegende Dissertation trägt folglich dazu bei, die Forschungslücke auf der **Prozessebene** im **mechanischen Recycling,** deren **Abfolge** und deren **Operationalisierungen** zu schließen, indem mit den Handlungsempfehlungen die notwendigen Anstrengungen auf der Prozessebene zur Verbesserung der Qualität der Rezyklate in der Kunststoffrecycling-Branche formuliert wurden.

Ergebnisse und Erkenntnisse 16

Dieses Kapitel dient der Darlegung der zentralen Erkenntnisse und Ergebnisse, die sich aus der Studie für Forschung und Praxis ergeben. Festzuhalten ist, inwieweit die erwarteten Erkenntnisse gewonnen wurden und welchen Mehrwert die Befunde für Forschung und Praxis darstellen.

16.1 Wichtige Ergebnisse und Erkenntnisse für die Forschung

Die Forschung zum Kunststoffrecycling und zur Kreislaufwirtschaft beschäftigt sich aktuell umfassend mit der Fragestellung, wie der Kreislauf der Kunststoffe geschlossen werden kann, welche Materialien zu verwenden sind, um eine hohe Recyclingfähigkeit von Verpackungen zu erzielen und welche alternativen Methoden das Recycling von Kunststoffen in Zukunft verbessern könnten.

Die bisherigen Studien widmen sich allerdings weniger der Prozessebene bei Unternehmen der Kunststoffrecycling-Branche, was in der vorliegenden Forschungsarbeit der Fall ist. Somit liegt mit dieser Arbeit nun eine erste Studie zu den **Prozessen** in den Unternehmen der Kunststoffrecycling-Branche vor, deren **systematischen Operationalisierung** sowie einem möglichst **standardisierten Prozesscontrolling** mit **standardisierten Kennzahlen**. In Form von Handlungsempfehlungen liefert die Studie Hinweise für die Forschung zur weiteren Vertiefung und den Schritten, die durch die Forschung unternommen werden müssten, um die Kunststoffrecycling-Branche in der Implementierung eines effektiven Prozesscontrolling sowie der Etablierung von kontinuierlichen und fortwährenden Verbesserungsprozessen zu unterstützen.

Die im Rahmen der vorliegenden Arbeit identifizierte **Forschungslücke** ließ sich aufgrund des Neuheitscharakters des Untersuchungsgegenstands und des

© Der/die Autor(en), exklusiv lizenziert an Springer Fachmedien Wiesbaden GmbH, ein Teil von Springer Nature 2024
C. Berbalk, *Prozesscontrolling in der Kunststoffrecycling-Branche*,
https://doi.org/10.1007/978-3-658-45985-7_16

228   16 Ergebnisse und Erkenntnisse

explorativen Forschungsdesigns der Arbeit bislang **nicht vollständig schließen,** woran sich allerdings **weitere Optionen für zukünftige Studien** anschließen, welche später genauer erläutert werden.[1]

16.2 Wichtige Ergebnisse und Erkenntnisse für die Praxis

Die vorwiegend kleinen und mittleren Unternehmen der Kunststoffrecycling-Branche sehen sich mit einem wachsendem (Handlungs-)Druck konfrontiert, der einerseits durch die Politik aufgrund von gesteigerten Recyclingvorgaben sowie andererseits durch das gesteigerte Umweltbewusstsein der Verbraucher wegen des negativen Images von Kunststoffen entsteht. Gleichzeitig befinden sie sich in einer veränderten Wettbewerbssituation durch in den Markt drängende Konzerne. Um diesen Herausforderungen zu begegnen, investiert die Branche kontinuierlich in neue Technologien und Personal, um die Standards im Kunststoffrecycling zu verbessern.

Mit dem technologischen Fortschritt geht die Notwendigkeit einher, die im Kunststoffrecycling vorhandenen Prozesse **vollständig zu erfassen** und zu **operationalisieren.** Die Operationalisierung und Kennzahlenerfassung bieten dabei die Grundlage für die **kontinuierliche und fortwährende Verbesserung** der Geschäftsprozesse, wodurch die einzelnen Unternehmen der Kunststoffrecycling-Branche im harten Wettbewerbsumfeld erfolgreich agieren können.

Gegen eine **generelle Standardisierung der Prozesse** in der Kunststoffrecycling-Branche zum derzeitigen Zeitpunkt sprechen nach den Ergebnissen dieser empirischen Studie folgende Gründe:

- die Heterogenität der in den Unternehmen stattfindenden Teilprozesse des Kunststoffrecyclings,
- die Heterogenität der verarbeiteten Kunststoffabfälle beziehungsweise Kunststofffraktionen und
- die Interpretation der eigenen Prozessabfolgen als Vorteil gegenüber Wettbewerbern.

---

[1] Lohnenswerte Aufgaben für künftige Studien, die sich aus den Ergebnissen der vorliegenden Forschungsarbeit ergeben, sind in Teil V – 17.1 Forschungsausblick aufgelistet.

16.2 Wichtige Ergebnisse und Erkenntnisse für die Praxis 229

Stattdessen bieten sich Maßnahmen zur **Steigerung der Transparenz** der Prozesse in den Unternehmen der Kunststoffrecycling-Branche an. Mit den **Handlungsempfehlungen** lassen sich bereits heute die Möglichkeiten und Chancen durch standardisierte Methoden und die Anwendung entsprechender Tools im Rahmen eines Prozesscontrollings für die Unternehmen nutzbar machen.

Im Rahmen des Gestaltungsteils sind Handlungsempfehlungen für die Praxis aufgeführt, mit denen sich die genannten Ziele erreichen lassen. Sie umfassen sowohl Hinweise in Bezug auf ein **notwendiges Umdenken** der Akteure der Kunststoffrecycling-Branche als auch konkrete Schritte zur **Implementierung eines leistungsfähigen Prozesscontrolling**, um mehr Transparenz in die *Blackbox* der Prozesse im Kunststoffrecycling zu bringen.

Mit einer Implementierung der empfohlenen Schritte könnte das Prozesscontrolling in der Kunststoffrecycling-Branche auf ein neues Level gehoben werden, was

- eine **gezielte Steuerung** der Prozessschritte ermöglicht,
- **Effizienzsteigerungen** begünstigt, wodurch die Wettbewerbsfähigkeit erhöht wird, und
- **Qualitätsschwankungen im Output** messbar, nachvollziehbar und vergleichbar macht.

Mit der Realisierung der Handlungsempfehlungen wird beabsichtigt, **direkten Einfluss auf den Erfolg** der in dieser Branche tätigen Unternehmen zu nehmen. Die dort vorgeschlagene systematische Operationalisierung der Prozesse im Kunststoffrecycling trägt dazu bei, die Steuerung der Prozesse zu erleichtern und damit auch **Ineffizienzen und negative Trends zeitgerecht aufzudecken und ihnen gegensteuern zu können.**

Neben dem ökonomischen Mehrwert führen transparente und effiziente Prozesse zu einer erhöhten Unterstützung der Zirkularität im Kunststoffrecycling, wodurch diese Arbeit zugleich einen Beitrag zur Verbesserung der ökologischen Bilanz in der Kunststoffrecycling-Branche leistet.

Ausblick 17

Trotz der umfangreichen Literaturrecherche und der empirischen Untersuchung bleiben gewisse Fragestellungen durch diese Dissertation noch ungeklärt. Deshalb wird im nächsten Abschnitt ein Ausblick gegeben, welche potenziellen weiteren Schritte in Forschung und Praxis aufgrund der Ergebnisse der vorliegenden Forschungsarbeit noch durchzuführen sind.

17.1 Forschungsausblick

Aufgrund des Neuigkeitswertes der vorliegenden Studie wurde die empirische Untersuchung in einem **explorativen Setting** mittels **qualitativer Experteninterviews** durchgeführt. Dabei konnten aus den problemzentrierten Experteninterviews **Trends** abgeleitet werden, welche in Kombination mit den Ergebnissen der Literaturrecherche zur Formulierung von Handlungsempfehlungen für Forschung und Praxis geführt haben. Für die weiterführende Forschung ergeben sich aus der vorliegenden Dissertation **zwei Handlungsstränge**, die nun weiter beschrieben werden.

Die **Umsetzung der entwickelten Handlungsempfehlungen** stellt dabei einen dieser beiden Handlungsstränge dar. Es werden Themenfelder genannt, deren Erforschung in künftigen Forschungsarbeiten wünschenswert wäre, um weiter an der Schließung der in der vorliegenden Arbeit identifizierten Forschungslücke zu arbeiten. Im Zentrum der Bemühungen künftiger Forschungsarbeiten sollten folgende Inhalte stehen:

- die Steigerung der **Standardisierung einzelner Prozessschritte**,
- die Ausweitung des **Prozesscontrolling** und der damit verbundenen Kennzahlen und

---

© Der/die Autor(en), exklusiv lizenziert an Springer Fachmedien Wiesbaden GmbH, ein Teil von Springer Nature 2024
C. Berbalk, *Prozesscontrolling in der Kunststoffrecycling-Branche*,
https://doi.org/10.1007/978-3-658-45985-7_17

- das **Mindset** der Kunststoffrecycling-Branche und Strategien, mit denen dieses Mindset tiefgreifend beeinflusst werden kann, sodass die Akteure der Kunststoffrecycling-Branche die notwendigen Änderungen proaktiv umsetzen.

Der zweite Handlungsstrang für die Forschung ergibt sich aus der Art der empirischen Untersuchung der vorliegenden Studie. Die problemzentrierten qualitativen Experteninterviews führten zwar zu einem Maßnahmenkatalog für Forschung und Praxis, allerdings steht die Prüfung der Wirksamkeit dieser Handlungsempfehlungen in der Praxis noch aus. Hierfür bieten sich **Einzelfallstudien** in Unternehmen der Kunststoffrecycling-Branche an, welche die Implementierung des vorgeschlagenen Prozesscontrolling begleiten und dessen Effizienz prüfen. Zudem müssten die qualitativen Ergebnisse der empirischen Untersuchung im Rahmen einer quantitativen Studie validiert werden, da in der vorliegenden Studie lediglich Tendenzen aufgezeigt werden konnten, die im Rahmen einer **quantitativen Studie umfassend** validiert werden können.

Zusammenfassend ergeben sich für die Forschung aus der vorliegenden Studie folgende Anknüpfungspunkte:

- **Einzelfallstudien** zur Implementierung des entwickelten Prozesscontrolling und damit eine Validierung der Wirksamkeit und
- **quantitative Studien** zur Validierung der qualitativen Ergebnisse der Studie sowie
- **Begleit-Studien zur Umsetzung der Handlungsempfehlungen** für die Forschung und die Praxis.

17.2 Praxisausblick

Für die Praxis stellt die vorliegende Dissertation einen ersten Ausgangspunkt dar, um mithilfe von standardisierten Datenerhebungsmethoden die Prozesse in der Kunststoffrecycling-Branche strukturiert zu operationalisieren und im Rahmen des Prozesscontrolling fortwährend zu überwachen. Hierdurch können Ineffizienzen schneller beseitigt und negative Trends zeitgerecht identifiziert werden.

Für die Kunststoffrecycling-Branche gilt es nun, die entwickelten **Handlungsempfehlungen in der Praxis** umzusetzen, sodass sich deren positive Wirkung entfalten kann. Damit profitieren nicht nur die Unternehmen der Kunststoffrecycling-Branche von einer **gesteigerten Transparenz** ihrer Prozesse, sondern dies fördert zugleich die **Zirkularität der Kunststoffwirtschaft**.

17.2 Praxisausblick

Die Umsetzung der Handlungsempfehlungen trägt dazu bei, dass sich **Innovationen** schneller in der Branche verbreiten, weil es hierfür eines intensiveren Austauschs zwischen den vorrangig kleinen und mittleren Unternehmen der Kunststoffrecycling-Branche bedarf. Durch eine Zusammenarbeit stärken die Unternehmen ihre Marktposition und fördern die **Produktivität der Kunststoffrecycling-Branche** als Ganzes.

Durch die **gesteigerte Effizienz in den Prozessen** verbessert die Kunststoffrecycling-Branche ihr Image gegenüber den Verbrauchern, weil sie mit effektiveren Prozessen höhere Recyclingquoten erreicht und somit ihren gesellschaftlichen Nutzen transparent darlegen kann. Die Umsetzung und aktive Nachverfolgung der Handlungsempfehlungen dieser Dissertation bewirkt einen **ressourcenschonenderen Umgang** mit Kunststoffen bei einer gleichzeitigen **Annäherung der Rezyklate an die Preise von Neumaterialien**, die sich durch **Effizienzsteigerungen** erreichen lässt. Voraussetzung ist allerdings eine Standardisierung und Automatisierung der Datenerfassung.

Verzeichnisse

Literaturverzeichnis

Fachliteratur

Abels, G. & **Behrens**, M. (2002). ExpertInnen-Interviews in der Politikwissenschaft. Geschlechtertheoretische und politikfeldanalytische Reflexion einer Methode. In A. Bogner, B. Littig & W. Menz (Hrsg.), *Das Experteninterview. Theorie, Methode, Anwendung* (S. 173–190). Opladen: Leske + Budrich.

Aghamanoukjan, A., **Buber**, R. & **Meyer**, M. (2009). Qualitative Interviews. In R. Buber & H. H. Holzmüller (Hrsg.), *Qualitative Marktforschung. Konzepte – Methoden – Analysen* (Gabler-Lehrbuch, 2. Auflage, S. 415–436). Wiesbaden: Springer Gabler.

Aichele, C. (1997). *Kennzahlenbasierte Geschäftsprozessanalyse* (Schriften zur EDV-Orientierten Betriebswirtschaft). Wiesbaden: Springer Gabler.

Akremi, L. (2019). Stichprobenziehung in der qualitativen Sozialforschung. In N. Baur & J. Blasius (Hrsg.), *Handbuch Methoden der empirischen Sozialforschung* (2. Auflage, S. 313–331). Wiesbaden: Springer VS.

Baumgarth, C., **Eisend**, M. & **Evanschitzky**, H. (2009). Empirische Mastertechniken. In C. Baumgarth (Hrsg.), *Empirische Mastertechniken. Eine anwendungsorientierte Einführung für die Marketing- und Managementforschung* (S. 3–26). Wiesbaden: Springer Gabler.

Baumgarth, C. & **Koch**, J. (2009). Inhaltsanalyse. In C. Baumgarth (Hrsg.), *Empirische Mastertechniken. Eine anwendungsorientierte Einführung für die Marketing- und Managementforschung* (S. 131–163). Wiesbaden: Springer Gabler.

Baur, N. & **Blasius**, J. (2019). Methoden der empirischen Sozialforschung. Ein Überblick. In N. Baur & J. Blasius (Hrsg.), *Handbuch Methoden der empirischen Sozialforschung* (2. Auflage, S. 1–28). Wiesbaden: Springer VS.

Bayer, F. & **Kühn**, H. (2013). *Prozessmanagement für Experten*. Berlin, Heidelberg: Springer.

© Der/die Herausgeber bzw. der/die Autor(en), exklusiv lizenziert an Springer Fachmedien Wiesbaden GmbH, ein Teil von Springer Nature 2024
C. Berbalk, *Prozesscontrolling in der Kunststoffrecycling-Branche*,
https://doi.org/10.1007/978-3-658-45985-7

Bayr, S. (2018). Produktionscontrolling für mittelständische Unternehmen auf Basis von Excel und Access. In A. Klein (Hrsg.), *Modernes Produktionscontrolling für die Industrie 4.0. Konzepte, Instrumente und Kennzahlen* (S. 163–181). Freiburg: Haufe; C.H. Beck eLibrary.

Bazeley, P. (2022). Designing for Multimodal Data and Mixed Methods within a Qualitative Framework. In U. Flick (Hrsg.), *The SAGE Handbook of Qualitative Research Design* (The SAGE Handbook of Qualitative Research Design, Bd. 1, 604–617). London: SAGE Publications.

Becker, W. & **Ulrich**, P. (2017). Controlling in mittelständischen Unternehmen. Konzeptionelle Erfordernisse und empirische Befunde. In D. Müller (Hrsg.), *Controlling für kleine und mittlere Unternehmen* (2. Auflage, S. 125–148). München: De Gruyter.

Beckmann, K., **Glemser**, A., **Heckel**, C., **Heyde**, C. von der, **Hoffmeyer-Zlotnik**, J. H. P., **Hanefeld**, U. et al. (2016). *Demographische Standards. Eine gemeinsame Empfehlung des ADM, Arbeitskreis Deutscher Markt- und Sozialforschungsinstitute e. V., der Arbeitsgemeinschaft Sozialwissenschaftlicher Institute e. V. (ASI) und des Statistischen Bundesamtes* (Statistik und Wissenschaft, Bd. 17, 6. Auflage). Wiesbaden.

Blöbaum, B., **Nölleke**, D. & **Scheu**, A. M. (2016). Das Experteninterview in der Kommunikationswissenschaft. In S. Averbeck-Lietz & M. Meyen (Hrsg.), *Handbuch nicht standardisierte Methoden in der Kommunikationswissenschaft* (Springer NachschlageWissen, S. 175–190). Wiesbaden: Springer VS.

Bogner, A., **Littig**, B. & **Menz**, W. (2014). *Interviews mit Experten. Eine praxisorientierte Einführung* (Qualitative Sozialforschung: Praktiken – Methodologien – Anwendungsfelder). Wiesbaden: Springer VS.

Bogner, A. & **Menz**, W. (2002a). Expertenwissen und Forschungspraxis: die modernisierungstheoretische und die methodische Debatte um die Experten. In A. Bogner, B. Littig & W. Menz (Hrsg.), *Das Experteninterview. Theorie, Methode, Anwendung* (S. 7–29). Opladen: Leske + Budrich.

Bogner, A. & **Menz**, W. (2002b). Das theoriegenerierende Experteninterview. Erkenntnisinteresse, Wissensformen, Interaktion. In A. Bogner, B. Littig & W. Menz (Hrsg.), *Das Experteninterview. Theorie, Methode, Anwendung* (S. 33–70). Opladen: Leske + Budrich.

Breuer, F., **Deppermann**, A., **Kuckartz**, U., **Mey**, G., **Mruck**, K. & **Reichertz**, J. (2014). All is data – Qualitative Forschung und ihre Daten. In G. Mey & K. Mruck (Hrsg.), *Qualitative Forschung. Analysen und Diskussionen – 10 Jahre Berliner Methodentreffen* (S. 261–290). Wiesbaden: Springer VS.

Briem, C., **Hertting**, M. R. & **Wiegand**, M. (2018). Unternehmenssteuerung. Einfluss der Digitalisierung am Beispiel eines Versicherungsunternehmens. In R. Gleich & J. C. Munck (Hrsg.), *Die richtigen Kennzahlen optimal nutzen. Auswahl, Gestaltung, Implementierung, Praxisbeispiele* (Haufe Fachbuch, S. 235–254). Freiburg: Haufe.

Brinkmann, S. & **Kvale**, S. (2018). *Doing Interviews* (The SAGE Qualitative Research Kit, 2. Auflage). Los Angeles, Thousand Oaks CA, New Dehli, Singapore: SAGE Publications.

Brosius, H.-B., **Haas**, A. & **Koschel**, F. (2016). *Methoden der empirischen Kommunikationsforschung. Eine Einführung* (7. Auflage). Wiesbaden: Springer VS.

Brüsemeister, T. (2008). *Qualitative Forschung. Ein Überblick* (Hagener Studientexte zur Soziologie, 2. Auflage). Wiesbaden: VS Verlag für Sozialwissenschaften.

Buchholz, L. (2013). *Strategisches Controlling* (2. Auflage). Wiesbaden: Springer VS.

Verzeichnisse 237

Clark, D. (2020). *Beginning Microsoft Power BI. A practical guide to self-service data analytics / by Dan Clark* (3. Auflage). Berkeley, CA: Apress.

Corbin, J. M. & **Strauss**, A. L. (2015). *Basics of qualitative research. Techniques and Procedures for Developing Grounded Theory* (4. Auflage). Thousand Oaks CA, London, New Dehli, Singapore: SAGE Publications.

Cresswell, J. W. & **Poth**, C. N. (2018). *Qualitative Inquiry and Research Design. Choosing Among Five Approaches* (4. Auflage). Los Angeles, London, New Dehli, Singapore, Washington D.C., Melbourne: SAGE Publications.

Dash, S. S., **Das**, S. & **Panigrahi**, B. K. (2021). *Intelligent computing and applications. Proceedings of ICICA 2019* (Advances in Intelligent Systems and Computing, Bd. 1172). Singapore: Springer.

Davenport, T. H. (1993). *Process Innovation: Reengineering Work through Information Technology.* Boston: Harvard Business School Press.

Deming, W. E. (2018). *Out of the Crisis.* Cambridge: The MIT Press.

Denkena, B., **Dittrich**, M.-A., **Uhlich**, F., **Maibaum**, L. & **Mörke**, T. (2017). Das gentelligente Werkstück. In G. Reinhart (Hrsg.), *Handbuch Industrie 4.0. Geschäftsmodelle, Prozesse, Technik* (295–321). Linz: ISW.

Diaz-Bone, R. (2019). Formen des Schließens und Erklärens. In N. Baur & J. Blasius (Hrsg.), *Handbuch Methoden der empirischen Sozialforschung* (2. Auflage, S. 49–66). Wiesbaden: Springer VS.

Diaz-Bone, R. & **Weischer**, C. (Hrsg.). (2015). *Methoden-Lexikon für die Sozialwissenschaften.* Wiesbaden: Springer VS.

Diekmann, A. (2014). *Empirische Sozialforschung. Grundlagen, Methoden, Anwendungen* (rohwolts enzyklopädie, 9. Auflage). Reinbek bei Hamburg: Rowohlt Taschenbuch Verlag.

Döring, N. & **Bortz**, J. (2016). *Forschungsmethoden und Evaluation in den Sozial- und Humanwissenschaften* (5. Auflage). Berlin, Heidelberg: Springer.

Dresing, T. & **Pehl**, T. (2020). Transkription. Implikationen, Auswahlkriterien und Systeme für psychologische Studien. In G. Mey & K. Mruck (Hrsg.), *Handbuch Qualitative Forschung in der Psychologie. Band 2: Designs und Verfahren* (2. Auflage, S. 835–854). Wiesbaden: Springer.

Eisend, M. & **Kuß**, A. (2016). *Grundlagen empirischer Forschung. Zur Methodologie in der Betriebswirtschaftslehre.* Wiesbaden: Springer Gabler.

Fath, A. (2019). *Mikroplastik. Verbreitung, Vermeidung, Verwendung.* Berlin, Heidelberg: Springer Spektrum.

Fietz, J. & **Friedrichs**, J. (2019). Gesamtgestaltung des Fragebogens. In N. Baur & J. Blasius (Hrsg.), *Handbuch Methoden der empirischen Sozialforschung* (2. Auflage, S. 813–828). Wiesbaden: Springer VS.

Flick, U. (1987). Methodenangemessene Gütekriterien in der qualitativ-interpretativen Forschung. In J. B. Bergold & U. Flick (Hrsg.), *Ein-Sichten. Zugänge zur Sicht des Subjekts mittels qualitativer Forschung* (Forum für Verhaltenstherapie und psychosoziale Praxis, Bd. 14, Bd. 14, S. 247–262). Tübingen: dgvt-Verl.

Flick, U. (2007). Zur Qualität qualitativer Forschung. Diskurse und Ansätze. In U. Kuckartz, H. Grunenberg & T. Dresing (Hrsg.), *Qualitative Datenanalyse: computergestützt. Methodische Hintergründe und Beispiele aus der Forschungspraxis* (2. Auflage, S. 188–209). Wiesbaden: VS Verlag für Sozialwissenschaften.

Flick, U. (2009). *An introduction to qualitative research* (4. Auflage). London, Thousand Oaks CA, New Dehli, Singapore: SAGE Publications.

Flick, U. (2014). Gütekriterien qualitativer Sozialforschung. In N. Baur & J. Blasius (Hrsg.), *Handbuch Methoden der empirischen Sozialforschung* (S. 411–423). Wiesbaden: Springer VS.

Flick, U. (2018a). *Designing qualitative research* (The SAGE Qualitative Research Kit, 2. Auflage). London, Thousand Oaks CA, New Dehli, Singapore: SAGE Publications.

Flick, U. (2018b). *Doing Triangulation and Mixed Methods* (The SAGE Qualitative Research Kit, 2. Auflage). Los Angeles, Thousand Oaks CA, New Dehli, Singapore: SAGE Publications.

Flick, U. (2018c). *Managing Quality in Qualitative Research* (The SAGE Qualitative Research Kit, 2. Auflage). Los Angeles, Thousand Oaks CA, New Dehli, Singapore: SAGE Publications.

Flick, U. (2019). Gütekriterien qualitativer Sozialforschung. In N. Baur & J. Blasius (Hrsg.), *Handbuch Methoden der empirischen Sozialforschung* (2. Auflage, S. 473–488). Wiesbaden: Springer VS.

Flick, U. (2022a). Revitalising Triangulation for Designing Multi-perspective Qualitative Research. In U. Flick (Hrsg.), *The SAGE Handbook of Qualitative Research Design* (The SAGE Handbook of Qualitative Research Design, Bd. 1, S. 652–664). London: SAGE Publications.

Flick, U. (2022b). Setting the Agenda. Roles of Design(ing) in Qualitative Research. In U. Flick (Hrsg.), *The SAGE Handbook of Qualitative Research Design* (The SAGE Handbook of Qualitative Research Design, Bd. 1, S. 1–19). London: SAGE Publications.

Franceschini, F., **Galetto**, M. & **Maisano**, D. (2019). *Designing Performance Measurement Systems*. Cham: Springer International Publishing.

Freidank, C.-C. (2019). *Erfolgreiche Führung und Überwachung von Unternehmen*. Wiesbaden: Springer VS.

Froschauer, U. & **Lueger**, M. (2002). ExpertInnengespräche in der interpretativen Organisationsforschung. In A. Bogner, B. Littig & W. Menz (Hrsg.), *Das Experteninterview. Theorie, Methode, Anwendung* (S. 223–240). Opladen: Leske + Budrich.

Früh, W. (2017). *Inhaltsanalyse. Theorie und Praxis* (UTB, 9. Auflage). Konstanz, München: UVK.

Fürst, S., **Jecker**, C. & **Schönhagen**, P. (2016). Die qualitative Inhaltsanalyse in der Kommunikationswissenschaft. In S. Averbeck-Lietz & M. Meyen (Hrsg.), *Handbuch nicht standardisierte Methoden in der Kommunikationswissenschaft* (Springer Nachschlage-Wissen, S. 209–225). Wiesbaden: Springer VS.

Fuß, S. & **Karbach**, U. (2019). *Grundlagen der Transkription. Eine praktische Einführung* (UTB, 2. Auflage). Stuttgart, Opladen, Toronto: Barbara Budrich.

Gadatsch, A. (2020). *Grundkurs Geschäftsprozess-Management* (9. Auflage). Wiesbaden: Springer VS.

Garz, D. & **Raven**, U. (2020). Objektive Hermeneutik. In G. Mey & K. Mruck (Hrsg.), *Handbuch Qualitative Forschung in der Psychologie. Band 2: Designs und Verfahren* (2. Auflage, S. 579–602). Wiesbaden: Springer.

Gebremedhin, B., **Getachew**, A. & **Amha**, R. (2010). *Results-based monitoring and evaluation for organizations working in agricultural development: A guide for practitioners*. Addis Ababa: International Livestock Research Institute.

Verzeichnisse 239

Gibbs, G. (2018). *Analyzing Qualitative Data* (The SAGE Qualitative Research Kit, 2. Auflage). Los Angeles, Thousand Oaks CA, New Dehli, Singapore: SAGE Publications.

Gladen, W. (2003). *Kennzahlen- und Berichtssysteme. Grundlagen zum Performance Measurement* (2. Auflage). Wiesbaden: Springer Gabler.

Gladen, W. (2014). *Performance Measurement. Controlling mit Kennzahlen* (6. Auflage). Wiesbaden: Springer Gabler.

Glaser, B. G. & **Strauss**, A. L. (2017). *The discovery of grounded theory. Strategies for qualitative research.* London, New York: Routledge.

Gläser, J. & **Laudel**, G. (2010). *Experteninterviews und qualitative Inhaltsanalyse als Instrumente rekonstruierender Untersuchungen* (4. Auflage). Wiesbaden: VS Verlag für Sozialwissenschaften.

Gleich, R., **Munck**, J. C. & **Schlüter**, A. (2018). Kennzahlen. Grundlagen und bereichsspezifische Kennzahlen- und Performance-Measurement-Konzepte. In R. Gleich & J. C. Munck (Hrsg.), *Die richtigen Kennzahlen optimal nutzen. Auswahl, Gestaltung, Implementierung, Praxisbeispiele* (Haufe Fachbuch, S. 25–40). Freiburg: Haufe.

Goagoses, N. & **Koglin**, U. (2020). The Role of Social Goals in Academic Success. Recounting the Process of Conducting a Systematic Review. In O. Zawacki-Richter, M. Kerres, S. Bedenlier, M. Bond & K. Buntins (Hrsg.), *Systematic Reviews in Educational Research. Methodology, Perspectives and Application* (S. 145–161). Wiesbaden: Springer VS.

Gottmann, J. (2019). *Produktionscontrolling. Wertströme und Kosten optimieren* (2. Auflage). Wiesbaden: Springer Gabler.

Gwet, K. L. (2014). *Handbook of Inter-Rater Reliability. The Definitive Guide to Measuring the Extent of Agreement Among Raters* (4. Auflage). Gaithersburg, MD: Advanced Analytics, LLC.

Häder, M. (2019). *Empirische Sozialforschung* (4. Auflage). Wiesbaden: Springer VS.

Hammer, M. & **Champy**, J. (2009). *Reengineering the Corporation: A Manifesto for Business Revolution* (2. Auflage). New York: Harper Business Essentials.

Hammersley, M. (2020). Reflections on the Methodological Approach of Systematic Reviews. In O. Zawacki-Richter, M. Kerres, S. Bedenlier, M. Bond & K. Buntins (Hrsg.), *Systematic Reviews in Educational Research. Methodology, Perspectives and Application* (S. 23–39). Wiesbaden: Springer VS.

Harwardt, M. (2022). *Management der digitalen Transformation. Eine praxisorientierte Einführung* (2. Auflage). Wiesbaden: Springer Gabler.

Hayward, S. & **Cassell**, C. (2018). Achieving Critical Distance. In C. Cassell, A. L. Cunliffe & G. Grandy (Hrsg.), *Qualitative Business and Management Research Methods. History and Traditions* (The SAGE Handbook of Qualitative Business and Management Research Methods, Bd. 1, S. 361–376). London: SAGE Publications.

Helfferich, C. (2011). *Die Qualität qualitativer Daten. Manual für die Durchführung qualitativer Interviews* (4. Auflage). Wiesbaden: VS Verlag für Sozialwissenschaften.

Helfferich, C. (2019). Leitfaden- und Experteninterviews. In N. Baur & J. Blasius (Hrsg.), *Handbuch Methoden der empirischen Sozialforschung* (2. Auflage, S. 669–686). Wiesbaden: Springer VS.

Hiebl, M. R. W. (2017). Strategisches Controlling in Klein- und Mittelunternehmen. In D. Müller (Hrsg.), *Controlling für kleine und mittlere Unternehmen* (2. Auflage, S. 149–171). München: De Gruyter.

Hirschfelder, O. (2018). Balanced Scorecard als ganzheitliches Kennzahlensystem in der Forschung und Entwicklung. In R. Gleich & J. C. Munck (Hrsg.), *Die richtigen Kennzahlen optimal nutzen. Auswahl, Gestaltung, Implementierung, Praxisbeispiele* (Haufe Fachbuch, S. 145–162). Freiburg: Haufe.

Hirzel, M., **Geiser**, U. & **Gaida**, I. (2013). *Prozessmanagement in der Praxis.* Wiesbaden: Springer Gabler.

Höld, R. (2009). Zur Transkription von Audiodaten. In R. Buber & H. H. Holzmüller (Hrsg.), *Qualitative Marktforschung. Konzepte – Methoden – Analysen* (Gabler-Lehrbuch, 2. Auflage, S. 655–668). Wiesbaden: Springer Gabler.

Holton, J. A. (2018). From Grounded Theory to Grounded Theorizing in Qualitative Research. In C. Cassell, A. L. Cunliffe & G. Grandy (Hrsg.), *Qualitative Business and Management Research Methods. History and Traditions* (The SAGE Handbook of Qualitative Business and Management Research Methods, Bd. 1, S. 233–250). London: SAGE Publications.

Homburg, C. (2020). *Grundlagen des Marketingmanagements* (6. Auflage). Wiesbaden: Springer VS.

Hug, T. & **Poscheschnik**, G. (2020). *Empirisch forschen. Die Planung und Umsetzung von Projekten im Studium* (UTB, Bd. 3357, 3. Auflage). München: UVK.

Hussy, W., **Schreier**, M. & **Echterhoff**, G. (2013). *Forschungsmethoden in Psychologie und Sozialwissenschaften für Bachelor* (2. Auflage). Berlin, Heidelberg: Springer.

Jäger, U. & **Reinecke**, S. (2009). Expertengespräch. In C. Baumgarth (Hrsg.), *Empirische Mastertechniken. Eine anwendungsorientierte Einführung für die Marketing- und Managementforschung* (S. 29–76). Wiesbaden: Springer Gabler.

Jammernegg, W., **Poiger**, M. & **Treitl**, S. (2019). Produktion. In S. Kummer, O. Grün & W. Jammernegg (Hrsg.), *Grundzüge der Beschaffung, Produktion und Logistik* (Wirtschaft, 4. Auflage, S. 227–327). München: Pearson Studium.

Jann, B. & **Hevenstone**, D. (2019). Simulation. In N. Baur & J. Blasius (Hrsg.), *Handbuch Methoden der empirischen Sozialforschung* (2. Auflage, S. 219–230). Wiesbaden: Springer VS.

Jedinger, A. & **Michael**, T. (2019). Interviewereffekte. In N. Baur & J. Blasius (Hrsg.), *Handbuch Methoden der empirischen Sozialforschung* (2. Auflage, S. 365–376). Wiesbaden: Springer VS.

Kaiser, R. (2021). *Qualitative Experteninterviews. Konzeptionelle Grundlagen und praktische Durchführung* (Elemente der Politik, 2. Auflage). Wiesbaden: Springer VS.

Kassner, K. & **Wassermann**, P. (2002). Nicht überall, wo Methode draufsteht, ist auch Methode drin. In A. Bogner, B. Littig & W. Menz (Hrsg.), *Das Experteninterview. Theorie, Methode, Anwendung* (S. 95–111). Opladen: Leske + Budrich.

Kelle, U. (2014). Integration statt Konfrontation. Plädoyer für eine produktive Wende in der sozialwissenschaftlichen Methodendebatte. In G. Mey & K. Mruck (Hrsg.), *Qualitative Forschung. Analysen und Diskussionen – 10 Jahre Berliner Methodentreffen* (S. 209–214). Wiesbaden: Springer VS.

Kelle, U. (2019). Mixed Methods. In N. Baur & J. Blasius (Hrsg.), *Handbuch Methoden der empirischen Sozialforschung* (2. Auflage, S. 159–172). Wiesbaden: Springer VS.

Kelle, U. & **Kluge**, S. (2010). *Vom Einzelfall zum Typus* (2. Auflage). Wiesbaden: VS Verlag für Sozialwissenschaften.

Verzeichnisse

Kergel, D. (2018). *Qualitative Bildungsforschung. Ein integrativer Ansatz.* Wiesbaden: Springer VS. Zugriff am 10.10.2021.

Keuper, F., **Brösel**, G. & **Albrecht**, T. (2009). Controlling in KMU – Identifikation spezifischer Handlungsbedarfe auf Basis aktueller Studien. In D. Müller (Hrsg.), *Controlling für kleine und mittlere Unternehmen* (pp. 55–71). München: Oldenbourg Wissenschaftsverlag.

Kleemann, F., **Krähnke**, U. & **Matuschek**, I. (2013). *Interpretative Sozialforschung. Eine Einführung in die Praxis des Interpretierens* (2. Auflage). Wiesbaden: Springer VS.

Kletti, J. & **Schumacher**, J. (2011). *Die perfekte Produktion. Manufacturing excellence durch short interval technology (SIT).* Heidelberg: Springer.

Koch, E. (2023). *Internationale Wirtschaftsbeziehungen I. Internationaler Handel zwischen Freihandel und Protektionismus* (4. Auflage). Wiesbaden: Springer Gabler.

Krause, H.-U. & **Arora**, D. (2010). *Controlling-Kennzahlen. Zweisprachiges Handbuch Deutsch/Englisch* (2. Auflage). München: Oldenbourg.

Krebs, D. & **Menold**, N. (2019). Gütekriterien quantitativer Sozialforschung. In N. Baur & J. Blasius (Hrsg.), *Handbuch Methoden der empirischen Sozialforschung* (2. Auflage, S. 489–504). Wiesbaden: Springer VS.

Kromrey, H. (2014). „Qualitativ" versus „quantitativ" – Ideologie oder Realität. In G. Mey & K. Mruck (Hrsg.), *Qualitative Forschung. Analysen und Diskussionen – 10 Jahre Berliner Methodentreffen* (S. 197–202). Wiesbaden: Springer VS.

Kromrey, H., **Roose**, J. & **Strübing**, J. (2016). *Empirische Sozialforschung. Modelle und Methoden der standardisierten Datenerhebung und Datenauswertung mit Annotationen aus qualitativ-interpretativer Perspektive* (UTB, Bd. 8681, 13. Auflage). Konstanz, München: UVK.

Kuckartz, U. (2014). *Mixed Methods.* Wiesbaden: Springer VS.

Kuckartz, U. (2018). *Qualitative Inhaltsanalyse. Methoden, Praxis, Computerunterstützung* (Grundlagentexte Methoden, 4. Auflage). Weinheim, Basel: Beltz Juventa.

Kuckartz, U. & **Rädiker**, S. (2019). Datenaufbereitung und Datenbereinigung in der qualitativen Sozialforschung. In N. Baur & J. Blasius (Hrsg.), *Handbuch Methoden der empirischen Sozialforschung* (2. Auflage, S. 441–456). Wiesbaden: Springer VS.

Kuckartz, U. & **Rädiker**, S. (2020). *Fokussierte Interviewanalyse mit MAXQDA. Schritt für Schritt.* Wiesbaden: Springer VS.

Kuckartz, U. & **Rädiker**, S. (2022). *Qualitative Inhaltsanalyse. Methoden, Praxis, Computerunterstützung* (Grundlagentexte Methoden, 5. Auflage). Weinheim, Basel: Beltz Juventa.

Küpper, H.-U. & **Wagenhofer**, A. (2002). *Handwörterbuch Unternehmensrechnung und Controlling* (Enzyklopädie der Betriebswirtschaftslehre, Bd. 3, 4. Auflage). Stuttgart: Schäffer-Poeschel.

Kurt, R. & **Herbrik**, R. (2019). Sozialwissenschaftliche Hermeneutik und hermeneutische Wissenssoziologie. In N. Baur & J. Blasius (Hrsg.), *Handbuch Methoden der empirischen Sozialforschung* (2. Auflage, S. 545–564). Wiesbaden: Springer VS.

Kurz, A., **Stockhammer**, C., **Fuchs**, S. & **Meinhard**, D. (2009). Das problemzentrierte Interview. In R. Buber & H. H. Holzmüller (Hrsg.), *Qualitative Marktforschung. Konzepte – Methoden – Analysen* (Gabler-Lehrbuch, 2. Auflage, S. 463–475). Wiesbaden: Springer Gabler.

Küsters, I. (2019). Narratives Interview. In N. Baur & J. Blasius (Hrsg.), *Handbuch Methoden der empirischen Sozialforschung* (2. Auflage, S. 687–693). Wiesbaden: Springer VS.

Lacy, P., **Rutqvist**, J. & **Buddemeier**, P. (2015). *Wertschöpfung statt Verschwendung. Die Zukunft gehört der Kreislaufwirtschaft*. München: REDLINE Verlag.

Lamnek, S. & **Krell**, C. (2016). *Qualitative Sozialforschung* (6. Auflage). Weinheim, Basel: Beltz.

Lee, B. & **Aslam**, U. (2018). Towards the Wholesome Interview. Technical, Social and Political Dimensions. In C. Cassell, A. L. Cunliffe & G. Grandy (Hrsg.), *Qualitative Business and Management Research Methods. Methods and Challenges* (The SAGE Handbook of Qualitative Business and Management Research Methods, Bd. 2, S. 102–116). London: SAGE Publications.

Leitner, A. & **Wroblewski**, A. (2002). Zwischen Wissenschaftlichkeitsstandards und Effizienzansprüchen. ExpertInneninterviews in der Praxis der Arbeitsmarktevaluation. In A. Bogner, B. Littig & W. Menz (Hrsg.), *Das Experteninterview. Theorie, Methode, Anwendung* (S. 241–256). Opladen: Leske + Budrich.

Matzke, H. (2018). Kennzahlen. Gemeinsame Entwicklung sorgt für Akzeptanz und hohe Nutzungsgrade. In R. Gleich & J. C. Munck (Hrsg.), *Die richtigen Kennzahlen optimal nutzen. Auswahl, Gestaltung, Implementierung, Praxisbeispiele* (Haufe Fachbuch, S. 217–234). Freiburg: Haufe.

Mayring, P. (2012). Qualitative Inhaltsanalyse. In U. Flick, E. von Kardorff & I. Steinke (Hrsg.), *Qualitative Forschung. Ein Handbuch* (rohwolts enzyklopädie, 9. Auflage, S. 468–475). Reinbek bei Hamburg: rowohlts enzyklopädie im Rowohlt Taschenbuch Verlag.

Mayring, P. (2015). *Qualitative Inhaltsanalyse. Grundlagen und Techniken* (12. Auflage). Weinheim, Basel: Beltz.

Mayring, P. (2016). *Einführung in die qualitative Sozialforschung. Eine Anleitung zu qualitativem Denken* (6. Auflage). Weinheim, Basel: Beltz.

Mayring, P. (2020). Qualitative Forschungsdesigns. In G. Mey & K. Mruck (Hrsg.), *Handbuch Qualitative Forschung in der Psychologie. Band 2: Designs und Verfahren* (2. Auflage, S. 3–17). Wiesbaden: Springer.

Mayring, P. & **Brunner**, E. (2009). Qualitative Inhaltsanalyse. In R. Buber & H. H. Holzmüller (Hrsg.), *Qualitative Marktforschung. Konzepte – Methoden – Analysen* (Gabler-Lehrbuch, 2. Auflage, S. 669–680). Wiesbaden: Springer Gabler.

Mayring, P. & **Fenzl**, T. (2019). Qualitative Inhaltsanalyse. In N. Baur & J. Blasius (Hrsg.), *Handbuch Methoden der empirischen Sozialforschung* (2. Auflage, S. 633–648). Wiesbaden: Springer VS.

Mellen, D. & **Becker**, T. (2022). Kunststoffe. In P. Kurth, A. Oexle & M. Faulstich (Hrsg.), *Praxishandbuch der Kreislauf- und Rohstoffwirtschaft* (S. 429–448). Wiesbaden: Springer Vieweg.

Merkens, H. (2012). Auswahlverfahren, Sampling, Fallkonstruktion. In U. Flick, E. von Kardorff & I. Steinke (Hrsg.), *Qualitative Forschung. Ein Handbuch* (rohwolts enzyklopädie, 9. Auflage, S. 286–299). Reinbek bei Hamburg: rowohlts enzyklopädie im Rowohlt Taschenbuch Verlag.

Mertens, P. (2013). *Integrierte Informationsverarbeitung 1. Operative Systeme in der Industrie* (18. Auflage). Wiesbaden: Springer Gabler.

Verzeichnisse 243

Meuser, M. & Nagel, U. (2002a). ExpertInneninterviews – vielfach erprobt, wenig bedacht. Ein Beitrag zur qualitativen Methodendiskussion. In A. Bogner, B. Littig & W. Menz (Hrsg.), *Das Experteninterview. Theorie, Methode, Anwendung* (S. 71–93). Opladen: Leske + Budrich.

Meuser, M. & Nagel, U. (2002b). Vom Nutzen der Expertise. ExpertInneninterviews in der Sozialberichterstattung. In A. Bogner, B. Littig & W. Menz (Hrsg.), *Das Experteninterview. Theorie, Methode, Anwendung* (S. 257–272). Opladen: Leske + Budrich.

Mey, G. & Mruck, K. (2011). Qualitative Interviews. In G. Naderer & E. Balzer (Hrsg.), *Qualitative Marktforschung in Theorie und Praxis. Grundlagen, Methoden und Anwendungen* (2. Auflage, S. 258–288). Wiesbaden: Springer Gabler.

Meyen, M., Löblich, M., Pfaff-Rüdiger, S. & Riesmeyer, C. (2018). *Qualitative Forschung in der Kommunikationswissenschaft. Eine praxisorientierte Einführung* (Studienbücher zur Kommunikations- und Medienwissenschaft, 2. Auflage). Wiesbaden: Springer VS.

Meyer, C. & Meier zu Verl, C. (2019). Ergebnispräsentation in der qualitativen Forschung. In N. Baur & J. Blasius (Hrsg.), *Handbuch Methoden der empirischen Sozialforschung* (2. Auflage, S. 271–289). Wiesbaden: Springer VS.

Meyer, M. & Mayrhofer, W. (2022). Selecting a Sample. In U. Flick (Hrsg.), *The SAGE Handbook of Qualitative Research Design* (The SAGE Handbook of Qualitative Research Design, Bd. 1, 273–289). London: SAGE Publications.

Misoch, S. (2019). *Qualitative Interviews.* Oldenbourg: De Gruyter.

Molina-Azorin, J. F. (2018). Mixed Methods. In C. Cassell, A. L. Cunliffe & G. Grandy (Hrsg.), *Qualitative Business and Management Research Methods. History and Traditions* (The SAGE Handbook of Qualitative Business and Management Research Methods, Bd. 1, S. 102–118). London: SAGE Publications.

Morse, J. M. (2022). The Fallacy of Rigor. Examining Checklist Criteria as an Indicator of Quality. In U. Flick (Hrsg.), *The SAGE Handbook of Qualitative Research Design* (The SAGE Handbook of Qualitative Research Design, Bd. 1, S. 373–395). London: SAGE Publications.

Müller de Menezes, R. (2012). *Soziale Arbeit in der Sozialhilfe. Eine qualitative Analyse von Fallbearbeitungen.* Wiesbaden: VS Verlag für Sozialwissenschaften.

Naderer, G. (2011). Auswertung & Analyse qualitativer Daten. In G. Naderer & E. Balzer (Hrsg.), *Qualitative Marktforschung in Theorie und Praxis. Grundlagen, Methoden und Anwendungen* (2. Auflage, S. 405–434). Wiesbaden: Springer Gabler.

Neely, A. D. (2007). Measuring performance: the operations management perspective. In A. D. Neely (Hrsg.), *Business performance measurement. Unifying theories and integrating practice* (2. Auflage, S. 64–81). Cambridge: Cambridge University Press.

Neely, A. D., Kennerley, M. & Adams, C. (2007). Performance measurement frameworks. A review. In A. D. Neely (Hrsg.), *Business performance measurement. Unifying theories and integrating practice* (2. Auflage, S. 143–162). Cambridge: Cambridge University Press.

Newman, M. & Gough, D. (2020). Systematic Reviews in Educational Research. Methodology, Perspectives and Application. In O. Zawacki-Richter, M. Kerres, S. Bedenlier, M. Bond & K. Buntins (Hrsg.), *Systematic Reviews in Educational Research. Methodology, Perspectives and Application* (S. 3–22). Wiesbaden: Springer VS.

Niehues, M., Reinhart, G., Schmitt, R. H., Schuh, G., Bambring, F., Ellerich, M. et al. (2017). Organisation, Qualität und IT-Systeme für Planung und Betrieb. In G. Reinhart

(Hrsg.), *Handbuch Industrie 4.0. Geschäftsmodelle, Prozesse, Technik* (S. 137–167). Linz: ISW.

Nogués, A. & **Valladares**, J. (2017). *Business intelligence tools for small companies. A guide to free and low-cost solutions.* Berkeley, CA: Apress.

Oehlrich, M. (2019). *Wissenschaftliches Arbeiten und Schreiben. Schritt für Schritt zur Bachelor- und Master-Thesis in den Wirtschaftswissenschaften* (2. Auflage). Berlin, Heidelberg: Springer Gabler.

Orth, P., **Bruder**, J. & **Rink**, M. (2022). *Kunststoffe im Kreislauf. Vom Recycling zur Rohstoffwende.* Wiesbaden: Springer Vieweg.

Parmenter, D. (2020). *Key performance indicators. Developing, implementing, and using winning KPIs* (4. Auflage). Hoboken New Jersey: John Wiley & Sons, Ltd.

Petzold, J. & **Westerkamp**, M. (2018). *Informationssysteme im wertorientierten Controlling. Grundlagen – Aufbau – Anforderungen – Integration – Anwendungen.* Wiesbaden: Springer Gabler.

Pfadenhauer, M. (2002). Auf gleicher Augenhöhe reden. Das Experteninterview – ein Gespräch zwischen Experte und Quasi-Experte. In A. Bogner, B. Littig & W. Menz (Hrsg.), *Das Experteninterview. Theorie, Methode, Anwendung* (S. 113–130). Opladen: Leske + Budrich.

Pfadenhauer, M. (2009). Das Experteninterview. Ein Gespräch auf gleicher Augenhöhe. In R. Buber & H. H. Holzmüller (Hrsg.), *Qualitative Marktforschung. Konzepte – Methoden – Analysen* (Gabler-Lehrbuch, 2. Auflage, S. 449–461). Wiesbaden: Springer Gabler.

Pittaway, L., **Holt**, R. & **Broad**, J. (2014). Synthesising knowledge in entrepreneurship research – the role of systematic literature reviews. In E. Chell & M. Karataş-Özkan (Hrsg.), *Handbook of research on small business and entrepreneurship* (S. 83–105). Cheltenham, UK: Edward Elgar Publishing.

Porter, M. E. (2014). *Wettbewerbsvorteile. Spitzenleistungen erreichen und behaupten* (8. Auflage). Frankfurt: Campus Verlag.

Prost, R. (2019). Frageformulierung. In N. Baur & J. Blasius (Hrsg.), *Handbuch Methoden der empirischen Sozialforschung* (2. Auflage, S. 829–842). Wiesbaden: Springer VS.

Przyborski, A. & **Wohlrab-Sahr**, M. (2014). *Qualitative Sozialforschung. Ein Arbeitsbuch* (4. Auflage). München: Oldenbourg Wissenschaftsverlag.

Przyborski, A. & **Wohlrab-Sahr**, M. (2019). Forschungsdesigns für qualitative Sozialforschung. In N. Baur & J. Blasius (Hrsg.), *Handbuch Methoden der empirischen Sozialforschung* (2. Auflage, S. 105–123). Wiesbaden: Springer VS.

Rädiker, S. & **Kuckartz**, U. (2019). *Analyse qualitativer Daten mit MAXQDA. Text, Audio und Video.* Wiesbaden: Springer VS.

Reichertz, J. (2012). Objektive Hermeneutik und hermeneutische Wissenssoziologie. In U. Flick, E. von Kardorff & I. Steinke (Hrsg.), *Qualitative Forschung. Ein Handbuch* (rohwolts enzyklopädie, 9. Auflage, S. 514–524). Reinbek bei Hamburg: rowohlts enzyklopädie im Rowohlt Taschenbuch Verlag.

Reinbold, D. (2015). Faszinierende Zukunft. In J. Wintzer (Hrsg.), *Qualitative Methoden in der Sozialforschung. Forschungsbeispiele von Studierenden für Studierende* (S. 79–87). Berlin, Heidelberg: Springer Spektrum.

Reinders, H. (2016). *Qualitative Interviews mit Jugendlichen führen. Ein Leitfaden* (3. Auflage). Berlin, Boston: Walter de Gruyter GmbH.

Verzeichnisse 245

Reinecke, J. (2019). Grundlagen der standardisierten Befragung. In N. Baur & J. Blasius (Hrsg.), *Handbuch Methoden der empirischen Sozialforschung* (2. Auflage, S. 717–734). Wiesbaden: Springer VS.

Reinhardt, A., **Kreiner**, G. E., **Gioia**, D. A. & **Corley**, K. G. (2018). Conducting and Publishing Rigorous Qualitative Research. In C. Cassell, A. L. Cunliffe & G. Grandy (Hrsg.), *Qualitative Business and Management Research Methods. History and Traditions* (The SAGE Handbook of Qualitative Business and Management Research Methods, Bd. 1, S. 515–531). London: SAGE Publications.

Ritsert, J. (1972). *Inhaltsanalyse und Ideologiekritik. Ein Versuch über kritische Sozialforschung* (2. Auflage). Frankfurt am Main: Athenäum-Fischer-Taschenbuch-Verlag.

Rösch, C., **Schaldach**, R., **Göpel**, J. & **Haase**, M. (2020). Einführung in die Nachhaltigkeit. In C. Rösch, R. Schaldach, J. Göpel & M. Haase (Hrsg.), *Bioökonomie im Selbststudium. Nachhaltigkeit und ökologische Bewertung* (S. 1–11). Berlin, Heidelberg: Springer Spektrum.

Rost, J. (2014). Erkenntnistheoretische Grundlagen von qualitativen und quantitativen Methoden. Differentielle Indikation und Bewerungskriterien als Probleme der Integration. In G. Mey & K. Mruck (Hrsg.), *Qualitative Forschung. Analysen und Diskussionen – 10 Jahre Berliner Methodentreffen* (S. 192–196). Wiesbaden: Springer VS.

Roth, A. (2018). Industrie 4.0. Die Digitalisierung von Produktion und Logistik. In A. Klein (Hrsg.), *Modernes Produktionscontrolling für die Industrie 4.0. Konzepte, Instrumente und Kennzahlen* (S. 127–142). Freiburg: Haufe; C.H. Beck eLibrary.

Saldaña, J. (2016). *The coding manual for qualitative researchers* (3. Auflage). London, Thousand Oaks CA, New Dehli, Singapore: SAGE Publications.

Sammet, K. & **Erhard**, F. (2018). Methodologische Grundlagen und praktische Verfahren der Sequenzanalyse. Eine didaktische Einführung. In F. Erhard & K. Sammet (Hrsg.), *Sequenzanalyse praktisch* (Grundlagentexte Methoden, S. 15–72). Weinheim: Beltz Juventa.

Saunders, M. N. K. & **Townsend**, K. (2018). Choosing Participants. In C. Cassell, A. L. Cunliffe & G. Grandy (Hrsg.), *Qualitative Business and Management Research Methods. History and Traditions* (The SAGE Handbook of Qualitative Business and Management Research Methods, Bd. 1, S. 480–494). London: SAGE Publications.

Scheu, A. M. (2016). Grounded Theory in der Kommunikationswissenschaft. In S. Averbeck-Lietz & M. Meyen (Hrsg.), *Handbuch nicht standardisierte Methoden in der Kommunikationswissenschaft* (Springer NachschlageWissen, S. 81–94). Wiesbaden: Springer VS.

Schmelting, J. (2020). *Produktions-Controlling im Übergang zur Digitalisierung. Eine qualitativ-empirische Studie an der Dyade Fertigung und Controlling*. Wiesbaden: Springer Gabler.

Schmelzer, H. J. & **Sesselmann**, W. (2020). *Geschäftsprozessmanagement in der Praxis: Kunden zufriedenstellen, Produktivität steigern, Wert erhöhen* (9. Auflage). München: Carl Hanser Verlag.

Schmitt, M. (2012). Zwischen Strategie und Produktionsreporting. Produktivitätkennzahlen als Bindeglied. In A. Klein & H. Schnell (Hrsg.), *Controlling in der Produktion. Instrumente, Strategien und Best-Practices* (Bd. 01490, S. 121–138). Freiburg: Haufe.

Schnell, H. (2018a). Industrie 4.0. Folgen und Empfehlungen für das Produktionscontrolling. In A. Klein (Hrsg.), *Modernes Produktionscontrolling für die Industrie 4.0. Konzepte, Instrumente und Kennzahlen* (S. 41–54). Freiburg: Haufe; C.H. Beck eLibrary.

Schnell, H. (2018b). Kennzahlen des Produktionscontrollings zur Sicherung der Produktivität. In R. Gleich & J. C. Munck (Hrsg.), *Die richtigen Kennzahlen optimal nutzen. Auswahl, Gestaltung, Implementierung, Praxisbeispiele* (Haufe Fachbuch, S. 175–198). Freiburg: Haufe.

Schnell, H. & Saile, P. (2018). Effizienzsteigerung mithilfe von Kennzahlen der Wertstrom-Methode bewerten. In A. Klein (Hrsg.), *Modernes Produktionscontrolling für die Industrie 4.0. Konzepte, Instrumente und Kennzahlen* (S. 183–202). Freiburg: Haufe; C.H. Beck eLibrary.

Schnetzer, R. (2014). *Achtsames Prozessmanagement. Work-Life-Balance und Burnout-Prävention für Unternehmen und Mitarbeitende.* Wiesbaden: Springer Gabler.

Scholl, A. (2016). Die Logik qualitativer Methoden in der Kommunikationswissenschaft. In S. Averbeck-Lietz & M. Meyen (Hrsg.), *Handbuch nicht standardisierte Methoden in der Kommunikationswissenschaft* (Springer NachschlageWissen, S. 17–32). Wiesbaden: Springer VS.

Schreier, M. (2014a). Qualitative und quantitative Methoden in der Sozialforschung: Vielfalt statt Einheit! In G. Mey & K. Mruck (Hrsg.), *Qualitative Forschung. Analysen und Diskussionen – 10 Jahre Berliner Methodentreffen* (S. 203–208). Wiesbaden: Springer VS.

Schreier, M. (2020). Fallauswahl. In G. Mey & K. Mruck (Hrsg.), *Handbuch Qualitative Forschung in der Psychologie. Band 2: Designs und Verfahren* (2. Auflage, S. 19–39). Wiesbaden: Springer.

Schreier, M. & Odağ, Ö. (2020). Mixed Methods. In G. Mey & K. Mruck (Hrsg.), *Handbuch Qualitative Forschung in der Psychologie. Band 2: Designs und Verfahren* (2. Auflage, S. 159–184). Wiesbaden: Springer.

Schuh, G., Salmen, M., Jussen, P., Riesener, M., Zeller, V., Hensen, T. et al. (2017). Geschäftsmodell-Innovation. In G. Reinhart (Hrsg.), *Handbuch Industrie 4.0. Geschäftsmodelle, Prozesse, Technik* (S. 3–29). Linz: ISW.

Sinsel, A. (2020). *Das Internet der Dinge in der Produktion. Smart Manufacturing für Anwender und Lösungsanbieter.* Berlin, Heidelberg: Springer Vieweg.

Statler, S. (2016). *Beacon Technologies. The hitchhiker's guide to the Beacosystem.* Berkeley, CA: Apress.

Steffen, A. & Doppler, S. (2019). *Einführung in die Qualitative Marktforschung. Design – Datengewinnung – Datenauswertung* (essentials). Wiesbaden: Springer Gabler.

Steinke, I. (2007). Qualitätssicherung in der qualitativen Forschung. In U. Kuckartz, H. Grunenberg & T. Dresing (Hrsg.), *Qualitative Datenanalyse: computergestützt. Methodische Hintergründe und Beispiele aus der Forschungspraxis* (2. Auflage, S. 176–187). Wiesbaden: VS Verlag für Sozialwissenschaften.

Steinke, I. (2012). Gütekriterien qualitativer Forschung. In U. Flick, E. von Kardorff & I. Steinke (Hrsg.), *Qualitative Forschung. Ein Handbuch* (rowohlts enzyklopädie, 9. Auflage, S. 319–331). Reinbek bei Hamburg: rowohlts enzyklopädie im Rowohlt Taschenbuch Verlag.

Verzeichnisse 247

Stokburger-Sauer, N. & **Eisend**, M. (2009). Konstruktentwicklung. In C. Baumgarth (Hrsg.), *Empirische Mastertechniken. Eine anwendungsorientierte Einführung für die Marketing- und Managementforschung* (S. 331–359). Wiesbaden: Springer Gabler.

Strübing, J. (2013). *Qualitative Sozialforschung. Eine komprimierte Einführung für Studierende*. München: Oldenbourg.

Strübing, J. (2019). Grounded Theory und Theoretical Sampling. In N. Baur & J. Blasius (Hrsg.), *Handbuch Methoden der empirischen Sozialforschung* (2. Auflage, S. 525–544). Wiesbaden: Springer VS.

Szabo, E. (2009). Grounded Theory. In C. Baumgarth (Hrsg.), *Empirische Mastertechniken. Eine anwendungsorientierte Einführung für die Marketing- und Managementforschung* (S. 107–129). Wiesbaden: Springer Gabler.

Thomas, S. (2019). *Ethnografie. Eine Einführung* (Qualitative Sozialforschung: Praktiken – Methodologien – Anwendungsfelder). Wiesbaden: Springer VS.

Thornberg, R. (2022). Abduction as a Guiding Principle in Qualitative Research Design. In U. Flick (Hrsg.), *The SAGE Handbook of Qualitative Research Design* (The SAGE Handbook of Qualitative Research Design, Bd. 1, 243–256). London: SAGE Publications.

Thornberg, R. & **Keane**, E. (2022). Designing Grounded Theory Studies. In U. Flick (Hrsg.), *The SAGE Handbook of Qualitative Research Design* (The SAGE Handbook of Qualitative Research Design, Bd. 1, 452–466). London: SAGE Publications.

Tietze, A. (2018). Ökologie und Nachhaltigkeit. In K. Grunwald & A. Langer (Hrsg.), *Sozialwirtschaft. Handbuch für Wissenschaft und Praxis* (903–918). Baden-Baden: Nomos Verlagsgesellschaft mbH & Co. KG.

Trinczek, R. (2002). Wie befrage ich Manager? Methodische und methodologische Aspekte des Experteninterviews als qualitativer Methode empirischer Sozialforschung. In A. Bogner, B. Littig & W. Menz (Hrsg.), *Das Experteninterview. Theorie, Methode, Anwendung* (S. 209–222). Opladen: Leske + Budrich.

Trübner, M. & **Mühlichen**, A. (2019). Big Data. In N. Baur & J. Blasius (Hrsg.), *Handbuch Methoden der empirischen Sozialforschung* (2. Auflage, S. 143–158). Wiesbaden: Springer VS.

Ullrich, C. G. (2019). *Das Diskursive Interview. Methodische und methodologische Grundlagen* (Qualitative Sozialforschung: Praktiken – Methodologien – Anwendungsfelder, 2. Auflage). Wiesbaden: Springer VS.

University of York. Centre for Reviews and Dissemination. (2009). *Systematic Reviews. CRDs guidance for undertaking reviews in health care*. York: York Publishing Services.

Vitezić, N. & **Lebefromm**, U. (2019). *Production controlling in the digital age*. Rijeka: University of Rijeka, Faculty of Economics and Business.

Wahidi, A. (2022). Globale Lieferketten nachhaltig gestalten. Wie eine intelligente Mischung von freiwilligen und verbindlichen Maßnahmen zum Erfolg führen kann. In B. Schwager (Hrsg.), *CSR und Nachhaltigkeitsstandards. Normung und Standards im Nachhaltigkeitskontext* (Management-Reihe Corporate Social Responsibility, S. 455–482). Berlin, Heidelberg: Springer Gabler.

Weiber, R. & **Mühlhaus**, D. (2014). *Strukturgleichungsmodellierung. Eine anwendungsorientierte Einführung in die Kausalanalyse mit Hilfe von AMOS, SpartPLS und SPSS* (2. Auflage). Berlin, Heidelberg: Springer Gabler.

Weichbold, M. (2019). Pretest. In N. Baur & J. Blasius (Hrsg.), *Handbuch Methoden der empirischen Sozialforschung* (2. Auflage, S. 349–356). Wiesbaden: Springer VS.

Weiß, B. & **Wagner**, M. (2019). Meta-Analyse. In N. Baur & J. Blasius (Hrsg.), *Handbuch Methoden der empirischen Sozialforschung* (2. Auflage, S. 1511–1522). Wiesbaden: Springer VS.

Wichmann, A. (2019). *Quantitative und Qualitative Forschung im Vergleich. Denkweisen, Zielsetzungen und Arbeitsprozesse.* Berlin, Heidelberg: Springer.

Winter, R. (2014). Ein Plädoyer für kritische Perspektiven in der qualitativen Sozialforschung. In G. Mey & K. Mruck (Hrsg.), *Qualitative Forschung. Analysen und Diskussionen – 10 Jahre Berliner Methodentreffen* (S. 117–132). Wiesbaden: Springer VS.

Witzel, A. (1985). Das problemzentrierte Interview. In G. Jüttemann (Hrsg.), *Qualitative Forschung in der Psychologie. Grundfragen, Verfahrensweisen, Anwendungsfelder* (S. 227–255). Weinheim: Beltz. Verfügbar unter: https://nbn-resolving.org/urn:nbn:de: 0168-ssoar-5630

Wöhrer, V., **Arztmann**, D., **Wintersteller**, T., **Harrasser**, D. & **Schneider**, K. (2017). *Partizipative Aktionsforschung mit Kindern und Jugendlichen. Von Schulsprachen, Liebesorten und anderen Forschungsdingen.* Wiesbaden: Springer VS.

Wüst, K. & **Kuppinger**, B. (2012). Optimierung von Losgröße, Durchlaufzeit und Werkstattumlaufbeständen. In A. Klein & H. Schnell (Hrsg.), *Controlling in der Produktion. Instrumente, Strategien und Best-Practices* (Bd. 01490, S. 87–104). Freiburg: Haufe.

Züll, C. & **Menold**, N. (2019). Offene Fragen. In N. Baur & J. Blasius (Hrsg.), *Handbuch Methoden der empirischen Sozialforschung* (2. Auflage, S. 855–862). Wiesbaden: Springer VS.

Zeitschriftenaufsätze

Alvarenga, R. A. F., **Dewulf**, J., **van Langenhove**, H. & **Huijbregts**, M. A. J. (2013). Exergy-based accounting for land as a natural resource in life cycle assessment. *The International Journal of Life Cycle Assessment, 18*(5), 939–947. https://doi.org/10.1007/s11 367-013-0555-7

Ángeles-Hurtado, L. A., **Rodríguez-Reséndiz**, J., **Salazar-Colores**, S., **Torres-Salinas**, H. & **Sevilla-Camacho**, P. Y. (2021). Viable Disposal of Post-Consumer Polymers in Mexico. A Review. *Frontiers in Environmental Science, 9*, 1–13. https://doi.org/10.3389/fenvs.2021.749775

Arena, U. & **Ardolino**, F. (2022). Technical and environmental performances of alternative treatments for challenging plastics waste. *Resources, Conservation and Recycling, 183*, 1–14. https://doi.org/10.1016/j.resconrec.2022.106379

Aubin, S., **Beaugrand**, J., **Berteloot**, M., **Boutrou**, R., **Buche**, P., **Gontard**, N. et al. (2022). Plastics in a circular economy: Mitigating the ambiguity of widely-used terms from stakeholders consultation. *Environmental Science & Policy, 134*, 119–126. https://doi.org/10.1016/j.envsci.2022.04.011

Verzeichnisse   249

Babaremu, K. O., Okoya, S. A., Hughes, E., Tijani, B., Teidi, D., Akpan, A. et al. (2022).
Sustainable plastic waste management in a circular economy. *Heliyon, 8*(7), 1–6. https://
doi.org/10.1016/j.heliyon.2022.e09984

Babiceanu, R. F. & Seker, R. (2016). Big Data and virtualization for manufacturing cyber-
physical systems: A survey of the current status and future outlook. *Computers in Industry, 81*, 128–137. https://doi.org/10.1016/j.compind.2016.02.004

Backhaus, J. & Hansen, R. (2000). Methodenstreit in der Nationalökonomie. *Journal for
General Philosophy of Science, 31*(2), 307–336. https://doi.org/10.1023/a:102645071
0020

Bashirgonbadi, A., Saputra Lase, I., Delva, L., van Geem, K. M., Meester, S. de & Ragaert, K. (2022). Quality evaluation and economic assessment of an improved mechanical
recycling process for post-consumer flexible plastics. *Waste Management, 153*, 41–51.
https://doi.org/10.1016/j.wasman.2022.08.018

Bauer, M., Lehner, M., Schwabl, D., Flachberger, H., Kranzinger, L., Pomberger, R.
et al. (2017). Bestandsaufnahme und mögliche Perspektiven der nass-mechanischen Aufbereitung von Altkunststoffen für das rohstoffliche Recycling. *Österreichische Wasser-
und Abfallwirtschaft, 69*(11–12), 446–459. https://doi.org/10.1007/s00506-017-0420-1

Bieńkowska, A. (2020). Controlling Effectiveness Model. Empirical research results regar-
ding the influence of controlling on organisational performance. *Engineering Management in Production and Services, 12*(3), 28–42. https://doi.org/10.2478/emj-2020-0017

Bishop, G., Styles, D. & Lens, P. N. L. (2020). Recycling of European plastic is a pathway
for plastic debris in the ocean. *Environment International, 142*, 1–12. https://doi.org/10.
1016/j.envint.2020.105893

Bora, R. R., Wang, R. & You, F. (2020). Waste Polypropylene Plastic Recycling toward
Climate Change Mitigation and Circular Economy. Energy, Environmental, and Tech-
noeconomic Perspectives. *ACS Sustainable Chemistry & Engineering, 8*, 16350–16363.
https://doi.org/10.1021/acssuschemeng.0c06311.s001

Brennan, R. L. & Prediger, D. J. (1981). Coefficient Kappa: Some Uses, Misuses, and Alter-
natives. *Educational and Psychological Measurement, 41*(3). https://doi.org/10.1177/001
316448104100307

Brouwer, M., Picuno, C., van Velzen, E. U. T., Kuchta, K., Meester, S de & Ragaert, K.
(2019). The impact of collection portfolio expansion on key performance indicators of
the Dutch recycling system for Post-Consumer Plastic Packaging Waste, a comparison
between 2014 and 2017. *Waste management, 100*, 112–121. https://doi.org/10.1016/j.was
man.2019.09.012

Bücker, N. (2020). Kodieren – aber wie? Varianten der Grounded-Theory-Methodologie und
der qualitativen Inhaltsanalyse im Vergleich. *Forum: Qualitative Social Research, 21*(1),
1–30. https://doi.org/10.17169/fqs-21.1.3389

Burgess, M., Holmes, H., Sharmina, M. & Shaver, M. P. (2021). The future of UK plastics
recycling: One Bin to Rule Them All. *Resources, Conservation and Recycling, 164*, 1–9.
https://doi.org/10.1016/j.resconrec.2020.105191

Centea, D., Singh, I. & Boer, J. (2020). RFID in Manufacturing: An Implementation Case
in the SEPT Learning Factory. *Procedia Manufacturing, 51*, 543–548. https://doi.org/10.
1016/j.promfg.2020.10.076

Chavez, Z., Hauge, J. B. & Bellgran, M. (2022). Industry 4.0, transition or addition in
SMEs? A systematic literature review on digitalization for deviation management. *The*

International Journal of Advanced Manufacturing Technology, 119(1–2), 57–76. https:// doi.org/10.1007/s00170-021-08253-2

Cura, K., Rintala, N., Kamppuri, T., Saarimäki, E. & Heikkilä, P. (2021). Textile Recognition and Sorting for Recycling at an Automated Line Using Near Infrared Spectroscopy. *Recycling, 6*(1), 1–12. https://doi.org/10.3390/recycling6010011

Demets, R., Roosen, M., Vandermeersch, L., Ragaert, K., Walgraeve, C. & Meester, S. de (2020). Development and application of an analytical method to quantify odour removal in plastic waste recycling processes. *Resources, Conservation and Recycling, 161*, 1–14. https://doi.org/10.1016/j.resconrec.2020.104907

Dispan, J. & Mendler, L. (2020). Branchenanalyse kunststoffverarbeitende Industrie 2020. Beschäftigungstrends, Kreislaufwirtschaft, digitale Transformation. *Working Paper Forschungsförderung*, (186). Verfügbar unter: www.econstor.eu/bitstream/10419/218942/1/ 2020-05%20KVI-HBS-WP_186_2020.pdf

Dorigato, A. (2021). Recycling of polymer blends. *Advanced Industrial and Engineering Polymer Research, 4*(2), 53–69. https://doi.org/10.1016/j.aiepr.2021.02.005

Döringer, S. (2021). The problem-centred expert interview. Combining qualitative interviewing approaches for investigating implicit expert knowledge. *International Journal of Social Research Methodology, 24*(3), 265–278. https://doi.org/10.1080/13645579.2020. 1766777

Earl, M. J. (1994). The new and the old of business process redesign. *The Journal of Strategic Information Systems, 3*(1), 5–22. https://doi.org/10.1016/0963-8687(94)90003-5

Eisenhardt, K. M. (1989). Building Theories from Case Study Research. *Academy of Management Review, 14*(4), 532–550. https://doi.org/10.4135/9781473915480.n52

Eisewicht, P. & Grenz, T. (2018). Die (Un)Möglichkeit allgemeiner Gütekriterien in der Qualitativen Forschung – Replik auf den Diskussionsanstoß zu „Gütekriterien qualitativer Forschung" von Jörg Strübing, Stefan Hirschauer, Ruth Ayaß, Uwe Krähnke und Thomas Scheffer. *Zeitschrift für Soziologie, 47*(5), 364–373. https://doi.org/10.1515/ zfsoz-2018-0123

Faraca, G., Martinez-Sanchez, V. & Astrup, T. F. (2019). Environmental life cycle cost assessment: Recycling of hard plastic waste collected at Danish recycling centres. *Resources, Conservation and Recycling, 143*, 299–309. https://doi.org/10.1016/j.rescon rec.2019.01.014

Fellner, J., Lederer, J., Scharff, C. & Laner, D. (2017). Present Potentials and Limitations of a Circular Economy with Respect to Primary Raw Material Demand. *Journal of Industrial Ecology, 21*(3), 494–496. https://doi.org/10.1111/jiec.12582

Ferdous, W., Manalo, A., Siddique, R., Mendis, P., Zhuge, Y., Wong, H. S. et al. (2021). Recycling of landfill wastes (tyres, plastics and glass) in construction – A review on global waste generation, performance, application and future opportunities. *Resources, Conservation and Recycling, 173*, 1–13. https://doi.org/10.1016/j.resconrec.2021.105745

Flick, U. (2005). Standards, Kriterien, Strategien: zur Diskussion über Qualität qualitativer Sozialforschung. *Zeitschrift für qualitative Bildungs-, Beratungs- und Sozialforschung, 6*(2), 191–210.

Franz, H.-W. & Kopp, R. (2004). Betriebliche Expeprteninterivews. *Sozialwissenschaften und Berufspraxis, 27*(1), 51–61. Verfügbar unter: https://nbn-resolving.org/urn:nbn:de: 0168-ssoar-38198

Verzeichnisse   251

Gent, M. R., Menendez, M., Toraño, J. & Torno, S. (2011). Optimization of the recovery of plastics for recycling by density media separation cyclones. *Resources, Conservation and Recycling*, *55*(4), 472–482. https://doi.org/10.1016/j.resconrec.2010.12.010

Genuino, H. C., Ruiz, M. P., Heeres, H. J. & Kersten, S. R. (2022). Pyrolysis of mixed plastic waste (DKR-350): Effect of washing pre-treatment and fate of chlorine. *Fuel Processing Technology*, *233*, 1–11. https://doi.org/10.1016/j.fuproc.2022.107304

Gittler, T., Gontarz, A., Weiss, L. & Wegener, K. (2019). A fundamental approach for data acquisition on machine tools as enabler for analytical Industrie 4.0 applications. *Procedia CIRP*, *79*, 586–591. https://doi.org/10.1016/j.procir.2019.02.088

Glaser, J. (2018). Saubere Meere. Verantwortung weltweit wahrnehmen. *Politikbrief – Kunststoffe*, 3. Verfügbar unter: www.vci.de/vci/downloads-vci/publikation/politikbrief/vci-politikbrief-september-2018-kunststoffe.pdf

Golkaram, M., Mehta, R., Taveau, M., Schwarz, A., Gankema, H., Urbanus, J. H. et al. (2022). Quality model for recycled plastics (QMRP): An indicator for holistic and consistent quality assessment of recycled plastics using product functionality and material properties. *Journal of Cleaner Production*, *362*, 1–14. https://doi.org/10.1016/j.jclepro.2022.132311

Gray, L., Wong-Wylie, G., Rempel, G. & Cook, K. (2020). Expanding Qualitative Research Interviewing Strategies: Zoom Video Communications. *The Qualitative Report*, *25*(5), 1292–1301. https://doi.org/10.46743/2160-3715/2020.4212

Gu, F., Guo, J., Zhang, W., Summers, P. A. & Hall, P. (2017). From waste plastics to industrial raw materials: A life cycle assessment of mechanical plastic recycling practice based on a real-world case study. *Science of the Total Environment*, *601–602*, 1192–1207. https://doi.org/10.1016/j.scitotenv.2017.05.278

Guest, G., Bunce, A. & Johnson, L. (2006). How Many Interviews Are Enough? An Experiment with Data Saturation and Variability. *Field Methods*, *18*(1), 59–82. https://doi.org/10.1177/1525822X05279903

Hann, S. & Connock, T. (2020). Chemical Recycling: State of Play. Report for CHEM Trust. Verfügbar unter: https://chemtrust.org/wp-content/uploads/Chemical-Recycling-Eunomia.pdf

Hendricks, K., Hora, M., Menor, L. & Wiedman, C. (2012). Adoption of the Balanced Scorecard: A Contingency Variables Analysis. *Canadian Journal of Administrative Sciences / Revue Canadienne des Sciences de l'Administration*, *29*(2), 124–138. https://doi.org/10.1002/cjas.229

Hirsch, B., Wall, F. & Attorps, J. (2001). Controlling-Schwerpunkte prozessorientierter Unternehmen. *Controlling & Management*, (45), 73–79. https://doi.org/10.1007/BF03249580

Horodytska, O., Kiritsis, D. & Fullana, A. (2020). Upcycling of printed plastic films: LCA analysis and effects on the circular economy. *Journal of Cleaner Production*, *268*, 1–12. https://doi.org/10.1016/j.jclepro.2020.122138

Hou, P., Xu, Y., Taiebat, M., Lastoskie, C., Miller, S. A. & Xu, M. (2018). Life cycle assessment of end-of-life treatments for plastic film waste. *Journal of Cleaner Production*, *201*, 1052–1060. https://doi.org/10.1016/j.jclepro.2018.07.278

Hughes, R. (2017). The EU Circular Economy Package – Life Cycle Thinking to Life Cycle Law? *Procedia CIRP*, *61*, 10–16. https://doi.org/10.1016/j.procir.2016.12.006

252 Verzeichnisse

Hurrle, B. & Kieser, A. (2005). Sind Key Informants verlässliche Datenlieferanten? *Die Betriebswirtschaft: DBW, 65,* 584–602. Verfügbar unter: http://www.dialog-erfolgsfakto renforschung.de/Hurrle-Kieser_Key_Informants.pdf

Huysman, S., Debaveye, S., Schaubroeck, T., Meester, S. de, **Ardente, F., Mathieux, F.** et al. (2015). The recyclability benefit rate of closed-loop and open-loop systems: A case study on plastic recycling in Flanders. *Resources, Conservation and Recycling, 101,* 53–60. https://doi.org/10.1016/j.resconrec.2015.05.014

Huysman, S., Schaepmeester, J. de, **Ragaert, K., Dewulf, J. & Meester, S.** de (2017). Performance indicators for a circular economy: A case study on post-industrial plastic waste. *Resources, Conservation and Recycling, 120,* 46–54. https://doi.org/10.1016/j.resconrec. 2017.01.013

Huysveld, S., Hubo, S., Ragaert, K. & Dewulf, J. (2019). Advancing circular economy benefit indicators and application on open-loop recycling of mixed and contaminated plastic waste fractions. *Journal of Cleaner Production, 211,* 1–13. https://doi.org/10.1016/j. jclepro.2018.11.110

Huysveld, S., Ragaert, K., Demets, R., Nhu, T. T., Civancik-Uslu, D., Kusenberg, M. et al. (2022). Technical and market substitutability of recycled materials: Calculating the environmental benefits of mechanical and chemical recycling of plastic packaging waste. *Waste Management, 152,* 69–79. https://doi.org/10.1016/j.wasman.2022.08.006

Jagan Mohan Reddy, K., Neelakanteswara Rao, A. & Krishnanand, L. (2019). A review on supply chain performance measurement systems. *Procedia Manufacturing, 30,* 40–47. https://doi.org/10.1016/j.promfg.2019.02.007

Jang, Y.-C., Lee, G., Kwon, Y., Lim, J. & Jeong, J. (2020). Recycling and management practices of plastic packaging waste towards a circular economy in South Korea. *Resources, Conservation and Recycling, 158,* 1–11. https://doi.org/10.1016/j.resconrec.2020.104798

Kansteiner, K. & König, S. (2020). The Role(s) of Qualitative Content Analysis in Mixed Methods Research Designs. *Forum: Qualitative Social Research, 21*(1), 1–22. https://doi. org/10.17169/FQS-21.1.3412

Kirchherr, J., Piscicelli, L., Bour, R., Kostense-Smit, E., Muller, J., Huibrechtse-Truijens, A. et al. (2018). Barriers to the Circular Economy: Evidence From the European Union (EU). *Ecological Economics, 150,* 264–272. https://doi.org/10.1016/j.eco lecon.2018.04.028

Kirchherr, J., Reike, D. & Hekkert, M. (2017). Conceptualizing the circular economy: An analysis of 114 definitions. *Resources, Conservation and Recycling, 127,* 221–232. https://doi.org/10.1016/j.resconrec.2017.09.005

Klingenberg, C. O., Borges, M. A. V. & Antunes, J. A. d. V. (2022). Industry 4.0: What makes it a revolution? A historical framework to understand the phenomenon. *Technology in Society, 70,* 102009. https://doi.org/10.1016/j.techsoc.2022.102009

Klotz, M., Oberschelp, C., Salah, C., Subal, L. & Hellweg, S. (2024). The role of chemical and solvent-based recycling within a sustainable circular economy for plastics. *Science of the Total Environment, 906,* 1–14. https://doi.org/10.1016/j.scitotenv.2023.167586

Kühlmeyer, K., Muckel, P. & Breuer, F. (2020). Qualitative Inhaltsanalysen und Grounded-Theory-Methodologien im Vergleich: Varianten und Profile der „Instruktionalität" qualitativer Auswertungsverfahren. *Forum: Qualitative Social Research, 21*(1), 1–25. https:// doi.org/10.17169/fqs-21.1.3437

Verzeichnisse 253

Larrain, M., **van Passel**, S., **Thomassen**, G., **van Gorp**, B., **Nhu**, T. T., **Huysveld**, S. et al. (2021). Techno-economic assessment of mechanical recycling of challenging post-consumer plastic packaging waste. *Resources, Conservation and Recycling, 170*, 1–13. https://doi.org/10.1016/j.resconrec.2021.105607

Lase, I. S., **Bashirgonbadi**, A., **van Rhijn**, F., **Dewulf**, J., **Ragaert**, K., **Delva**, L. et al. (2022). Material flow analysis and recycling performance of an improved mechanical recycling process for post-consumer flexible plastics. *Waste Management, 153*, 249–263. https://doi.org/10.1016/j.wasman.2022.09.002

Lase, I. S., **Tonini**, D., **Caro**, D., **Albizzati**, P. F., **Cristóbal**, J., **Roosen**, M. et al. (2023). How much can chemical recycling contribute to plastic waste recycling in Europe? An assessment using material flow analysis modeling. *Resources, Conservation and Recycling, 192*, 1–19. https://doi.org/10.1016/j.resconrec.2023.106916

Lazarevic, D., **Aoustin**, E., **Buclet**, N. & **Brandt**, N. (2010). Plastic waste management in the context of a European recycling society: Comparing results and uncertainties in a life cycle perspective. *Resources, Conservation and Recycling, 55*(2), 246–259. https://doi.org/10.1016/j.resconrec.2010.09.014

Leopold, T. & **Blank**, P. (2020). Auf dem Weg zum geschlossenen Kunststoff-Kreislauf: Henkel macht schwarze Verpackungen recyclingfähig – Weitere Umsetzung mit höheren Rezyklatgehalten in Flaschenkörpern. *Lebensmittel Zeitung, 38*, 65.

Li, X., **Bai**, R. & **McKechnie**, J. (2016). Environmental and financial performance of mechanical recycling of carbon fibre reinforced polymers and comparison with conventional disposal routes. *Journal of Cleaner Production, 127*, 451–460. https://doi.org/10.1016/j.jclepro.2016.03.139

Lombard, M., **Snyder-Duch**, J. & **Bracken**, C. C. (2002). Content Analysis in Mass Communication. Assessment and Reporting of Intercoder Reliability. *Human Communication Research, 28*(4), 587–604. https://doi.org/10.1111/j.1468-2958.2002.tb00826.x

Lonca, G., **Lesage**, P., **Majeau-Bettez**, G., **Bernard**, S. & **Margni**, M. (2020). Assessing scaling effects of circular economy strategies: A case study on plastic bottle closed-loop recycling in the USA PET market. *Resources, Conservation and Recycling, 162*, 1–10. https://doi.org/10.1016/j.resconrec.2020.105013

Luijsterburg, B. & **Goossens**, H. (2014). Assessment of plastic packaging waste: Material origin, methods, properties. *Resources, Conservation and Recycling, 85*, 88–97. https://doi.org/10.1016/j.resconrec.2013.10.010

Madsen, D. Ø. & **Stenheim**, T. (2015). The Balanced Scorecard. A Review of Five Research Areas. *American Journal of Management, 15*(2), 24–41.

Mao, W.-L., **Chen**, W.-C., **Wang**, C.-T. & **Lin**, Y.-H. (2021). Recycling waste classification using optimized convolutional neural network. *Resources, Conservation and Recycling, 164*, 1–9. https://doi.org/10.1016/j.resconrec.2020.105132

Martín-Lara, M. A., **Moreno**, J. A., **Garcia-Garcia**, G., **Arjandas**, S. & **Calero**, M. (2022). Life cycle assessment of mechanical recycling of post-consumer polyethylene flexible films based on a real case in Spain. *Journal of Cleaner Production, 365*, 1–12. https://doi.org/10.1016/j.jclepro.2022.132625

Mauksch, S., **Gracht**, H. A. von der & **Gordon**, T. J. (2020). Who is an expert for foresight? A review of identification methods. *Technological Forecasting and Social Change, 154*, 1–14. https://doi.org/10.1016/j.techfore.2020.119982

Mayring, P. (2007). Generalisierung in qualitativer Forschung. *Forum: Qualitative Social Research, 8*(3), 1–11. https://doi.org/10.17169/FQS-8.3.291

Mayring, P. (2019). Qualitative Inhaltsanalyse – Abgrenzungen, Spielarten, Weiterentwicklungen. *Forum: Qualitative Social Research, 20*(3), 1–15. https://doi.org/10.17169/FQS-20.3.3343

Meys, R., Frick, F., Westhues, S., Sternberg, A., Klankermayer, J. & Bardow, A. (2020). Towards a circular economy for plastic packaging wastes – the environmental potential of chemical recycling. *Resources, Conservation and Recycling, 162*, 1–10. https://doi.org/10.1016/j.resconrec.2020.105010

Mor, R. S., Bhardwaj, A., Singh, S. & Sachdeva, A. (2019). Productivity gains through standardization-of-work in a manufacturing company. *Journal of Manufacturing Technology Management, 30*(6), 899–919. https://doi.org/10.1108/JMTM-07-2017-0151

Nagl-Cupal, M. (2013). Theoretical Sampling. Theorie und Praxis der theoretischen Stichprobenbildung in der qualitativen Pflegeforschung. *ProCare, 18*(10), 20–22. https://doi.org/10.1007/s00735-013-0213-0

Parmenter, D. (2001). Winning KPIs. *New Zealand Management, Issue 11*(Vol. 48), 100–101.

Patel, M., von Thienen, N., Jochem, E. & Worrell, E. (2000). Recycling of plastics in Germany. *Resources, Conservation and Recycling, 29*, 65–90. https://doi.org/10.1016/S0921-3449(99)00058-0

Payne, J. & Jones, M. D. (2021). The Chemical Recycling of Polyesters for a Circular Plastics Economy. Challenges and Emerging Opportunities. *Chemsitry – Sustainability – Energy – Materials, 14*(19), 4041–4070. https://doi.org/10.1002/cssc.202100400

Pfeifer, M. R. (2021). Operative Production Controlling as Entrance into Controlling 4.0. *Trends Economics and Management, 37*(1), 73–84. https://doi.org/10.13164/trends.2021.37.73

Ragaert, K., Delva, L. & van Geem, K. (2017). Mechanical and chemical recycling of solid plastic waste. *Waste Management, 69*, 24–58. https://doi.org/10.1016/j.wasman.2017.07.044

Ragaert, K., Huysveld, S., Vyncke, G., Hubo, S., Veelaert, L., Dewulf, J. et al. (2020). Design from recycling: A complex mixed plastic waste case study. *Resources, Conservation and Recycling, 155*, 1–9. https://doi.org/10.1016/j.resconrec.2019.104646

Reiter, H. & Witzel, A. (SocArXiv, Hrsg.). (2021). *Das fokussierte Interview, SocArXiv.*

Roosen, M., Mys, N., Kleinhans, K., Saputra Lase, I., Huysveld, S., Brouwer, M. et al. (2022). Expanding the collection portfolio of plastic packaging. Impact on quantity and quality of sorted plastic waste fractions. *Resources, Conservation and Recycling, 178*, 1–13. https://doi.org/10.1016/j.resconrec.2021.106025

Sahay, B. S. & Ranjan, J. (2008). Real time business intelligence in supply chain analytics. *Information Management & Computer Security, 16*(1), 28–48. https://doi.org/10.1108/09685220810862733

Schäfermeyer, M., Rosenkranz, C. & Holten, R. (2012). Der Einfluss der Komplexität auf die Standardisierung von Geschäftsprozessen. *Wirtschaftsinformatik, 54*(5), 251–261. https://doi.org/10.1007/s11576-012-0329-z

Schreier, M. (2014b). Varianten qualitativer Inhaltsanalyse: Ein Wegweiser im Dickicht der Begrifflichkeiten. *Forum: Qualitative Social Research, 15*(1), 1–27. https://doi.org/10.17169/fqs-15.1.2043

Verzeichnisse

Schreier, M., **Stamann**, C., **Janssen**, M., **Dahl**, T. & **Whittal**, A. (2019). Qualitative Content Analysis: Conceptualizations and Challenges in Research Practice. Introduction to the FQS Special Issue „Qualitative Content Analysis I". *Forum: Qualitative Social Research*, *20*(3), 1–26. https://doi.org/10.17169/FQS-20.3.3393

Sedgwick, M. & **Spiers**, J. (2009). The Use of Videoconferencing as a Medium for the Qualitative Interview. *International Journal of Qualitative Methods*, *8*(1), 1–11. https://doi.org/10.1177/160940690900800101

Shamsuyeva, M. & **Endres**, H.-J. (2021). Plastics in the context of the circular economy and sustainable plastics recycling. Comprehensive review on research development, standardization and market. *Composites Part C: Open Access*, *6*, 1–16. https://doi.org/10.1016/j.jcomc.2021.100168

Stamann, C., **Janssen**, M. & **Schreier**, M. (2016). Qualitative Inhaltsanalyse. Versuch einer Begriffsbestimmung und Systematisierung. *Forum: Qualitative Social Research*, *17*(3), 1–16. https://doi.org/10.17169/fqs-17.3.2581

Suleiman, Z., **Shaikholla**, S., **Dikhanbayeva**, D., **Shehab**, E. & **Turkyilmaz**, A. (2022). Industry 4.0: Clustering of concepts and characteristics. *Cogent Engineering*, *9*(1). https://doi.org/10.1080/23311916.2022.2034264

Thanapal, P., **Prabhu**, J. & **Jakhar**, M. (2017). A survey on barcode RFID and NFC. *IOP Conference Series: Materials Science and Engineering*, *263*, 1–9. https://doi.org/10.1088/1757-899X/263/4/042049

Thunberg, S. & **Arnell**, L. (2021). Pioneering the use of technologies in qualitative research. A research review of the use of digital interviews. *International Journal of Social Research Methodology*, 1–12. https://doi.org/10.1080/13645579.2021.1935565

Tonini, D., **Albizzati**, P. F., **Caro**, D., **Meester**, S. de, **Garbarino**, E. & **Blengini**, G. A. (2022). Quality of recycling. Urgent and undefined. *Waste Management*, *146*, 11–19. https://doi.org/10.1016/j.wasman.2022.04.037

Tracy, S. J. (2010). Qualitative Quality: Eight "Big-Tent" Criteria for Excellent Qualitative Research. *Qualitative Inquiry*, *16*(10), 837–851. https://doi.org/10.1177/1077800410383121

Tranfield, D., **Denyer**, D. & **Smart**, P. (2003). Towards a Methodology for Developing Evidence-Informed Management Knowledge by Means of Systematic Review. *British Journal of Management*, *14*(3), 207–222. https://doi.org/10.1111/1467-8551.00375

Tsoury, A., **Soffer**, P. & **Reinhartz-Berger**, I. (2020). Data Impact Analysis in Business Processes. Automatic Support and Practical Implementations. *Business & Information Systems Engineering*, *62*(1), 41–60. https://doi.org/10.1007/s12599-019-00611-5

Ügdüler, S., **van Geem**, K. M., **Roosen**, M., **Delbeke**, E. I. P. & **Meester**, S. de (2020). Challenges and opportunities of solvent-based additive extraction methods for plastic recycling. *Waste management*, *104*, 32–43. https://doi.org/10.1016/j.wasman.2020.01.003

Van der Meer-Kooistra, J. & **Vosselman**, E. G. J. (2004). The Balanced Scorecard. Adoption and Application. *Advances in Management Accounting*, *12*, 287–310. https://doi.org/10.1016/S1474-7871(04)12013-3

Vilella, M. (2018). Zero Waste Circular Economy: A Systematic Game-Changer to Climate Change. *Publication Series Ecology*, *44.3*, 1–28. Retrieved from www.boell.de/sites/default/files/radical_realism_for_climate_justice_volume_44_3.pdf

Wenzel, H. (2020a). „Der Markt für Kunststoffrezyklate braucht Qualitätsstandards": AGVU-Vorsitzender Carl Dominik Klepper über den Green Deal der EU, erweiterte Produzentenverantwortung und einen gesetzgeberischen Push für die Kreislaufwirtschaft. *Lebensmittel Zeitung*, (16), 42.

Wenzel, H. (2020b). „Ein Recyclingfonds kann die Kreislaufwirtschaft stärken": Das im VerpackG formulierte Ziel, nachhaltiges Verpacken zu belohnen, könnte mittels eines wettbewerbsneutralen, nach klaren Regeln operierenden Fonds erreicht werden. *Lebensmittel Zeitung*, (38), 64.

Witzel, A. (2000). Das problemzentrierte Interview. *Forum: Qualitative Social Research, 1*(1), 1–9.

Wöhler, N. (2014). Fazit: Der Einsatz von Regranulaten lohnt sich und schont die Umwelt. *treffpunkt campus*, (80), 4. Verfügbar unter: issuu.com/hs_magdeburg/docs/tc_80_md_web/4

Wrona, T. (2018). Theoretisches Vorwissen in der qualitativen Fallstudienforschung. Offenheitsbedrohung oder wissenschaftlicher Fortschritt? *WiSt – Wirtschaftswissenschaftliches Studium, 47*(9), 4–9. https://doi.org/10.15358/0340-1650-2018-9-4

Zhou, X. & **Kohl,** H. (2017). High-performance benchmarking of manufacturing processes with object-based modeling. *Benchmarking: An International Journal, 24*(7), 2063–2091. https://doi.org/10.1108/BIJ-05-2016-0061

Internetquellen

BASF SE. (2023, 10. Juni). *Häufig gestellte Fragen zu ChemCycling®.* Zugriff am 07.01.2024. Verfügbar unter: https://www.basf.com/global/de/who-we-are/sustainab ility/we-drive-sustainable-solutions/circular-economy/mass-balance-approach/chemcy cling/FAQ_ChemCycling.html#accordion_v2-7b3aa1b980-item-438cc08367

Bvse Bundesverband Sekundärrohstoffe und Entsorgung e. V. (2017, 27. Juli). *Kunststoffrecycling leistet Beitrag zur CO2 Reduzierung.* Zugriff am 21.04.2023. Verfügbar unter: www.bvse.de/gut-informiert-kunststoffrecycling/nachrichten-recycling/1923-kunststoffrecycling-leistet-beitrag-zur-co2-reduzierung.html

CEFLEX. (2023, 12. März). *Who we are. A circular economy for flexible packaging.* Zugriff am 20.04.2023. Verfügbar unter: https://ceflex.eu/who-we-are/

Clarivate. (2022, 22. September). *Journal Citation Reports,* **Clarivate.** Zugriff am 10.11.2022. Verfügbar unter: https://jcr.clarivate.com/jcr/home?Init=Yes&SrcApp= IC2LS

Dr. dresing & pehl GmbH. (2023, 22. März). *f4transkript. Manuell transkribieren.* Zugriff am 21.04.2023. Verfügbar unter: www.audiotranskription.de/f4transkript/

EBSCO Information Services Inc. (2023, 25. Januar). *Über EBSCO I EBSCO.* Zugriff am 22.10.2022. Verfügbar unter: www.ebsco.com/de-de/ueber-ebsco

European Environment Agency (Hrsg.). (2001). *Carbon Dioxide Equivalent.* EEA Glossary. Zugriff am 17.09.2023. Verfügbar unter: https://www.eea.europa.eu/help/glo ssary/eea-glossary/carbon-dioxide-equivalent

Verzeichnisse

Gemeinsame Stelle dualer Systeme Deutschlands GmbH. (2022, 21. Oktober). *Mülltrennung wirkt!* Zugriff am 22.10.2022. Verfügbar unter: www.muelltrennung-wirkt.de/

Google LLC. (2022, 18. Oktober). *About Google Scholar.* Zugriff am 22.10.2022. Verfügbar unter: https://scholar.google.de/intl/de/scholar/about.html

ISDF GmbH. (2021, 6. Dezember). *FDB-BUSINESS I Das Unternehmen.* Zugriff am 22.10.2022. Verfügbar unter: https://www.firmendatenbanken.de/info/detail/Das_Untern ehmen.htm

Kunststoff Information Verlagsgesellschaft mbH (Hrsg.). (2023, 3. April). *Polymerpreise PET März 2023.* Zugriff am 18.04.2023. Verfügbar unter: https://www.kiweb.de/Default. aspx?pageid=199&docid=251977

Microsoft. (2022, 21. Oktober). *Microsoft Power BI.* Zugriff am 22.10.2022. Verfügbar unter: https://powerbi.microsoft.com/de-de/

Microsoft. (2023a, 18. März). *Microsoft SharePoint.* Zugriff am 08.05.2023. Verfügbar unter: https://www.microsoft.com/de-de/microsoft-365/sharepoint/collaboration

Microsoft. (2023b, 3. Mai). *Microsoft Power Apps.* Zugriff am 08.05.2023. Verfügbar unter: https://powerapps.microsoft.com/de-de/

MicroStrategy. (2022, 20. Oktober). *Business Analytics und Mobilitätslösungen.* Zugriff am 22.10.2022. Verfügbar unter: www.microstrategy.com/de

Ministerium für Umwelt der japanischen Regierung (Hrsg.). (2022, 1. September). *Regional 3R Forum in Asia and the Pacific.* Zugriff am 22.10.2022. Verfügbar unter: https://www.env.go.jp/recycle/3r/en/index.html

PlasticsEurope. (2021, 27. Dezember). *Who We Are.* Zugriff am 22.10.2022. Verfügbar unter: https://plasticseurope.org/about-us/who-we-are/

PlasticsEurope Deutschland e. V. (2021, 9. März). *Europäische Woche der Abfallvermeidung. Engagement gegen Littering.* Zugriff am 22.10.2022. Verfügbar unter: www.plasti cseurope.org/de/newsroom/neuigkeiten/europaeische-woche-der-abfallvermeidung

PONS GmbH. (2022, 22. Oktober). *Langenscheidt Latein-Deutsch Wörterbuch. transcribere,* **PONS GmbH.** Zugriff am 22.10.2022. Verfügbar unter: de.langenscheidt.com/ latein-deutsch/transcribere

Qlik. (2022, 19. Oktober). *QlikView – Powerful Interactive Analytics & Dashboards I Qlik.* Zugriff am 22.10.2022. Verfügbar unter: www.qlik.com/us/products/qlikview

Robert Koch-Institut. (2022, 13. Februar). *COVID-19-Dashboard,* **Robert Koch-Institut.** Zugriff am 13.02.2022. Verfügbar unter: https://experience.arcgis.com/experience/478 220a4c454480e823b17327b2bf1d4/page/Bundesländer/

SCImago Lab. (2022, 10. Oktober). *SCImago Journal & Country Rank.* Zugriff am 22.10.2022. Verfügbar unter: https://www.scimagojr.com/journalrank.php

Statistisches Bundesamt. (2022a, 27. Mai). *Anzahl der Müllsortieranlagen für Kunststoffund Leichtverpackungen in Deutschland in den Jahren 2019 und 2020,* **Statista.** Zugriff am 20.04.2023. Verfügbar unter: https://de.statista.com/statistik/daten/studie/794283/ umfrage/anzahl-der-muellsortieranlagen-fuer-kunststoff-und-leichtverpackungen-in-deu tschland/

Statistisches Bundesamt. (2022b, 9. Juli). *Anzahl der Recyclingunternehmen in Deutschland in den Jahren 2010 bis 2020,* **Statista.** Zugriff am 20.04.2023. Verfügbar unter: https://de.statista.com/statistik/daten/studie/259520/umfrage/umsatz-der-recycling branche-in-deutschland/

Tableau. (2022, 22. Oktober). *Tableau: Business Intelligence and Analytics Software*. Zugriff am 22.10.2022. Verfügbar unter: www.tableau.com/

TOMRA System ASA. (2023, 1. Februar). *TOMRA Insight – Sensor-Based Sorting*. Zugriff am 23.04.2023. Verfügbar unter: https://www.tomra.com/en/solutions/waste-metal-rec ycling/tomra-insight

United Nations. (2022, 27. Oktober). *UN Comtrade Database*. Zugriff am 27.11.2022. Verfügbar unter: https://comtrade.un.org/

Universität Bielefeld. (2022, 1. September). *Suchmaschine BASE – Bielefeld Academic Search Engine | Was ist BASE?*, **Universität Bielefeld**. Zugriff am 22.10.2022. Verfügbar unter: https://www.base-search.net/about/de/index.php?

Verband der Hochschullehrer für Betriebswirtschaft e. V. (2022, 6. Oktober). *VHB-JOURQUAL*. Zugriff am 22.10.2022. Verfügbar unter: vhbonline.org/vhb4you/vhb-jourqual

Verlagsgruppe Industrie- und Handelsverlag GmbH & Co. KG. (2022, 19. Januar). *Branchenregister – Branchenportal der Deutschen Wirtschaft – Firmenadressen und Branchenregister Deutschland*. Zugriff am 22.10.2022. Verfügbar unter: http://www.branch enregister.de/index.php

Visable GmbH. (2022, 1. August). *Wer liefert was | Das Unternehmen*. Zugriff am 22.10.2022. Verfügbar unter: https://www.wlw.de/de/unternehmen/start

Sonstige Quellen (z. B. Gesetzestexte, Studien)

Amrhein, U., **Ehrlinspiel**, M., **Jacon**, A. M. & **Schiller**, C. (2020). *Wertsachen. Warum der Markt für recycelten Kunststoff nicht funktioniert ...und wie sich das ändern könnte* (1. Auflage) (Röchling Stiftung GmbH & Wider Sense GmbH, Hrsg.) (POLYPROBLEM-Report). Zugriff am 19.04.2021. Verfügbar unter: polyproblem.org/wp-content/uploads/Polyproblem-_Wertsachen_Web-1.pdf

Bantle, C. & **Schwencke**, T. (2023, 15. Februar). *BDEW-Strompreisanalyse Februar 2023. Haushalte und Industrie*. Bundesverband der Energie- und Wasserwirtschaft e. V. (BDEW). Zugriff am 08.05.2023. Verfügbar unter: https://www.bdew.de/media/docume nts/230215_BDEW-Strompreisanalyse_Februar_2023_15.02.2023.pdf

Bünder, H. (2021, 14. September). Ein DIN-Standard für Recyclingkunststoff. Verwertung und Handel sollen einfacher werden. *Frankfurter Allgemeine Zeitung (FAZ)*. Zugriff am 27.01.2022. Verfügbar unter: https://zeitung.faz.net/faz/unternehmen/2021-09-14/c5bf24 03df532b08827933a53a3f9709/

Bundesministerium der Justiz und für Verbraucherschutz. (2020). Gesetz zur Förderung der Kreislaufwirtschaft und Sicherung der umweltverträglichen Bewirtschaftung von Abfällen (Kreislaufwirtschaftsgesetz). KrWG. In *Bundesgesetzblatt* (S. 2232–2245). Zugriff am 05.12.2020. Verfügbar unter: www.gesetze-im-internet.de/krwg

Bundesregierung. (1993). Technische Anleitung zur Verwertung, Behandlung und sonstigen Entsorgung von Siedlungsabfällen. TA Siedlungsabfall. In *Bundesanzeiger* (S. 1–65).

Zugriff am 08.05.2021. Verfügbar unter: www.rh-entsorgung.de/de/Unternehmen/Rechtl iche-Grundlagen/Rechtliche-Grundlagen/tasi-ges.pdf

Cirplus. (2021). *DIN SPEC 91446*, **cirplus.** Zugriff am 27.01.2022. Verfügbar unter: https:// www.cirplus.com/de/din-spec-91446

Conversion Market & Strategy GmbH. (2018). *Stoffstrombild Kunststoffe in Deutschland 2017* (AVK – Industrievereinigung Verstärkte Kunststoffe e. V., BDE Bundesverband der Deutschen Entsorgungs-, Wasser- und Rohstoffwirtschaft e. V., BKV GmbH, bvse Bundesverband Sekundärrohstoffe und Entsorgung e. V., GKV Gesamtverband Kunststoffverarbeitende Industrie e. V. & GKV/TecPart Verband Technische Kunststoff-Produkte e. V., et al., Hrsg.). Mainaschaff. Zugriff am 08.12.2020. Verfügbar unter: https://www. bvse.de/images/news/Kunststoff/2018/181011_Kurzfassung_Stoffstrombild_2017.pdf

Conversion Market & Strategy GmbH. (2020). *Stoffstrombild Kunststoffe in Deutschland 2019* (BKV GmbH, PlasticsEurope Deutschland e. V., Arbeitsgemeinschaft PVC und Umwelt e. V., Bundesverband der Deutschen Entsorgungs-, Wasser und Rohstoffwirtschaft e. V., bvse Bundesverband Sekundärrohstoffe und Entsorgung e. V. & IG BCE Industriegewerkschaft Bergbau, Chemie, Energie, et al., Hrsg.). Mainaschaff. Zugriff am 09.01.2021. Verfügbar unter: www.plasticseurope.org/download_file/force/4020/319

Crippa, M., **De Wilde,** B., **Koopmans,** R., **Leyssens,** J., **Muncke,** J., **Ritschkoff,** A.-C. et al. (2019). *A Circular Economy for Plastics. Insights from research and innovation to inform policy and funding decisions* (De Smet, M. & Lindner, M., Hrsg.). Brüssel: Europäische Kommission, Generaldirektion Forschung und Innovation. https://doi.org/10.2777/ 269031

Dehoust, G., **Hermann,** A., **Christiani,** D. J., **Bartnik,** S., **Beckamp,** S. & **Bünemann,** A. (2021). *Ermittlung der Praxis der Sortierung und Verwertung von Verpackungen im Sinne des § 21 VerpackG. Endbericht* (Umweltbundesamt, Hrsg.). Dessau-Roßlau. Zugriff am 22.01.2021. Verfügbar unter: www.umweltbundesamt.de/publikationen/ermittlung-der-praxis-der-sortierung-verwertung-von

Deutsche Gesellschaft für Abfallwirtschaft e. V. (2016, 5. September). *Stellungnahme der DGAW Deutsche Gesellschaft für Abfallwirtschaft e. V. zum Entwurf eines Verpackungsgesetzes vom 10.08.2016. Brief an das Bundesministerium für Umwelt, Naturschutz, Bau und Reaktorsicherheit.* Berlin. Zugriff am 23.04.2023. Verfügbar unter: https://media. frag-den-staat.de/files/foi/72626/DGAW_Buchholz.pdf

Deutsche Gesellschaft für internationale Zusammenarbeit (GIZ) GmbH. (2021). *Design-for-recycling (D4R). State of play.* Freiburg. Zugriff am 27.11.2022. Verfügbar unter: https://www.giz.de/de/downloads/2021-06%20Design%20for%20recycling_ barrierefrei.pdf

DIN, 18128:2002-12 (2002). *Baugrund – Untersuchung von Bodenproben – Bestimmung des Glühverlustes (18128:2002-12).* Berlin: Beuth Verlag GmbH.

DIN, EN ISO 3451-1:2019 (2015). *Kunststoffe – Bestimmung der Asche (EN ISO 3451-1:2019).* Berlin: Beuth Verlag GmbH.

DIN, EN ISO 9000:2015-11 (2015). *Qualitätsmanagementsysteme – Grundlagen und Begriffe (EN ISO 9000:2015-11).* Berlin: Beuth Verlag GmbH.

DIN, SPEC 91446 (2021). *Klassifizierung von Kunststoff-Rezyklaten durch Datenqualitätslevels für die Verwendung und den (Internetbasierten) Handel.* Berlin: Beuth Verlag GmbH.

260

Verzeichnisse

Europäische Kommission. (2003). Empfehlung 2003/361/EG. Empfehlung 2003/361/EG. In Europäische Kommission (Hrsg.), *Amtsblatt der Europäischen Union* (S. 36–41). Zugriff am 29.12.2020. Verfügbar unter: eur-lex.europa.eu/legal-content/DE/TXT/PDF/ ?uri=CELEX:32003H0361&from=de

Europäische Kommission. (2019a). *Bericht der Kommission an das Europäische Parlament, den Rat, den europäischen Wirtschafts- und Sozialausschuss und den Ausschuss der Regionen über die Umsetzung des Aktionsplans für die Kreislaufwirtschaft. über die Umsetzung des Aktionsplans für die Kreislaufwirtschaft* (COM(2019) 190 final). Brüssel: Europäische Kommission. Zugriff am 09.01.2021. Verfügbar unter: eur-lex.europa.eu/legal-con tent/DE/TXT/PDF/?uri=CELEX:52019DC0190&from=EN

Europäische Kommission. (2019b). *Mitteilung der Kommission an das Europäische Parlament, den Europäischen Rat, den Rat, den Europäischen Wirtschafts- und Sozialausschuss und den Aussschuss der Regionen. Der europäische Grüne Deal* (COM(2019) 640 final). Brüssel. Zugriff am 25.04.2021. Verfügbar unter: eur-lex.europa.eu/resource.html?uri= cellar:b828d165-1c22-11ea-8c1f-01aa75ed71a1.0021.02/DOC_1&format=PDF

European Commission – Joint Research Centre. (2012). *Integration of resource efficiency and waste management criteria in European product policies – Second phase* (Report Nr. 3) (Publications Office of the European Union, Hrsg.). Luxembourg. https://doi.org/10. 2788/42590

Heyl, J. von & Teizer, J. (2017). Lean Production Controlling and Tracking Using Digital Methods. In *25th Annual Conference of the International Group for Lean Construction* (Annual Conference of the International Group for Lean Construction, S. 127–134). International Group for Lean Construction. https://10.24928/2017/0238

Lock, C. (2019). *Methodik zur Bewertung des Einflusses produktionsnaher Geschäftsprozesse auf den Produktionsprozess.* Dissertation. Technische Universität München, München.

PlasticsEurope. (2020). *Plastics – the Facts 2020.* Brüssel. Zugriff am 21.05.2023. Verfügbar unter: https://plasticseurope.org/knowledge-hub/plastics-the-facts-2020/

PlasticsEurope. (2022a). *The Circular Economy for Plastics. A European Overview.* Brüssel. Zugriff am 21.05.2023. Verfügbar unter: https://plasticseurope.org/knowledge-hub/ the-circular-economy-for-plastics-a-european-overview-2/

PlasticsEurope. (2022b). *Plastics – the Facts 2022.* Brüssel. Zugriff am 21.05.2023. Verfügbar unter: https://plasticseurope.org/knowledge-hub/plastics-the-facts-2022/

PlasticsEurope. (2023). *Plastics – the fast Facts 2023.* Brüssel. Zugriff am 02.01.2024. Verfügbar unter: https://plasticseurope.org/wp-content/uploads/2023/10/Plasticsthefast facts2023-1.pdf

Preston, F. (2012). *A Global Redesign? Shaping the Circular Economy* (Chatham House, ed.) (Energy, Environment and Resource Governance EERG BP 2012/02). London. Zugriff am 15.12.2020. Verfügbar unter: https://www.chathamhouse.org/2012/03/global-redesign-shaping-circular-economy

Prognos AG, INFA GmbH & Faulstich, P. D. M. (2020). *Statusbericht der deutschen Kreislaufwirtschaft 2020* (Arbeitsgemeinschaft Stoffspezifische Abfallbehandlung e. V., Bundesverband der Deutschen Entsorgungs-, Wasser und Rohstoffwirtschaft e. V., Bundesverband deutscher Sonderabfallverbrennungsanlagen e. V., Bundesverband Sekundärrohstoffe und Entsorgung e. V., Bundesvereinigung Deutscher Stahlrecycling- und Entsorgungsunternehmen e. V. & Deutsche Gesellschaft für Abfallwirtschaft e. V., et al.,

Verzeichnisse

Hrsg.). Zugriff am 06.12.2020. Verfügbar unter: www.plasticseurope.org/download_file/force/4213/319

Reichel, A., **De Schoenmakere**, M. & **Gillabel**, J. (2016). *Circular economy in Europe. Developing the knowledge base* (EEA report, No. 2/2016). Luxembourg: Publications Office of the European Union. https://doi.org/10.2800/51444

Simon, J. M. & **Martin**, S. (2019). *El Dorado of Chemical Recycling. State of play and policy challenges* (Zero Waste Europe, Hrsg.). Zugriff am 10.01.2024. Verfügbar unter: https://zerowasteeurope.eu/wp-content/uploads/2019/08/zero_waste_europe_study_chemical_recycling_updated_en.pdf

Stiftung Zentrale Stelle Verpackungsregister (Hrsg.). (2020). *Mindeststandard für die Bemessung der Recyclingfähigkeit von systembeteiligungspflichtigen Verpackungen gemäß §21 Abs. 3 VerpackG. im Einvernehmen mit dem Umweltbundesamt.* Osnabrück. Zugriff am 06.02.2021. Verfügbar unter: https://www.verpackungsregister.org/fileadmin/files/Mindeststandard/Mindeststandard_VerpackG_2020.pdf

Tschachtli, S., **Pitschke**, T., **Kreibe**, S. Dr. & **Martin**, A. (2019). *Recyclingfähigkeit von Verpackungen. Konkretisierung Untersuchungsrahmen und Kriterienkatalog* (bifa Umweltinstitut, Hrsg.) (530592). Augsburg. Zugriff am 09.01.2021. Verfügbar unter: www.interseroh.de/fileadmin/Verpackungsoptimierung/530592_Recyclingfaehigkeit_Bewertungskatalog_v6_3_Download.pdf

Vogel, J., **Krüger**, F. & **Fabian**, M. (2020). *Chemisches Recycling* (Umweltbundesamt, Hrsg.). Dessau-Roßlau. Zugriff am 08.02.2021. Verfügbar unter: www.umweltbundesamt.de/publikationen/chemisches-recycling

Wegener, K., **Kunz**, A., **Bochmann**, L. & **Bänziger**, T. 2016. *Industrie 4.0 für den Maschinen und Anlagenbau.* https://doi.org/10.3929/ETHZ-A-010722924

Wittenberg, R. & **Knecht**, A. (2008). *Einführung in die empirische Sozialforschung I: Skript.* Skript. Universität Erlangen-Nürnberg. Zugriff am 04.01.2021. Verfügbar unter: https://nbn-resolving.org/urn:nbn:de:0168-ssoar-360301

World Commission on Environment and Development. (1987). *Our Common Future. Report of the World Commission on Environment and Development.* Zugriff am 16.01.2024. Verfügbar unter: https://sustainabledevelopment.un.org/content/documents/5987our-common-future.pdf

Printed in the USA
CPSIA information can be obtained
at www.ICGtesting.com
CBHW060501100924
14325CB00005B/315